담대한 믿음, 여호수아

| 이윤재 지음 |

Be strong and courageous. Do not be terrified; do not be discouraged,
for the LORD your God will be with you wherever you go.

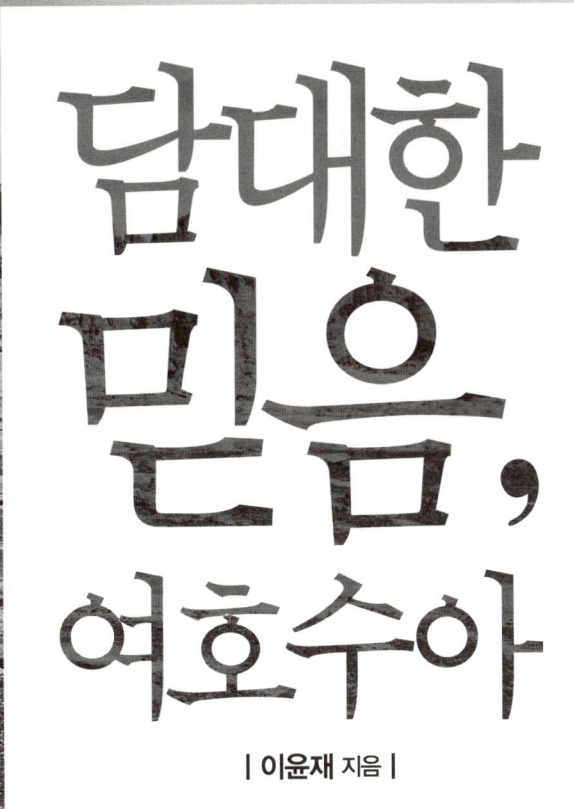

담대한 믿음, 여호수아

| 이윤재 지음 |

강하고 담대하라 두려워하지 말며 놀라지 말라

묵상하는 사람들
프리셉트

 서문

2016년은 저의 목회 인생에서 가장 지우고 싶은 해 중 하나였습니다. 어느 때보다도 어렵고 힘든 때였습니다. 그때 저를 살린 말씀이 여호수아였습니다. 그래서 여호수아 설교 내용을 담은 『담대한 믿음, 여호수아』는 저를 살린 책이나 다름없습니다.

그렇게 한 해를 보내고, 지금 생각해 보니 "여호와의 인자와 긍휼이 무궁하시므로 우리가 진멸되지 아니함이니이다"애 3:22라는 말씀이 와 닿았습니다. "여호와여 나의 발이 미끄러진다고 말할 때에 주의 인자하심이 나를 붙드셨사오며"시 94:18도 저의 진실한 고백과 같았습니다.

어느 날 몰려왔던 먹구름은 저를 혼미하게 만들며 그로기 상태로 만들어 갔습니다. 목회를 잘한다는 말도 들으며 비교적 잘나갔던 저는 한 방에 쓰러졌습니다. 목회자의 자리에서 쓰러지자, 정말 얼마나 외롭고 억울하고 힘든지 욥보다 조금 못한 터널을 통과하는 것 같았습니다. 한국 교회로

부터 받는 무언의 침묵은 소리 없는 아우성이 되어 저를 짓눌렀습니다. 언제나 못다 한 사랑으로 가슴속에 남아 있는 사랑하는 양들에게 저는 할 수 있는 것이 아무것도 없었습니다. 로뎀 나무에서 인생을 포기하고 싶다고 한 엘리야의 절규, 할 수 있으면 이 잔을 옮겨 달라고 기도하신 예수님의 겟세마네 기도는 더 이상 남의 설교가 아니었습니다.

그때 유일하게 저를 붙잡은 것이 하나님의 말씀이었습니다. 침묵이 하나님의 부재는 아니라고 믿고, 힘없는 무릎을 꿇어 하나님을 의지하게 한 것은 하나님께서 베푸신 전적인 은혜였습니다.

이 때를 위함이 아닌지 누가 알겠느냐_에 4:14下

이때가 바로 그때였습니다.

하나님은 곤고한 자를 그 곤고에서 구원하시며 학대 당할 즈음에 그의 귀를 여시나니_욥 36:15

하나님의 소리는 언제나 들려오지만 고난 중에 더 크게 들려왔습니다.

너희는 하나님의 은혜에 이르지 못하는 자가 없도록 하고 또 쓴 뿌리가 나서 괴롭게 하여 많은 사람이 이로 말미암아 더럽게 되지 않게 하며_히 12:15

　은혜 없는 심령에 무성하게 나는 것은 쓴 뿌리며, 독초입니다. 심령에 독초가 있다는 것은 저에게 더 많은 은혜가 필요하다는 경고였습니다. 오랜 고난 끝에 받은 하나님의 은혜는 '주님의 성실하심'시 119:75으로 인해 받은 것이었습니다.

　평소 여호수아와 다윗은 제가 의지했던 롤 모델이었습니다. 두 사람은 다 야전 사령관으로 일생을 전쟁터에서 살았고, '모든 겸손과 눈물과 인내로'행 20:19 백성들을 섬겼습니다. 물론 그들에게도 실수는 있었습니다. 여호수아는 '여호와께 묻지 않고'수 9:14 큰일을 저질렀고, 다윗은 '우리아를 맹렬한 싸움 앞에 세울 만큼' 삼하 11:15 잔인했습니다. 그런데 이렇게 실수하는 모습 또한 저의 모습과 같았습니다. 그래서 저는 두 사람을 통해 스스로의 실수를 보고, 두 사람을 통해 하나님의 방법을 배우고, 두 사람을 통해 많은 위로와 힘을 얻었습니다.

　이 책은 고난의 강을 건너면서 토해 낸 생생한 저의 간증입니다. 성도들에게 설교로 외쳤지만 실제 설교를 들은 사람은 저였습니다. 고난을 통해 제가 발견한 것은 인간에 대한 보다 깊은 이해와 함께 하나님에 대한 보다 넓은 사랑이었습니다. 우리는 언제나 실수할 수 있습니다. 하지만 이때 실수했다고 멈추어 있는 것은 더 큰 실수입니다. 우리가 겪는 고난은 하나님께서 주신 기회입니다. 우리의 연약함을 통해 이루시는 것은 하나님의 뜻입니다. 그러므로 우리가 할 일은 넘어진 채 가만히 있는 것이 아니라, 그 푯대를 향해 쉴 새 없이 달려 나가는 것입니다.

　그렇습니다. 누구도 여호수아의 걸음을 멈출 수 없습니다. 하나님께서 베푸시는 것은 끊임없는 은혜이기 때문입니다. 우리가 할 일은 강하고 담대한 믿음을

가지는 것뿐입니다. 저는 이 책을 통해 저와 같이 고난당하는 이 땅의 많은 목회자를 격려하고 싶습니다. 그리고 오늘도 믿음의 현장에서 끊임없이 고난당하는 모든 그리스도인에게 우산을 빌려 주기보다 같이 비를 맞는 심정으로 서 있고 싶습니다. 이제 우리 모두 힘을 냅시다. 하나님께서 살아 계시는데 우리에게 무슨 문제가 있습니까?

끝으로 이 책의 메시지를 함께 듣고 서로 위로가 되고 힘이 되어 준 한신교회 교우들에게 감사합니다. 그리고 한국 교회를 사랑하여 목회자들에게 사랑의 선물로 이 책을 기증한 성도 모두에게 감사합니다. 마지막으로 아름답게 책을 만들어 준 프리셉트 편집팀, 친구 김경섭 목사님께도 감사합니다.

2017. 4. 16. 부활절에

이윤재 목사

 차 례

| 서문 | · 4

| Chapter 1 | 우리, 함께 나아가다

01 멈추지 말아야 할 이유 _여호수아 1:1-9   · 13
02 함께 가면 더 쉬운 길 _여호수아 1:10-18   · 29
03 큰 은혜가 큰 믿음을 낳는다 _여호수아 2:1-11   · 45
04 내 가족을 살려 주소서 _여호수아 2:12-21   · 63
05 벽을 밀면 문이 된다 _여호수아 3:1-13   · 75
06 내 안에 세운 기념비 _여호수아 4:1-9   · 91

| Chapter 2 | 우리, 겸손히 순종하다

| 07 이러한 교회가 되게 하소서 _여호수아 5:10-12 · 111
| 08 나를 굴복시키소서 _여호수아 5:13-15 · 129
| 09 반드시 문은 열린다 _여호수아 6:1-7 · 147
| 10 우리가 실패할 때 _여호수아 8:1-9 · 165
| 11 영적 하프타임 _여호수아 8:30-35 · 187
| 12 영적 분별력을 주소서 _여호수아 9:1-27 · 205
| 13 태양아 멈추어라 _여호수아 10:6-15 · 223

| Chapter 3 | 우리, 믿음을 따르다

| 14 우리 속에 약간 남은 것 _여호수아 11:21-22 · 237
| 15 우리에게 주신 하나님의 기업 _여호수아 14:1-5 · 253
| 16 믿음으로 이룰 하나님의 꿈 _여호수아 14:6-15 · 271
| 17 아직도 문이 열리지 않을 때 _여호수아 18:1-7 · 289
| 18 주는 나의 피난처 _여호수아 20:1-9 · 307
| 19 오직 하나님을 선택하라 _여호수아 24:14-24 · 327

| 주 | · 342

담대한 믿음,
여호수아

Be strong and courageous. Do not be terrified, do not be discouraged.

| Chapter 1 |

우리, 함께 나아가다

멈추지 말아야 할 이유 | 함께 가면 더 쉬운 길 | 큰 은혜가 큰 믿음을 낳는다 | 내 가족을 살려 주소서 | 벽을 밀면 문이 된다 | 내 안에 세운 기념비

"내가 네게 명령한 것이 아니냐 강하고 담대하라
두려워하지 말며 놀라지 말라
네가 어디로 가든지 네 하나님 여호와가 너와 함께 하느니라 하시니라"

여호수아 1:9

01
멈추지 말아야 할 이유

여호수아 1:1-9

옛날 어느 마을에 도시로 떠나려는 젊은이가 하나 있었습니다. 길을 떠나기 전, 그는 마을에서 지혜자라 불리는 노인을 찾아갔습니다. "어르신, 제가 도시로 길을 떠납니다. 제게 도움이 될 만한 말씀을 해 주십시오." 노인이 말했습니다. "그렇다면 자네에게 두 마디 말을 하겠네. 한 마디는 지금 하고 다른 한 마디는 돌아온 다음에 하겠네." "예, 말씀하십시오." "두려워하지 말게." 젊은이는 노인의 이 말을 가슴에 품었습니다. 그리고 도시에 나가 열심히 노력해서 성공을 거두었습니다. 한참 뒤, 금의환향한 그는 노인을 다시 찾아갔습니다. "어르신, 저를 기억하십니까? 예전에 제가 돌아오면 하신다는 두 번째 말씀이 무엇입니까?" 노인이 입을 열었습니다. "후회하지 말게."

지금부터 약 3,500년 전에 살았던 여호수아도 비슷한 상황에 있었을까요? 천신만고 끝에 40년 광야를 돌고 돌아 요단 강까지 왔는데 갑자기 민

1장_멈추지 말아야 할 이유 13

족의 지도자 모세가 느보 산에서 죽었습니다.

여호와의 종 모세가 죽은 후에_수 1:1上

모세의 죽음은 당시 이스라엘 백성에게 어떤 의미였을까요? 1979년, 박정희 대통령이 서거했습니다. 그 당시 대통령은 박정희밖에 없다고 생각한 국민들은 슬퍼할 뿐 아니라 불안해했습니다. 북한이 쳐들어올지 모른다고 생각했기 때문입니다. 모세가 죽었을 때, 이스라엘 백성이 느낀 불안이 그런 것이었을까요? 아마 그보다 더 컸을지도 모릅니다. 모세는 40년이나 백성들의 지도자였기 때문입니다.

새 시대는 항상 두려움과 함께 시작됩니다. 모세가 죽었지만 이스라엘은 새 시대를 향한 발걸음을 멈출 수 없었습니다. 지금 300만 정도의 백성이 아직 광야에 있습니다. 멀리 요단 강이 보이지만 아직 가나안 땅은 아닙니다. 만일 여기서 중단하면 300만 이스라엘 백성은 광야의 유랑자가 됩니다. 광야 유랑은 지난 40년으로 족하지 않습니까? 그렇다면 어떻게 해야 합니까? 둘 중의 하나입니다. '앉아서 죽을 것인가, 아니면 일어나서 갈 것인가?' 당연히 일어나서 가야 합니다. 문제는 두려움입니다. 한 번도 가 보지 못한 가나안에 대한 두려움, 그 땅에 누가 살며, 그들과 목숨을 건 전쟁을 해야 한다는 두려움이 그들에게 엄습했습니다. 그렇다고 미래가 두려워 과거에 머물 수는 없지 않습니까? 과거를 후회한다고 미래가 바뀌는 것도 아니지 않습니까?

이처럼 새로운 상황에 들어갈 때, 우리는 물어야 할 질문이 있습니다.

"우리가 멈추지 말아야 할 이유는 무엇인가?"

대학에 2번 떨어졌습니다. 멈추고 싶습니다. 그때 물어야 합니다. "멈추지 말아야 할 이유는 무엇인가?" 사랑하는 가족이 우리 곁을 떠났습니다. 정말 멈추고 싶습니다. 그때 물어야 합니다. "그래도 멈추지 말아야 할 이유는 무엇인가?"

여호수아도 멈추고 싶었지만 물었습니다. "하나님, 그래도 우리가 멈추지 말아야 할 이유는 무엇입니까?" 그때 하나님의 음성이 들려왔습니다.

> 내 종 모세가 죽었으니 이제 너는 이 모든 백성과 더불어 일어나 이 요단을 건너 내가 그들 곧 이스라엘 자손에게 주는 그 땅으로 가라_수 1:2

우리가 삶속에서 멈추지 말아야 할 이유를 하나님에게서 찾는다면 그 사람은 복된 사람입니다. 내가 존재하는 이유를 생각해 본 적 있습니까? 우리는 어쩌다 살아 있는 것이 아닙니다. 하나님께서 하실 일이 있기에 살아 있는 것입니다. 그 살아 있는 사람을 향해 하나님께서 말씀하십니다.

"너는 이제 일어나 이 요단을 건너 내가 네게 줄 땅으로 가라."

여기서 하나님은 우리에게 멈추지 말아야 할 3가지 이유를 말씀하십니다.

내가 네게 주리라

하나님은 먼저 여호수아에게 이렇게 말씀하십니다.

> ²내 종 모세가 죽었으니 이제 너는 이 모든 백성과 더불어 일어나 이 요단을 건너 내가 그들 곧 이스라엘 자손에게 주는 그 땅으로 가라 ³내가 모세에게 말한 바와 같이 너희 발바닥으로 밟는 곳은 모두 내가 너희에게 주었노니_수 1:2-3

하나님은 지나간 광야 40년을 회고하지 않으십니다. 모세처럼 되라고도 하지 않으십니다. "일어나 내가 너에게 주는 땅으로 가라"고 하십니다. 그런데 2절과 3절에 반복해서 나오는 말이 있습니다. '내가'입니다. 2절은 미래형으로 '내가 주리라'고 말씀하십니다. 3절에는 완료형으로 '내가 주었노니'라고 말씀하십니다. 이 말은 반드시 주시겠다는 것입니다. 또 성경에 자주 나오는 단어가 있습니다. '반드시'입니다.

> 이르시되 내가 반드시 너에게 복 주고 복 주며 너를 번성하게 하고 번성하게 하리라 하셨더니_히 6:14

> 믿음이 없이는 하나님을 기쁘시게 하지 못하나니 하나님께 나아가는 자는 반드시 그가 계신 것과 또한 그가 자기를 찾는 자들에게 상 주시는 이심을 믿어야 할지니라_히 11:6

"I will surely bless you." 하나님의 강력한 의지의 표명입니다. 여기서 중요한 것은 어느 땅을 주시느냐 하는 것입니다. 4절의 말씀을 보겠습니다.

> 곧 광야와 이 레바논에서부터 큰 강 곧 유브라데 강까지 헷 족속의 온 땅과 또 해 지는 쪽 대해까지 너희의 영토가 되리라_수 1:4

4절은 하나님께서 이스라엘에게 주신 땅의 경계를 말하고 있습니다. 이것을 지도에 그려 보면 엄청납니다. 광야는 이집트와 시나이 반도를 포함한 현재 이스라엘 전체를 말합니다. 큰 강 유브라데는 이란과 이라크에 있는 현재의 유프라테스 강이며, 대해는 지중해입니다. 즉, 하나님께서 약속하신 땅은 이집트의 나일 강에서부터 시나이 반도, 이스라엘 전체 땅을

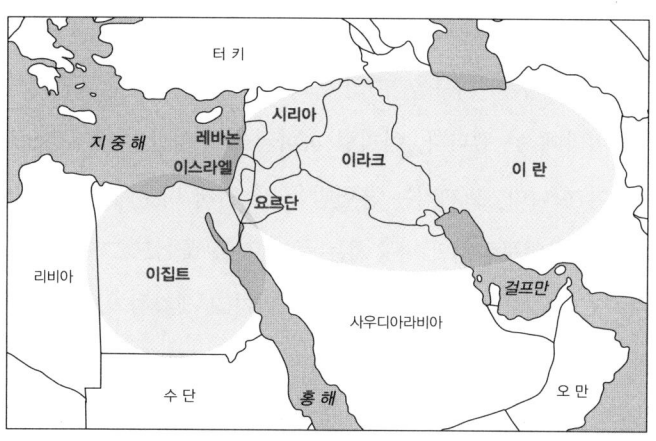

| 중동 지도 |

포함하고, 지금의 레바논, 요르단, 시리아, 이란과 이라크를 포함한 모든 중동의 땅입니다. 그런데 이스라엘은 실제 이 땅을 모두 얻었습니까? 이스라엘은 한 번도 이 땅을 모두 차지해 본 적이 없습니다. 역사상 다윗 시대에 가장 넓은 영토를 차지했으나 그것도 지금의 이스라엘, 요르단, 레바논의 일부일 뿐입니다. 그렇다면, 이스라엘은 왜 그 땅을 차지한 적이 한 번도 없을까요? 광야 생활도 이끄신 하나님께서 반드시 주신다 하셨지만, 이스라엘이 그 약속을 믿지 않았기 때문입니다.

여러분은 어떻습니까? 하나님께서 약속을 지키신다는 것을 믿습니까? 하나님의 은혜를 믿습니까? 그보다 먼저, 여러분은 하나님께서 우리보다 크신 분이라는 것을 알고 있습니까? 하나님께서 주실 수 있는 것이 우리가 받을 수 있는 것보다 훨씬 많다는 것을 알고 있습니까? 하나님의 은혜는 우리의 믿음보다 크며, 하나님의 응답은 우리의 기도보다 훨씬 강합니다. 우리의 판단으로 하나님의 능력을 제한할 수 없습니다.

벼룩을 본 적이 있나요? 벼룩은 자기 몸의 70배 높이까지 뛸 수 있다고 합니다. 그런데 이 벼룩을 병 안에 넣고 병뚜껑으로 닫으면 잘해 봐야 병뚜껑 높이밖에 못 뜁니다. 이처럼 하나님을 우리만의 병뚜껑으로 제한하지 말아야 합니다. 코끼리는 훈련받을 때 먼저 나무에 묶여 있게 됩니다. 처음에는 발버둥치지만 나중에는 묶인 것을 풀어도 그 자리에 가만히 서 있다고 합니다. 자기가 나무에 묶여 있다고 생각하기 때문입니다. 이것을 '관념의 노예' 또는 '습득된 절망감'이라고 부릅니다. 이같이 하나님을 우리만의 나무에 묶어 두려고 하지 말아야 합니다. 하나님은 묶이는 분이 아니십니다.

우리는 본래 부족한 존재입니다. 그러나 하나님은 우리에게 엄청난 가능성을 주셨습니다. 우리 안에 있는 것이 우리 밖에 있는 것보다 큽니다. 자신을 비하하지 마십시오. 그것은 겸손이 아니라 하나님을 모독하는 일입니다. 기도를 제한하지 마십시오. 기도는 작은 내가 크신 하나님을 만나는 것입니다. 가진 것이 없다고 탄식하지 마십시오. 느낌을 믿지 말고 사실을 믿으십시오. 우리는 우리가 가지고 있다고 느끼는 것보다 실제로 가지고 있는 것이 훨씬 많습니다. 문제는 그것을 어떻게 소유하느냐입니다.

내가 모세에게 말한 바와 같이 너희 발바닥으로 밟는 곳은 모두 내가 너희에게 주었노니_수 1:3

하나님은 우리에게 땅을 주겠다고 약속하셨습니다. 그러나 그 땅을 소유하는 사람은 그 땅을 발로 밟는 사람입니다. 이스라엘 백성이 홍해를 건너기 전에는 바다가 그대로 있었다는 것을 알고 있습니까? 홍해는 발로 밟았을 때 비로소 갈라졌습니다.

이스라엘 자손이 바다 가운데를 육지로 걸어가고 물은 그들의 좌우에 벽이 되니_출 14:22

저는 홍해를 10번 이상 다녀왔습니다. 갈 때마다 놀라는 것은 홍해가 생각보다 크고 깊다는 것입니다. 그 넓은 바다 앞에 서면 무서워서 깜짝 놀랍니다. 그런데 이스라엘 백성은 저벅저벅 걸어 들어갔습니다. 기적은 그때 나타났습니다. 백성들이 믿음으로 홍해에 발을 들여놓는 순간, 바다는 갈라졌습니다.

사실 하나님은 홍해 앞에 거대한 뗏목을 만들어 백성들을 건너게 할 수도 있으셨습니다. 그러나 하나님은 그렇게 하지 않으시고, 백성들이 스스로 걸어가게 하셨습니다. 백성들이 바다를 육지처럼 밟게 하셨습니다. 그리고 발이 바다에 닿자, 기적이 일어났습니다. 요단 강에서도 마찬가지였습니다.

> 15... 요단에 이르며 궤를 멘 제사장들의 발이 물 가에 잠기자 16곧 위에서부터 흘러내리던 물이 그쳐서 사르단에 가까운 매우 멀리 있는 아담 성읍 변두리에 일어나 한 곳에 쌓이고 아라바의 바다 염해로 향하여 흘러가는 물은 온전히 끊어지매 백성이 여리고 앞으로 바로 건널새_수 3:15-16

발이 물에 잠기자 가나안의 약속이 눈앞에 펼쳐졌습니다. 가나안은 그냥 얻는 땅이 아닙니다. 맨발로 저벅저벅 홍해 속으로 들어가야 합니다. 맨발로 허리까지 차는 요단 강으로 들어가야 합니다. 물 먹을 각오를 하고 물에 빠질 각오도 해야 합니다.

요즘 제일 인기 있는 책이 『미움받을 용기』(서울: 인플루엔셜, 2014)입니다. 『벼랑 끝에 서는 용기』(서울: 예수전도단, 2015)라는 책도 있습니다. 이 책들의 공통 주제는 '실패할 용기가 없으면 성공도 하지 못한다'는 것입니다. 가장 큰 실패는 한 번도 시도해 보지 않는 것입니다. 아브라함이 고향과 친척과 아버지의 집을 떠났기 때문에 오늘날의 이스라엘이 있습니다.

갈렙이 그 험한 산지를 올랐기 때문에 지금의 헤브론이 있습니다. 바울이 위험을 무릅쓰고 지중해를 건넜기 때문에 오늘날의 기독교가 있습니다. 마틴 루터Martin Luther가 교황에게 파문되었기 때문에 오늘날의 개신교가 있습니다. 청교도가 메이플라워 배를 타고 117일을 힘들게 항해했기 때문에 오늘날의 미국이 있습니다.

두려워 말라

이때 우리가 극복해야 할 것이 두려움입니다.

> ⁵네 평생에 너를 능히 대적할 자가 없으리니 내가 모세와 함께 있었던 것 같이 너와 함께 있을 것임이라 내가 너를 떠나지 아니하며 버리지 아니하리니 ⁶강하고 담대하라 너는 내가 그들의 조상에게 맹세하여 그들에게 주리라 한 땅을 이 백성에게 차지하게 하리라_수 1:5-6

하나님의 약속은 변함이 없지만 우리가 할 일은 두려움을 극복하는 일입니다. 모든 좋은 것 앞에는 두려움이 있습니다. 영어도 마찬가지입니다. 영어를 배우는 가장 첫 번째 길은 영어에 대한 두려움을 극복하는 것입니다. 그래서 영어를 배우는 가장 좋은 방법은 외국인 앞에 자주 서는 것입니다. 외국인에 대한 두려움이 사라지면 말문이 열립니다. 전도도 똑같습니다. 전도할 때 이러한 두려움이 있습니다. '사람들이 전도하는 나를 어떻게 볼까? 전도하다가 거절당하면 어떻게 할까?' 그러나 실제 전도해 보면 사람들이 거부하는 것은 내가 아니라 하나님임을 알게 됩니다.

캐나다 저널리스트인 댄 가드너Dan Gardner는 자신의 저서 『이유 없는 두려움』(서울: 지식갤러리, 2012)에서, 우리가 경험하는 대부분의 두려움이 사실에 근거하지 않은 것이라고 말합니다. 두려움은 매체에 의해 만들어진 것이고, 실제 사실이 아닌 것이 대다수라는 것입니다. 두려움은 사실이 아니라 감정입니다. 루즈벨트Roosevelt 대통령이 말한 것처럼, 우리가 두려워해야 하는 유일한 것은 두려움 그 자체입니다. 그렇다면, 우리는 왜 두려움이란 감정을 가질까요? 심리학자들은 두려움이 대개 자기 자신에게 집착할 때 일어난다고 합니다. '나한테 무슨 일이 일어날까? 내가 그것을 어떻게 극복할 수 있을까?' 하지만 이러한 식으로 어려운 상황을 자신과 관련시키면 누구나 절망할 수밖에 없고, 두려움이 생길 수밖에 없습니다.

예수님께서 '두려움'과 관련하여 말씀하신 것 중 자주 말씀하신 2가지가 있습니다. 첫째는 "두려워하지 말라"입니다. 둘째는 두려움에 대해 말씀하실 때 항상 이야기하신 "믿음이 적은 자들아"입니다. 두려움은 믿음이 없어서 생기는 현상입니다. 그러므로 두려움을 이기는 가장 좋은 방법은 바로 '믿음'이라 할 수 있습니다.

윌리엄 폴 영Wm. Paul Young이 쓴 『오두막』(서울: 세계사, 2009)은 베스트셀러 소설입니다. 이 책에서 예수님과 주인공 맥 사이에서 재미있는 대화가 오고 갑니다.[1] 예수님께서 말씀하십니다. "너는 깨달아야 한다. 네가 실패를 상상하는 것은 두려움에 지배를 받기 때문이다. 그때마다 내가 너와 함께 있다고 생각해라." 맥이 다시 질문을 합니다. "그렇다면 주님, 저는 왜 그렇게 자주 두렵습니까?" 예수님께서 대답하셨습니다. "그 이유는 네가 믿지 않기 때문이다. 너는 내가 너를 사랑하는 것을 알지 못하고 있다. 두려움으로 사는 사람은 내 사랑 안에 있는 자유를 발견하지 못한다. 너는 인생의 두려움을 극복하기 위해 2가지를 믿어야 한다. 내가 언제나 선하다는 것과 내가 너를 항상 사랑한다는 것이다."

그렇습니다. 우리는 이 2가지를 믿으면 두려움을 이길 수 있습니다.

"하나님은 언제나 선하십니다. 그리고 하나님은 항상 나를 사랑하십니다."

그래서 믿음과 두려움은 상호 배타적이라 할 수 있습니다. 두려움은 하나님께 "아니오"라고 말하고, 절망에는 "예"라고 대답합니다. 그러나 믿음은 하나님께 "예"라고 말하고, 절망에는 "아니오"라고 대답합니다. 다시 말해, 믿음의 시작은 두려움의 끝이요, 두려움의 시작은 믿음의 끝입니다.

¹하나님은 우리의 피난처시요 힘이시니 환난 중에 만날 큰 도움이시라 ²그러므로 땅이 변하든지 산이 흔들려 바다 가운데에 빠지든지 ³바닷물이 솟아나고 뛰놀든지 그것이 넘침으로 산이 흔들릴지라도 우리는 두려워하지 아니하리로다 (셀라)_시 46:1-3

말씀에서처럼 땅이 변하지 않고 산이 흔들리지 않아 우리가 두렵지 않은 것이 아니라, 하나님께서 피난처요 힘이시기 때문에 우리가 두렵지 않은 것입니다. 두려움을 완전히 근절시킬 수 있는 가장 강력하고 유일한 해독제는 믿음입니다.

> 사람을 두려워하면 올무에 걸리게 되거니와 여호와를 의지하는 자는 안전하리라_잠 29:25

말씀을 따르라

하나님은 여호수아에게 두려워하지 말라고 하시면서 '말씀'을 주십니다.

> ⁷오직 강하고 극히 담대하여 나의 종 모세가 네게 명령한 그 율법을 다 지켜 행하고 우로나 좌로나 치우치지 말라 그리하면 어디로 가든지 형통하리니 ⁸이 율법책을 네 입에서 떠나지 말게 하며 주야로 그것을 묵상하여 그 안에 기록된 대로 다 지켜 행하라 그리하면 네 길이 평탄하게 될 것이며 네가 형통하리라_수 1:7-8

즉, 두려움의 반대는 믿음이고, 믿음은 말씀으로 이루어집니다.

어떤 믿음 좋은 기업인을 심방했을 때의 일입니다. 집무실 책상머리에 이렇게 써 붙여져 있었습니다.

> **믿음의 사람**
>
> 믿음의 사람은 해 보기 전에 할 수 없다고 말하지 않는 사람,
>
> 믿음의 사람은 도전해 보기 전에 실패를 단정짓지 않는 사람,
>
> 믿음의 사람은 응답받기 전에 결정하지 않는 사람,
>
> 믿음의 사람은 하나님의 말씀 듣기 전에 행동하지 않는 사람이다.

『예수로 충분합니다』(서울: 두란노, 2013)라는 책이 있습니다. 그 책에 로빈이라는 여학생의 이야기가 나옵니다.[2] 대학생인 그녀는 영문학 수업이 너무 어려워 고민합니다. 스스로 "이 수업은 너무 어려워. 나는 잘못하면 낙제할 수도 있어. 다른 사람은 나보다 더 똑똑해"라며 절망합니다. 그래서 로빈은 아버지에게 사실을 말하고 도와 달라고 말합니다. 이튿날, 아버지는 딸을 데리고 영문학과 과장을 만나 수업을 바꿔 달라고 부탁합니다. 그때 교수가 말합니다. "로빈, 당신이 어떤 심정인지 잘 알아요. 그렇게 시험이 부담되면 이렇게 하면 어떨까요? 내가 당신 시험 점수에 무조건 A학점을 줄게요. 이렇게 한번 해 보겠어요?" 이러한 제안을 받은 학생 치고 좋아하지 않을 학생이 어디 있겠습니까? 요즘 학교에서 교수가 이렇게 했다면 큰일날 일입니다. 그때 그 말을 들은 로빈은 훌쩍거리면서 대답했습니다. "네, 감사합니다. 한번 해 보겠습니다." 결국 로빈은 그 선생님의 과목에서 연속으로 A학점을 받습니다. 하지만 거짓된 학점이 아니었습니다. 그녀는 자기를 믿어 준 선생님을 믿고 열심히 공부해서 좋은 점수를

받은 것입니다.

이 이야기는 우리에게 은혜와 믿음의 관계를 설명해 줍니다. 믿음은 은혜에서 오고, 믿음이 오면 승리합니다. 큰 은혜가 큰 믿음을 낳고, 큰 믿음은 큰 승리를 가져옵니다. 선생님이 그녀에게 은혜를 베풀어 주었기 때문에, 그녀는 선생님을 믿을 수 있었고 좋은 성적이 나왔습니다.

우리는 의로워지기 위해 사는 것이 아니라 이미 의로워진 자로 삽니다. 우리는 승리하기 위해 사는 것이 아니라 이미 승리자입니다. 우리는 가끔 실패하기도 하지만 가끔 실패하는 것이지 실패자는 아닙니다. 오늘 성경을 보면, 3번이나 강조되는 말이 있습니다. '강하고 담대하라'수 1:6, '오직 강하고 극히 담대하라'수 1:7. 마지막으로 '내가 네게 명령한 것이 아니냐? 강하고 담대하라. 두려워하지 말며 놀라지 말라'수 1:9. 담대하라는 표현이 점점 더 강화되고 있습니다. 이것이 바로 우리가 멈추지 말아야 할 이유입니다.

메마른 세상살이에서[3]

주여,
제 마음은 메마른 세상살이에서
성서의 말씀을 따르기에 몹시 허덕이고 있습니다
인간은 지성이 빈약하여 말이 앞서기 마련입니다.

그리하여 진리를 발견하기보다는
찾느라고 말이 많고
얻기보다는 빌기에 말이 길며
붙잡기보다는 두드리기에 손이 바쁜 것입니다
그러나 우리는 당신으로부터 약속을 받았습니다.

누가 감히 이 약속을 짓밟을 수 있겠습니까?
하나님께서 우리 편이 되시면 누가 우리를 해칠 수 있겠습니까?
구하라 주실 것이요
찾으라 얻을 것이요
두드리라 너희에게 열릴 것이다
무릇 구하는 자는 받고
찾는 자는 얻으며
두드리는 자에게 열릴 것이다
주님의 이 약속에 누가 속을까 두려워하겠습니까?   _아우렐리우스 아우구스티누스

| 아우렐리우스 아우구스티누스(Aurelius Augustinus, 354-430)

'어거스틴'이라고도 불린다. 히포의 주교이며 서방교회 교부이자 대표적 신학자다. 초대 교회의 가장 사랑받는 교부였고, 교부 신학과 중세 신학의 체계를 세우는 업적을 남겼다. 또한 『참회록』을 비롯한 눈물로 쓴 회심의 글은 많은 사람에게 감명을 주었다.

"우리는 범사에 모세에게 순종한 것 같이 당신에게 순종하려니와
오직 당신의 하나님 여호와께서 모세와 함께 계시던 것 같이
당신과 함께 계시기를 원하나이다"

여호수아 1:17

02
함께 가면 더 쉬운 길

여호수아 1:10-18

 가나안을 향해 나아가는 이스라엘 백성들에게 적어도 2가지가 필요했습니다. 그것은 바로 '멈추지 않는 강한 믿음'과 '함께 가는 마음'입니다.

제가 이스라엘에 있을 때, 유다 광야에 있는 수도원을 방문한 적이 있습니다. 그곳 수도사에게 "하루 일과가 어떻게 됩니까?" 하고 물었습니다. 수도사는 이렇게 대답했습니다. "넘어지고 일어나고, 넘어지고 다시 일어납니다." 그 대답은 제게 영적인 삶이 무엇인지를 깨닫게 했습니다. 영적인 삶은 한 번도 넘어지지 않는 삶이 아니라, 넘어져도 다시 일어나는 삶입니다. 즉, '멈추지 않는 강한 믿음'입니다. 준비의 실패는 실패의 준비라고 합니다. 이것은 마치 운동 전에 워밍업을 하고, 건물을 지을 때 기초를 다지고 나서 올리는 것과 같습니다.

그런데 이 같은 강한 믿음만 있다고 가나안으로 향할 수 있는 것은 아닙니다. '함께 가는 마음'이 필요합니다. 가나안은 혼자 가는 곳이 아닙니다. 이스라엘 백성 300만이 함께 갔습니다. 작게는 10명이 한 팀을 이루고 많게는 100명, 1,000명이 한 그룹을 이루었습니다. 이스라엘이 가나안에 도착한 것은 물론 하나님의 은혜로운 인도가 있었지만, 백성들이 함께 갔기 때문에 가능했습니다.

요단 강이 멀리 보이자 여호수아는 열두 지파 중에서 세 지파를 선봉에 세웁니다. 르우벤, 갓, 그리고 므낫세 반 지파입니다. 이들은 요단 강을 건너기 전에 이미 땅 분배를 받았습니다. 이들을 선봉에 세운 것은 이들이 은혜를 많이 받았으니 수고도 많이 해야 한다는 뜻이었습니다. 노블레스 오블리주입니다. 특권에는 더 많은 의무가 따른다는 뜻입니다. 이제 이들을 포함해서 모든 이스라엘 백성이 요단 강을 함께 건너기로 합니다. 이때 함께하는 그들에게 필요한 것은 무엇일까요? 또 우리가 배울 것은 무엇일까요?

이기심을 버려야 한다

우리가 함께 가기 위해 필요한 첫 번째는 '이기심을 버려야 한다'는 것입니다. 먼저, 가나안 정복의 선봉에 선 르우벤, 갓, 므낫세 반 지파의 역사를 살펴보겠습니다. 이스라엘 백성이 요단 강에 도착하기 전, 르우벤, 갓, 므낫세 반 지파가 모세 앞에 나아왔습니다.

"모세님, 우리가 다 목축하지 않습니까? 우리가 지금 가축 떼를 몰고

가는데 요단 강을 넘어서까지 갈 수는 없을 것 같습니다. 지금 우리가 지나고 있는 이곳이 목축하기에 좋으니 우리에게 이 땅을 먼저 주시지요."

아직 백성들이 요단 강을 건너지도 않은 때였습니다. 그런데 자기들부터 땅을 달라고 하는 이들의 말에, 모세는 말문이 막힐 수밖에 없었습니다. 생각 끝에 모세는 조건부로 허락하며 다음처럼 말했습니다.

"좋다. 너희에게 먼저 땅을 줄 테니 이렇게 하라. 요단 강을 건널 때 다 같이 건너고 가나안 족속과 싸울 때 너희도 함께 싸워라. 그다음 정복이 끝나면 그때 이곳에 돌아와 살아라. 그렇게 하겠느냐?"

이에 그들은 그렇게 하겠다고 합니다. 그래서 먼저 그들에게 땅이 주어졌습니다. 어떻습니까? 이들의 행동이 잘한 것입니까? 아직 요단 강을 건너지도 않았고, 설령 요단 강을 건넜다 해도 호전적인 가나안 족속들이 기다리고 있었습니다. 이스라엘은 쉴 틈도 없이 그들과 싸워야 하는 상황이었습니다. 그런데 가축이 많으니 자신들에게 먼저 땅을 달라는 그들의 모습이 어떻게 보입니까? 이스라엘 백성 중에서 목축 안 하는 백성은 당시 아무도 없었습니다. 그런데도 이들은 자기들만 싸우지 않고 먼저 정착하겠다고 말했습니다.

여기서 우리는 가나안을 향해 나아가는 데 가장 큰 적이 무엇인지 보게 됩니다. 그것은 바로 가나안 족속이 아닌, 이스라엘 백성 안에 있던 이 같은 이기주의였습니다. 다른 사람은 어떻게 되든 우리만 살면 된다는 생각,

우리 지파, 우리 교회, 우리 지역의 집단적 이기주의, 특권 의식, 무책임 등이 공동체를 파괴합니다. 그런데도 르우벤, 갓, 므낫세 반 지파는 왜 이러한 생각을 했을까요? 그것은 몇 가지 잘못된 생각 때문이었습니다.

우선 이들은 보기에 좋은 것을 선택했습니다. 요단 강 앞에 펼쳐진 기름진 땅을 보자 그들은 그만 정신을 잃었습니다. 갑자기 요단 강을 건너면 자기들에게 무슨 일이 생길지도 모른다는 생각이 들었습니다. 혹 죽을 수도 있고 지금보다 더 나쁜 환경 속에 살 수도 있다는 생각이 들었습니다. 앞으로 어떻게 될지 모르지만 '지금 좋으면 좋은 것 아닌가'라는 생각이 들었습니다. 마치 창세기 13장에 나오는 롯과 같은 선택을 했습니다.

> 이에 롯이 눈을 들어 요단 지역을 바라본즉 소알까지 온 땅에 물이 넉넉하니 여호와께서 소돔과 고모라를 멸하시기 전이었으므로 여호와의 동산 같고 애굽 땅과 같았더라_창 13:10

롯의 선택 기준은 보기에 좋은 땅이었습니다. 물이 있고 풀이 많고 가축이 먹고 살기 좋은 땅이었습니다. 그 결과 어떻게 되었습니까? 소돔과 고모라가 망할 때 함께 망했습니다. 르우벤, 갓, 므낫세 반 지파도 결국 어떻게 되었습니까? 망했습니다. 역사 속에 잊혀진 지파가 되었습니다.

또 이들은 현재를 보고 선택했습니다. 꼭 에서와 같이 선택했습니다. 똑같은 상황에서 야곱은 장자권을 택하고 에서는 팥죽을 택했습니다창 25:30-34. 그 결과 에서는 망하고 야곱은 승리했습니다.

결혼 생활과 신앙생활은 혼자서 할 수 없다는 말이 있습니다. 결혼 생활을 남편과 아내가 함께하는 것처럼, 신앙생활도 성도와 성도, 성도와 목회자, 목회자와 성도가 함께합니다. 혼자 있으면 편하지만 신앙생활은 편하기 위해 하는 것이 아닙니다. 혼자 결정하면 빠르지만 함께 결정하면 올바른 길로 갈 수 있습니다. 남아프리카공화국의 속담 중에 이러한 말이 있습니다.

"사람은 사람을 통해서만 사람이 된다."

맞습니다. 그래서 신앙생활의 가장 큰 적은 고립주의입니다. 미국의 심리학자 필립 짐바르도Philip Zimbardo가 말했습니다.

"고립주의는 인간 삶에 가장 큰 킬러다. 나로부터 너를 고립시키고 그들로부터 우리를 고립시키는 것보다 더 파괴하는 것은 없다. 우울증, 편집증, 살인, 성폭행, 자살, 그 밖의 온갖 질병이 고립주의에서 온다."

성경도 말합니다.

[9]두 사람이 한 사람보다 더 나은 것은 협력하므로 일을 효과적으로 할 수 있기 때문이다. [10]만일 두 사람 중 하나가 넘어지면 다른 사람이 그를 도와 일으킬 수 있으나 혼자 있다가 넘어지면 그를 도와 일으켜 주는 자가 없으므로 그는 어려움을 당하게 된다. [11]추운 방에 두 사람이 함께 누우면 따뜻해진다. 그러나 혼자서 어떻게 따뜻해질 수 있겠는가? [12]한 사람으로

서는 당해 낼 수 없는 공격도 두 사람이면 능히 막아낼 수 있으니 삼겹줄
은 쉽게 끊어지지 않는다._전 4:9-12(현대인의 성경)

이처럼 함께하는 생활에서 자신만 생각하고 이기적으로 행동하는 것은
올바르지 않습니다. 함께해야 하고 함께 가야 합니다. 가나안도 혼자 가는
곳이 아닙니다. 함께 가야 하는 곳입니다.

리더를 따라가야 한다

우리가 함께 가기 위해 필요한 두 번째는 '리더를 따라가야 한다'는 것
입니다. 여호수아는 그들에게 모세의 약속을 상기시켰습니다.

여호와의 종 모세가 너희에게 명령하여 이르기를 너희의 하나님 여호와께
서 너희에게 안식을 주시며 이 땅을 너희에게 주시리라 하였나니 너희는
그 말을 기억하라_수 1:13

다행히도 그들은 그렇게 하겠다고 말합니다.

그들이 여호수아에게 대답하여 이르되 당신이 우리에게 명령하신 것은 우
리가 다 행할 것이요 당신이 우리를 보내시는 곳에는 우리가 가리이다_수 1:16

그들은 과거 모세에게 순종했던 것같이 지금 여호수아에게 순종하겠다고 약속합니다.

> 누구든지 당신의 명령을 거역하며 당신의 말씀을 순종하지 아니하는 자는 죽임을 당하리니 오직 강하고 담대하소서_수 1:18

그때 이들을 설득하고 권면해서 이스라엘과 함께 가도록 한 사람이 바로 여호수아입니다. 리더의 역할은 이렇게나 중요합니다. 그렇다면, 리더의 역할이란 무엇일까요?

리더의 역할은 크게 3가지로 나눌 수 있습니다. 보여 주고, 가르치고, 맡기는 것입니다. 다시 말해, 리더는 사람들에게 자기 삶을 보여 주고, 삶의 원리를 가르치고, 그렇게 되도록 훈련하고 맡기는 자라는 것입니다.

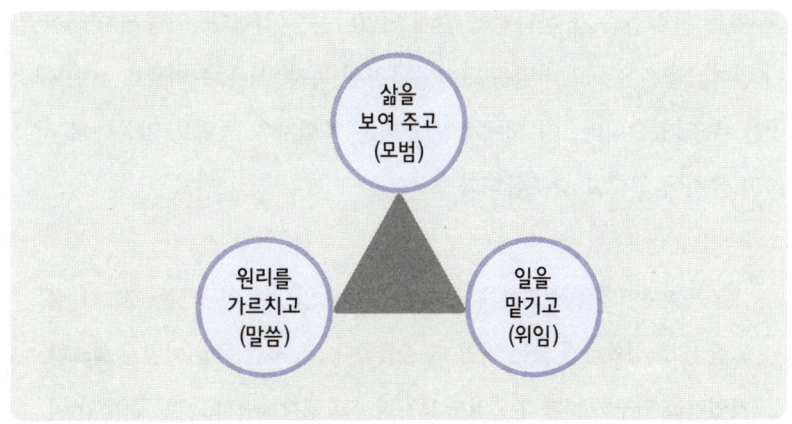

| 리더의 3가지 역할 |

이 중에서 가장 중요한 것은 '삶을 보여 주는 것'입니다. 아무리 말을 잘하고 실력이 있어도 행동이 앞서지 않는다면, 그 리더를 따라갈 사람은 아무도 없습니다. 훌륭한 리더십은 삶으로 보여 주는 리더십입니다. 그래서 교회 지도자로서 목회자의 가장 중요한 덕목은 '모범을 보이는 삶'입니다.

17세기 영국에 리처드 백스터Richard Baxter라는 청교도 목회자가 있었습니다. 그는 1641년부터 1660년까지 약 2,000명 정도가 사는 키더민스터Kidderminster라는 마을에서 목회했었는데, 지금 그곳 교회에 가면 그에 대한 다음과 같은 글을 볼 수 있습니다.

"리처드 백스터가 이곳에 처음 왔을 때, 이곳에는 하나님을 예배하고 하나님의 이름을 부르는 가정이 거의 없었다. 그러나 그가 이곳을 떠날 때, 하나님을 예배하지 않고 하나님의 이름을 부르지 않는 가정은 거의 없었다."

마을 사람 모두가 하나님을 믿게 되었다는 것입니다. 어떻게 이러한 일이 일어났을까요? 그 비밀은 그가 쓴 『참된 목자』(서울: 프리셉트, 2011)에서 찾을 수 있었습니다. 이 책에서 백스터는 목회자의 생명은 말씀대로 사는 삶의 실천에 있다고 강조합니다.[4)]

"목회자에게는 정확하게 설교하기 위해 열심히 연구하는 것보다 설교한 대로 정확하게 사는 것이 더 중요하다. 두 시간 동안 어떻게 설교할 것인가를 연구하는 데 일주일도 모자라다고 생각하면서도, 한 주 동안 어떻게 살 것인가는 단 한 시간도 생각하지 않는다면 진정한 목회자라 할 수 없다. 설교에서 한 마디라도 잘못된 단어는 사용하지 않으려고 하면서도, 자신의 삶 속에 나타나는 잘못된 말이나 행동은 아무렇지 않게 생각하는 목회자는 큰 잘못을 범하고 있는 것이다."

저도 목회자로서 실천하려고 애쓰는 것이 있습니다. 저는 가능하면 목회에만 집중하려고 합니다. 불필요한 외출이나 활동은 하지 않으려고 노력합니다. 대외적인 직분도 할 수 있으면 양보하고 맡지 않습니다. 여성 성도나 여성 목회자들과는 개인적으로 심방하지 않습니다. 성도 중 여성이 제 방에 들어와 이야기할 때는 문을 열어 놓도록 합니다. 물질은 제가 가장 조심하는 것 중의 하나입니다. 저는 지금까지 11년 동안 한 푼도 월급을 올리지 않았습니다. 교회에도 계속해서 제 월급은 올리지 말아 달라고 부탁하고 있습니다. 대신 부교역자의 월급은 올려 달라고 말합니다. 또 제 생일이라고 교회에서 크게 잔치한 적도 없습니다. 앞으로도 그렇게 할 생각입니다.

또한 교회 재정에 관여한 적도 없습니다. 연말에 예산 편성할 때, 목회 방향대로 잡아 주는 것 외에는 모든 재정 관리를 장로님들이 하게 합니다. 판공비를 달라고 말한 적도 없고 그럴 필요도 느끼지 않습니다. 그 모든 것은 하나님께서 채워 주실 것이기 때문에 따로 큰 걱정은 하지 않습니다.

저는 제 실수를 인정하는 데 인색하지 않으려고 합니다. 하나님이 아닌데 당연히 실수할 수 있습니다. 대신 저는 실수보다 더 나쁜 것이 실수를 인정하지 않는 것이라고 생각합니다. 그래서 저는 "미안합니다, 죄송합니다"를 할 수 있는 한 많이 말합니다.

그리고 무엇보다 저는 기도하려고 애씁니다. 새벽기도는 빠지지 않으려고 합니다. 기도할 때는 긴급한 기도 제목이 있는 성도부터 기도하고 시간이 나는 대로 장로님, 목회자, 목자, 교사를 위해 기도하고 교구를 위해 기도합니다.

교회 지도자로서 목회자의 다음 덕목은 '원리를 가르치는 것'입니다. 리더는 삶으로 말할 뿐만 아니라, 성경으로도 말해야 합니다. 모든 성경은 성령의 감동으로 된 것으로 교훈과 책망과 바르게 함과 의로 교육하기에 충분한 원리를 가지고 있습니다.

저는 이 원리를 말함에 있어서 최선을 다하려고 합니다. 그래서 성경의 진리와 교훈을 드러내기 위해 정성껏 준비합니다. 이때 저는 성도 누구도 두려워하지 않기를 기도합니다. 성경은 하나님의 말씀이고 저는 그것을 대신 말할 뿐입니다. 그러므로 좋든 싫든, 두렵든 아니든 하나님의 말씀을 받아들이는 자세가 필요합니다. 그리고 설교자가 전하는 말을 인간적으로 듣지 않기를 기도합니다. 하나님의 말씀이라는 것을 알면 순수하게 받아들일 수 있기 때문입니다.

교회 지도자로서 목회자의 마지막 덕목은 '일을 맡기는 것'입니다. 즉, 하나님의 일을 할 때 그 일에 맞는 사람을 세워 끝까지 믿어 주는 것입니다. 가령 목자는 목자로서 훈련시킵니다. 일단 목자로 세워지면 자신의 양들을 책임지게 합니다. 예를 들어, 어떤 가정에 심방을 가면 그 가정의 목자로 세워진 사람이 책임자입니다. 담임목사보다 우선적인 사람이 목자인 것입니다. 교사도 마찬가지입니다. 먼저 교사로서 충분히 훈련시킵니다. 그다음 교사로 세워지면 맡겨진 학생에 대한 모든 책임과 권한은 그 교사에게 있습니다.

때문에 훈련을 받는 사람들은 훈련 시 마땅한 대가를 지불해야 합니다. 대가 없이는 좋은 훈련이 이루어질 수 없습니다. 그러므로 등록비를 내고 시간을 냈다면 성실하게 훈련받아야 합니다. 모든 훈련을 마치면, 목회자는 그에게 모두 일임할 것이기 때문입니다. 목자, 교사, 피택자, 새가족, 누구나 똑같습니다.

자기의 삶을 보여 주고, 성경적 원리를 가르치고, 일을 맡기는 이 원리는 담임목사인 저에게만 해당되는 것이 아닙니다. 모든 교회 리더들이 함께해야 합니다. 교회학교 팀장은 교사들에게 삶을 보여 주고, 성경적 원리를 가르치고, 그 일을 맡기면 됩니다. 그러면 교사들은 은혜롭게 학생들을 가르쳐 나갑니다. 또 찬양대 대장은 대원들에게 삶을 보여 주고, 성경적 원리를 가르치고, 그 일을 맡기면 됩니다. 그러면 대원들은 기쁜 마음으로 찬양을 부르게 됩니다. 사역 국장을 맡은 장로님들도 성도들에게 삶을 보여 주고, 성경적 원리를 가르치고, 그 일을 맡기면 됩니다. 그러면 성도들은 감사한 마음으로 하나님의 일을 하게 됩니다. 이것이 리더입니다.

다만, 성도들이 따라 주었으면 하는 것이 있습니다. 이처럼 노력하는 리더들에게 순종하십시오. 리더는 하나님께 순종하고 성도는 리더를 따르는 것이 성경적 원리입니다. 오늘 르우벤, 갓, 므낫세 반 지파가 여호수아에게 순종한 것을 보십시오.

그들이 여호수아에게 대답하여 이르되 당신이 우리에게 명령하신 것은 우리가 다 행할 것이요 당신이 우리를 보내시는 곳에는 우리가 가리이다_수 1:16

누구든지 당신의 명령을 거역하며 당신의 말씀을 순종하지 아니하는 자는 죽임을 당하리니 오직 강하고 담대하소서_수 1:18

이처럼 가나안은 순종하는 사람들이 가는 곳입니다.

공감의 기술이 필요하다

우리가 함께 가기 위해 배워야 할 세 번째는 '공감의 기술이 필요하다' 는 것입니다. 여호수아와 백성들은 이러한 점에서 모범을 보이고 있습니다. 리더인 여호수아는 백성들에게 이야기할 때, 한 번도 강압적이거나 위협적이지 않았습니다.

여호수아가 또 르우벤 지파와 갓 지파와 므낫세 반 지파에게 말하여 이르되_수 1:12

언제나 문제는 상황이 아니라 상황에 대한 우리의 태도입니다. 이 세 지파 사람들이 지극히 개인주의적이고 고립된 태도로 이스라엘 공동체를 분열시키고 있었지만, 여호수아는 그들에게 부드럽게 대화를 시도합니다. 그 대화는 2가지 요소를 가지고 있습니다.

첫 번째, 경청입니다. 여호수아는 백성들의 말을 주의 깊게 잘 들었습니다. 윽박지르거나 무시하지 않았습니다. 12절에서 여호수아가 이들에게 '말했다'고 하는 것은 '설득하다, 나직하게 말하다'라는 뜻입니다. 사람과 사람이 소통하는 방식은 여러 가지입니다. 『소통, 경청과 배려가 답이다』(서울: 북랩, 2016)라는 책에서는 사람들의 소통 방식 중 '경청'을 가장 중요한 덕목으로 꼽습니다. 성공적인 소통을 위해 가장 효과적인 것은 상대방의 말을 잘 듣는 것이라는 뜻입니다. 이때 귀를 기울이는 것과 말을 듣는 것은 다릅니다. 귀로 듣는 것이 hearing이라면, 마음으로 듣는 것이 listening입니다. 소리를 듣는 것이 hearing이라면, 마음을 듣는 것이 listening입니다. 마음으로 마음을 듣는 listening의 자세, 그것이 바로 경청입니다.

두 번째, 공감입니다. 공감은 어떤 사람을 논리적으로 분석하기보다는 그 사람의 입장이 되어 그의 감정을 느끼는 것입니다. 이 과정에서 역지사지易地思之, 즉 상대방 입장에서 생각해 보게 됩니다. 여기서 알아야 할 것은 공감과 동감은 다르다는 것입니다. '공감'은 느낌이 같은 것이고, '동감'은 생각이 같은 것입니다. 사람들의 생각이 같기란 매우 어렵습니다. 하지만 생각이 달라도 느낌만 같으면 소통이 됩니다. 이것이 바로 공감입니다.

저는 교회가 예수님의 몸이기 때문에 갈등이나 다툼이 없어야 한다고 믿습니다. 그러나 현실적으로는 교회에서 갈등과 다툼이 많이 일어납니다. 이때, 우리는 갈등을 치유하고 해결하는 방법을 배워야 합니다. 사도행전 15장 후반부를 보면, 사도 바울과 바나바가 심하게 다툰 이야기가 나옵니다. 선교하다 도망친 마가 때문입니다. 바울은 선교하다 도망친 그를 인정하지 않는 쪽이었고, 바나바는 한 번 더 기회를 주자는 쪽이었습니다.

서로 심히 다투어 피차 갈라서니_행 15:39上

'심히 다투었다'라는 말은 헬라어로 '파록쉬스모스'paroxusmos입니다. 이 말은 '칼날처럼 날카롭다'라는 뜻입니다. 얼마나 서로 다투었으면 칼날처럼 날카로워졌겠습니까? 서로 눈 하나 깜박하지 않고 노려보면서 소리 질렀을 것입니다. 바울과 바나바도 천사는 아니었던 것입니다.

하지만 하나님의 일을 하다가 싸웠다고 해서 충격을 받으면 안 됩니다. 바울과 바나바는 서로 다른 생각을 하고 있었지만, 이로 인해 평생 원수같이 지내지는 않았습니다. 서로 미워하거나 상처를 주고받지 않았습니다.

저는 이 사건을 보면서 갈등을 해결하는 4가지 원리를 배웠습니다. 첫째, 갈등이 있을 때 서로 다른 관점에서 보도록 노력하라. 둘째, 대화를 통해 지혜로운 타협점을 찾으라. 셋째, 갈등이 계속될 때 도망치기보다는 부딪혀서 해결하라. 넷째, 해결될 수 없다면 불쾌한 마음 없이 동의하지 않기로 은혜롭게 결정하라.

모두가 언제나 같은 생각을 가질 수는 없습니다. 하지만 공감할 수는 있습니다. 생각이 다르지만 불편하지 않게 지내는 법을 우리는 배워야 합니다. 사도 바울과 바나바가 다투었다면 우리는 오죽하겠습니까?

교회는 백이면 백, 모든 사람이 다 다른 생각을 하고 있습니다. 그럼에도 불구하고 우리가 하나 될 수 있는 것은 하나님 한 분을 믿고 있기 때문입니다. 성령님이 하나이시기 때문입니다. 하나님은 우리를 가나안을 향해 나아가는 영적 여호수아 군대로 부르셨습니다. 함께 갑시다. 같은 방향을 바라보고, 같은 마음을 품고, 같은 속도와 호흡으로 함께 나아갑시다.

길 건너편에서[5]

주님이 어떻게 하실지 알아냈다고 생각할 즈음
주님은 길 건너편에서 나타나 저희를 놀라게 하십니다.
약속으로 혹은 위협으로, 뒤에서 혹은 앞에서
주님은 저희에게 나타나십니다.
주님과 겨루려 할 때마다 주님은 저희를 이기십니다.

그래서 간구합니다.
저희에게 약간의 여유와 자유와 용기를 허락하시어
주님과 저희 자신에게 합당한 방법으로
주님을 대하게 하소서.
완벽한 겸손을 보여 주셨던 그분,
그로 인해 하나님께서 지극히 높은 이름을 주셨던 그분,
그분의 이름으로 기도합니다.
지혜와 자유를 저희에게 허락하시어
나중 된 자가 먼저 되고 먼저 된 자가 나중 되는 이 세상에서
가장 잘 사는 방법을 알게 하소서.

_월터 브루그만

| **월터 브루그만**(Walter Brueggemann, 1933-현재)

미국의 성경 신학자이자 구약 성경 해석의 권위자로, 평생 성경 본문을 붙들고 씨름하면서 그 무엇보다 항상
성경 텍스트를 우선으로 여겨 온 설교자다.

"우리가 듣자 곧 마음이 녹았고 너희로 말미암아
사람이 정신을 잃었나니 너희의 하나님 여호와는
위로는 하늘에서도 아래로는 땅에서도 하나님이시니라"

여호수아 2:11

03
큰 은혜가 큰 믿음을 낳는다

여호수아 2:1-11

"멀리 가려거든 함께 가라"는 말이 있습니다. 혼자 가면 편하겠지만 안전하지는 않습니다. 함께 가기로 다짐한 이스라엘 백성의 첫 번째 관문은 '여리고'였습니다. 여리고는 참 아름다운 곳입니다. 여름에는 서늘하고 겨울에는 따뜻하며, 언제나 종려나무가 우거지고 과일이 풍성한 도시입니다. 여기저기 서 있는 울창한 종려나무 때문에, 성경은 이 도시를 '종려나무 성읍'신 34:3; 삿 3:13이라고 불렀습니다.

특히 여리고가 아름다운 이유는 오아시스가 있기 때문입니다. 오늘날 '엘리사의 샘'이라고 불리는 곳에서 물이 나와 온 여리고를 적시기 때문에, 이 땅은 비옥하고 기름진 땅으로 발전되었습니다.

이 여리고를 이스라엘은 정복해야 했습니다. 그래야 가나안 땅을 정복할 수 있었기 때문입니다. 하지만 문제가 있었습니다. 첫째는 여리고가 가나안 원주민들이 지키고 있던 난공불락難攻不落의 성이었다는 점입니다. 원주민들은 이곳을 철옹성 같은 성과 강력한 군대로 물샐틈없이 방비하고

| 여리고 |

있었습니다. 둘째는 이스라엘 백성들이 아직까지 한 번도 전쟁을 해 본 적 없는 민간인들이었다는 점입니다. 군인도 아니고 무장도 하지 않았는데, 어떻게 이 성을 정복할 수 있겠습니까?

이때, 하나님께서 사용하신 사람이 기생 라합입니다. 그녀에게 다른 것은 단 한 가지밖에 없었습니다. 바로 믿음입니다. 오직 믿음으로 기생 라합은 이스라엘을 도왔습니다. 그렇다면, 하나님은 어떻게 기생 라합을 사용하셔서 이스라엘에게 승리를 안기셨을까요?

평범한 사람을 통해 일하신다

오늘의 주인공 라합은 특별한 사람이 아니었습니다. 오히려 그녀는 당시 사회적 약자인 여성이었습니다. 여성에 대한 편견은 성경에서 인구 조사할 때 여성의 수를 세지 않았던 것에서도 발견할 수 있습니다. 더군다나 그녀는 사회적으로 인정받지 못하는 기생이었습니다. 성격 또한 겁과 두려움이 많은 자였습니다. 그러한 그녀가 여리고 군인들에게서 정탐꾼들을 숨겨 줍니다.

> 그가 이미 그들을 이끌고 지붕에 올라가서 그 지붕에 벌여 놓은 삼대에 숨겼더라_수 2:6

'삼대'는 물속에서 자라는 아마포입니다. 사람들은 이것을 베어서 물에 담가 놓았다가 햇볕에 말려 옷을 만듭니다. 라합은 지붕 위에서 말리고 있던 바로 이 삼대에 정탐꾼들을 숨겨 주었습니다. 그녀의 도움이 없었다면, 정탐꾼들은 무방비 상태로 여리고 군인들한테 들켜 꼼짝없이 붙잡혔을 것입니다.

직업만 **빼고** 보면, 라합은 분명 우리 주변에서 흔히 볼 수 있는 보통 여성입니다. 그 보통 사람을 하나님께서 사용하신 것입니다. 이 사실이 왜 중요할까요? 우리는 대부분 성경에 나오는 인물들을 영웅으로 생각하는 경향이 있습니다. 아브라함, 모세, 다윗, 삼손, 얼마나 영웅이 많습니까? 그래서 우리는 종종 이렇게 생각합니다. '하나님께서 사용하신 사람은 뭔가 달라. 특별한 사람만 사용하셔. 그런데 나는 아무리 봐도 특별하지가 않아. 그러니 나는 하나님께 쓰임 받기 틀렸어.'

그런데 여기에는 2가지 오해가 있습니다. 하나님은 항상 특별한 사람만 사용하신다는 오해, 성공이란 내가 특별한 사람이 되는 것이라는 오해입니다. 실제로 우리는 대부분 특별한 사람만 성공하고, 성공하기 위해서는 특별한 사람이 되어야 한다는 사회적인 요구 속에 삽니다. 남들처럼 똑같이 사는 것, 평범한 일상, 어제가 오늘 같고 오늘이 내일 같은 삶은 성공한 삶이 아니라는 생각을 가지게 합니다. 그래서 특별한 일, 특별한 사람, 특별한 비전을 늘 꿈꿉니다. 그렇다면, 평범함을 특별함으로 바꾸는 것은 어디서 오는 것일까요?

독일에 가면 세계 3대 고딕 성당 중 하나인 퀼른 대성당이 있습니다. 이 성당의 역사를 들으면 많은 생각을 하게 됩니다. 이 성당은 1248년에 건축이 시작되어 16세기 마틴 루터 시대를 거쳐 1880년에 드디어 완공되었습니다. 그러니까 총 632년이 걸린 것입니다. 그 긴 역사를 보면서 생각했습니다. '오늘날 세계적인 건축물에 해당하는 퀼른 대성당의 뛰어남은 그냥 생긴 것이 아니다. 그것은 보통 사람들의 하루가 632년이나 계속된 후에 생긴 것이다. 하늘 높이 치솟은 대성당의 자태는 수많은 시간, 수많은 사람의 평범하면서도 일상적인 수고와 노력으로 이루어진 것이다. 퀼른 대성당의 뛰어남은 일상이 만든 것이다.'

특별함은 갑자기 생기는 것이 아니라 평범한 일상의 연속된 결과입니다. 632년이나 건축이 계속되면서 누구도 그 성당이 자기 혼자만의 노력으로 완성되었다고 생각하지 않았을 것입니다. 내가 설계하고 내가 짓고 내 이름으로 봉헌한다면, 누구나 기분 좋게 열심히 할 것입니다. 그런데 언제 완성될지도 모르는 건물을 매일 나와서 돌을 깎고, 사다리를 타서 천장으로 올라가고, 걸레로 닦고, 그러다가 떨어져서 다치기라도 하면 건축을 계속하기가 정말 쉽지 않았을 것입니다. 그러나 632년의 이 길고 지루한 일상이 오늘날 뛰어난 역사적 건축물로 나타난 것입니다.

그래서 우리에게 가장 필요한 용기는 특별한 일을 벌이는 용기가 아니라, 날마다 반복되는 일상을 견디는 용기입니다. 매일의 일상은 특별하지도 기가 막히지도 않습니다. 오히려 지루하고 단조로운 시간의 연속입니다. 그런데 그것을 잘 견디는 것이 인생입니다.

가끔 목회자로서 꾸는 꿈이 있습니다. '언젠가 아프리카 오지에 가서 슈바이처Schweitzer처럼, 리빙스턴Livingstone처럼 선교할 수 없을까?' 그러다가 꿈을 깨면 분당입니다. 미지의 아프리카보다 저에게 중요한 것은 현재의 분당입니다. 가끔 저처럼 사람들은 화려한 미래를 꿈꿉니다. 우리가 불행한 이유가 바로 이것 때문입니다.

혹시 지금 드리는 예배가 시시하다고 생각하고 있습니까? 그렇지 않습니다. 매주 꼬박꼬박 교회에 나와 평범한 예배를 드리는 것이 중요한 일입니다. 혹시 지금 성가대에 서고 있습니까? 빈 소년합창단을 꿈꾸지 마십시오. 오늘 여러분이 그 위치에서 부를 찬양에 충실하는 것이 중요한 일입니다. 금 중에서 가장 비싼 금은 황금도 아니고 자금도 아니고 '지금'입니다. 지금 여러분이 하는 그 일이 최고의 일입니다. 작가 로드 드레어Rod Dreher의 말입니다.

"인간의 문제는 곧 일상의 문제다."

그렇습니다. 성경 속 인물들은 본래 특별한 사람들이 아니었습니다. 최선을 다해 일상을 사는 보통 사람들이었습니다. 이러한 그들을 하나님께서 특별하게 사용하신 것입니다. 모세는 40년이나 호렙 산에서 양을 쳤습니다. 탈무드에 보면, 이러한 이야기가 나옵니다.

한번은 모세가 보니 양 한 마리가 없었습니다. 어디 있나 찾아보니 숲속에 묶여 있었습니다. 조심스럽게 꺼내서 가슴에 안고 어루만졌을 때, 하늘에서 음성이 들렸습니다. "네가 양 한 마리를 소중히 여겼으니 이제 내 백성 이스라엘을 맡기리라."

하루하루 평범한 일상에 최선을 다해 살고 있던 모세에게 어느 날 찾아온 특별한 기회였습니다. 갈멜 산의 엘리야는 어떻습니까? 처음부터 영웅이었습니까? 솔직히 그는 고향이 어디인지도 잘 모르는 사람이었습니다. 미디안과 싸운 기드온은 어떻습니까? 그는 전쟁에 대한 두려움으로 남몰래 뒤편에서 밀 타작하던 사람이었습니다삿 6:11. 그래서 어떤 사람은 이렇게 말합니다.

"평범한 것은 이류가 아니다."

우리가 특별하게 되고 비범하게 되는 것은 전적으로 하나님의 은혜입니다. 여호수아 시대에 여리고에서 살던 한 여성 라합을 사랑하신 하나님, 그녀가 일상에 최선을 다하자 하나님께서 그녀를 특별하게 사용하셨습니다.

큰 은혜가 큰 믿음을 낳는다

그런데 중요한 것이 있습니다. 하나님께서 평범한 사람을 사용하실 때는 반드시 믿음을 먼저 주신다는 것입니다.

그들이 가서 라합이라 하는 기생의 집에 들어가 거기서 유숙하더니_수 2:1下

앞에서도 말했지만, 라합은 기생이었습니다. 기생은 창기를 말합니다. 그리고 라합은 우상을 숭배하는 가나안 족속이었습니다. 즉, 라합은 우상을 숭배하고, 몸을 파는 사람이었기에 하나님의 복은커녕 저주를 받아야 마땅했습니다. 하나님은 우상 숭배자를 싫어하시고출 20:3, 신접한 자와 점하는 자를 싫어하시며레 20:27, 창기(남창)는 반드시 돌로 쳐 죽이라고 말씀하셨기 때문입니다신 22:21. 뿐만 아니라 그녀는 이방인이었기 때문에 하나님의 복(구원)을 받을 수 없는 사람이었습니다. 성경은 가나안 족속을 반드시 죽이라고 말씀하셨기 때문입니다신 20:16-17. 이 모든 이유로 라합은 저주를 받을 수밖에 없는 사람이었습니다. 그런데 그녀는 죽지 않았습니다. 오히려 이스라엘의 가나안 정복에 크게 쓰임 받았습니다. 성경은 이것을 '라합이 행함으로 의롭다 하심을 받았다'고 말합니다약 2:25.

은혜는 받을만한 사람이 받는 것이 아니라, 받을 자격이 없는 사람이 받는 것입니다. 받을 자격이 없는 자에게 일방적으로 베푸는 호의가 은혜입니다. 성경학자 도널드 반하우스Donald Barnhouse가 말했습니다.

"위를 향해 허리를 굽히는 것은 예배요, 밖을 향해 허리를 굽히는 것은 자비요, 자격 없는 자에게 허리를 굽히는 것은 은혜다."

이러한 이야기가 있습니다.

어떤 미국 여성이 파리를 여행하던 중 아주 멋진 목걸이를 보게 되었습니다. 평소에 가지고 싶었던 목걸이라 남편에게 문자를 보냈습니다. "여보, 나 여기서 목걸이 하나 사도 될까? 너무 예뻐. 가격이 7,500달러 밖에 되지 않아. 이거 전부터 사고 싶었던 거야."(Honey, Can I buy a necklace in Paris? It's so pretty. It costs only $7,500. I've wanted to get it from before.) 곧 남편에게서 문자가 왔습니다. "안 돼. 너무 비싸. 사지마."(No, price is too high.) 그러나 아내는 남편이 보낸 문자 중 'No' 다음에 있는 '콤마'를 보지 못해 이렇게 읽고 말았습니다. "어떤 가격도 비싸지 않아."(No price is too high.) 그래서 그녀는 목걸이를 샀습니다.

하나님께서 우리에게 주신 은혜는 너무 비싼 은혜입니다. 그러나 우리는 종종 그 은혜를 망각합니다. 얼마 전, 아는 성도님이 수술을 했습니다. 수술하는 날 기도하러 갔더니 저에게 이렇게 말했습니다.

"목사님, 병원에 와서야 제가 많은 은혜를 받았다는 것을 알았습니다. 항상 옆에 있었던 가족이 그렇게 고마울 수 없고, 평소에 그냥 알고 지냈던 성도들이 그렇게 감사할 수가 없었습니다. 제가 건강하다는 것,

제가 살아 있다는 것이 다 은혜네요."

모든 것이 다 은혜입니다. 그렇다면 라합은 어떤 은혜를 받았고, 그로 인해 어떤 믿음을 받았을까요?

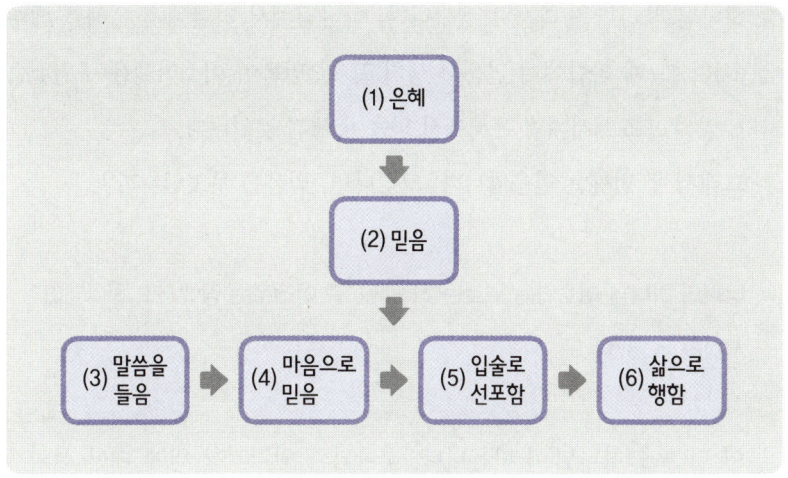

| 은혜와 믿음과 행함의 관계 |

첫 번째는 모든 것의 시작인 은혜입니다. 모든 믿음은 은혜에서 나옵니다. 하나님께서 기생 라합에게 은혜를 베푸셨고, 그 은혜가 임하자 믿음이 시작되었습니다. 즉, '은혜가 임하면 믿음이 시작된다'는 것입니다.

제가 어릴 때는 시골에 나무꾼이 많았습니다. 당시에는 모두 산에서 나무를 해 가지고 불을 땠습니다. 저도 가끔 산에 가서 도끼로 나무를 찍을 때가 있었습니다. 여기서 나무꾼과 도끼의 관계를 봅시다. 도끼가 나무를 찍습니다. 이때, 도끼가 도끼질을 하는 것입니까? 아닙니다. 나무꾼이 도끼로 도끼질을 하는 것입니다. 나무꾼은 '주인'이고, 도끼는 '수단'입니다. 이것은 은혜와 믿음의 관계를 보여 주는 좋은 비유입니다. 나무꾼이 '은혜'라면, 도끼는 '믿음'입니다. 은혜가 믿음을 사용할 뿐입니다. 은혜가 없으면 믿음은 아무것도 아닙니다. 그러나 은혜는 믿음을 통해 일합니다.

하나님과 라합을 다시 보겠습니다. 하나님께서 라합에게 은혜를 베푸셨습니다. 그때 라합에게 믿음이 생기고, 그 믿음이 이스라엘을 구원했습니다. 앞의 도표에서처럼 은혜에서 믿음이 생긴 것입니다.

그래서 두 번째는 믿음입니다. 그렇다면, 믿음은 무엇입니까?

> 너희의 하나님 여호와는 위로는 하늘에서도 아래로는 땅에서도 하나님이시니라_수 2:11下

이 말씀에 '하나님'이 나옵니다. 하나님의 인격과 사역에 대한 신뢰가 믿음입니다. 신념과 믿음은 다릅니다. 신념은 나를 믿는 것이고, 믿음은 하나님을 믿는 것입니다. 신념은 내가 할 수 있다는 것이고, 믿음은 하나님께서 하실 수 있다는 것입니다. 9절과 10절에서도 계속 '하나님'(여호와)이 반복해서 나옵니다.

⁹말하되 여호와께서 이 땅을 너희에게 주신 줄을 내가 아노라 우리가 너희를 심히 두려워하고 이 땅 주민들이 다 너희 앞에서 간담이 녹나니 ¹⁰이는 너희가 애굽에서 나올 때에 여호와께서 너희 앞에서 홍해 물을 마르게

하신 일과 너희가 요단 저쪽에 있는 아모리 사람의 두 왕 시혼과 옥에게 행한 일 곧 그들을 전멸시킨 일을 우리가 들었음이니라_수 2:9-10

'여호와께서', 이것이 믿음입니다. 모든 것은 하나님으로 시작하여 하나님으로 마칩니다. 이때, 우리가 정말 조심해야 할 것이 있습니다. "믿음이 이긴다, 믿음이 승리한다" 할 때, 믿음 자체를 대단한 능력이 있는 것처럼 생각한다는 점입니다. '믿음주의'를 경계해야 합니다. 우리의 믿음이 대단한 것이 아니라, 우리가 믿는 하나님께서 대단하신 것입니다. 우리 믿음의 크기가 중요한 것이 아니라, 우리가 믿는 분이 크시다는 것이 중요합니다.

너희는 마음에 근심하지 말라 하나님을 믿으니 또 나를 믿으라_요 14:1

믿음은 하나님을 믿는 것입니다. 예수님을 믿는 것입니다. 그래서 근심하지 않는 것입니다.

세 번째는 하나님의 말씀을 듣는 것입니다. 이것은 믿음을 가지게 되는 방법입니다. 라합은 어떻게 믿음이 생겼습니까? 하나님의 말씀을 들어서 생겼습니다.

이는 너희가 애굽에서 나올 때에 여호와께서 너희 앞에서 홍해 물을 마르게 하신 일과 너희가 요단 저쪽에 있는 아모리 사람의 두 왕 시혼과 옥에게 행한 일 곧 그들을 전멸시킨 일을 우리가 들었음이니라_수 2:10

하나님에 대한 소식을 모두가 들었고, 그 사이에 있던 라합도 들었습니다. 이것은 여호와께서 행하신 일입니다.

그러므로 믿음은 들음에서 나며 들음은 그리스도의 말씀으로 말미암았느니라_롬 10:17

이처럼 말씀을 들어야 믿음이 생깁니다. 그 다음에는 어떻게 될까요? **네 번째 단계인 마음으로 믿게 됩니다.**

우리가 듣자 곧 마음이 녹았고_수 2:11上

듣는 것은 귀로 듣지만, 믿는 것은 마음으로 믿습니다. '듣자 곧 마음이 녹았다'는 말은 문자적으로 '성이 무너졌다'는 말입니다. 우리 속에 있는 자의식의 성이 무너졌다는 것입니다. 다시 말해, 동의하고 굴복했다는 말입니다.
그러면 바로 **다섯 번째 단계인 믿음을 선포하게 됩니다.** 믿음의 주님을 선포하며 입으로 시인하는 것입니다.

너희의 하나님 여호와는 위로는 하늘에서도 아래로는 땅에서도 하나님이시니라_수 2:11下

네가 만일 네 입으로 예수를 주로 시인하며 또 하나님께서 그를 죽은 자

가운데서 살리신 것을 네 마음에 믿으면 구원을 받으리라_롬 10:9

그 다음 **마지막 믿음의 고백이 행동으로 나타납니다.** 믿음의 확신을 가지게 된 라합의 행동은 무엇이었습니까? 정탐꾼을 숨겨 준 것이었습니다. 이것은 죽음을 각오한 행동이었습니다. 이스라엘 백성이 요단 강 저편에 있다는 소식이 들려 여리고는 긴급 계엄령이 내려진 상태였습니다. 적과 내통하다 걸리면 바로 죽는 것이나 다름없었는데, 라합은 거기에 아랑곳하지 않고 정탐꾼을 숨겨 주었습니다.

믿음으로 기생 라합은 정탐꾼을 평안히 영접하였으므로 순종하지 아니한 자와 함께 멸망하지 아니하였도다_히 11:31

이처럼 라합의 담대한 믿음이 담대한 행동을 가져왔습니다. 큰 믿음이 큰 행동을 가져온 것입니다. 이것이 라합이 믿음을 가지고 정탐꾼들을 도울 수 있었던 이유입니다. 이것은 결국 은혜와 믿음과 행함의 관계입니다. 이 3가지 관계를 탁월하게 정리한 사람이 종교개혁자 마틴 루터Martin Luther입니다.

"믿음은 은혜의 자녀요, 믿음은 선행의 어머니다."

마틴 루터에 따르면, 은혜가 믿음을 낳고 믿음이 선행을 낳습니다. 즉, 큰 은혜가 큰 믿음을 낳고 큰 믿음이 큰 행함을 낳는다는 것입니다.

믿음이 최후 승리하게 한다

결국 라합을 승리하게 한 것은 '믿음'이었습니다. 믿음이 평범한 한 여성을 특별한 여성으로 만든 것이었습니다. 스탠퍼드대학교의 심리학 교수인 캐롤 드웩Carol Dweck이 쓴 『성공의 새로운 심리학』(서울: 부글북스, 2011)이란 책이 있습니다. 그 책에서 그녀는 보통 사람과 특별한 사람의 특징을 연구했습니다. 우선 그녀는 역사를 빛내고 인류에게 유익을 남긴 사람들의 특징으로 '환경'을 살펴보았습니다. 그 결과, 과거로 갈수록 가난한 사람 중에 특별한 사람이 많았다고 합니다. 그러나 지금은 반대로 부유한 환경에서 지낸 사람 중에 많이 나오고 있다고 합니다. 그렇다면, 가난과 부요는 가장 중요한 특징이라 할 수 없습니다. 다음은 '교육 상태'를 살펴보았습니다. 일반적으로 특별한 사람은 교육을 많이 받았습니다. 그러나 가장 뛰어난 인물 중에는 교육을 받지 않은 사람도 많았습니다. 두개골의 크기와 모양에 차이가 있나 살펴보았지만 거기에도 큰 차이는 없었습니다.

하지만 딱 하나 중요한 차이가 있었습니다. 그것은 '마음의 문제'였습니다. 그것을 그녀는 '마인드세트'mind set라 부릅니다. 마음의 구조입니다. 마음이라고 불리는 인간의 중심에 무엇이 있느냐는 것이 문제라는 것입니다. 그래서 그녀는 마음의 중심에 있는 것이 사람을 성공하게도 하고 실패하게도 한다고 말합니다. 그러면서 그녀는 이렇게 이야기합니다.

"나는 이 세상을 약자와 강자, 아니면 성공한 사람과 실패한 사람으로 나누지 않는다. 또 많이 배웠느냐 적게 배웠느냐로 나누지 않는다. 그 마음이 강하냐 약하냐, 그 마음에 그를 지탱하는 변치 않고 일관된 가치가 있느냐 없느냐로 나뉜다. 그것이 사람의 운명을 결정한다."

그녀의 말을 성경적으로 바꾸면, '사람의 성공과 실패를 결정하는 것은 마음의 믿음'이라 할 수 있습니다. 믿음은 우리 마음에 있는 변하지 않는 일관된 가치관입니다.

"하나님은 상천하지上天下地의 하나님, 하늘에도 땅에도 살아 계신다. 하나님께서 뜻과 목적을 가지고 우리를 여기에 보내셨다. 여리고 같은 세상이 아무리 강할지라도 하나님께서 무너뜨리신다. 강하고 담대하라. 하나님께서 살아 계시니 나도 승리한다."

바로 이 믿음입니다. 결국 라합은 이 믿음으로 하나님께 큰 은혜를 받게 됩니다.

⁵살몬은 라합에게서 보아스를 낳고 보아스는 룻에게서 오벳을 낳고 오벳은 이새를 낳고 ⁶이새는 다윗 왕을 낳으니라 다윗은 우리야의 아내에게서 솔로몬을 낳고_ 마 1:5-6

마태복음에 기록된 것처럼, 라합은 살몬과 결혼하여 보아스를 낳습니다. 그리고 그 보아스가 룻과 결혼해서 오벳을 낳고, 오벳은 다윗의 할아버지가 됩니다. 여리고의 기생이었던 여인 라합이 다윗의 증조모가 되고 그 뿌리에서 예수님이 태어났으니, 결국 그녀는 믿음으로 승리한 것입니다. 오직 믿음이 우리를 승리하게 합니다.

다 드리고 싶은데[6]

사랑의 주님,
주님은 제게 너무도 많이 주시는데
저는 주님께 너무도 적게 드립니다.
주님이 모든 것을 책임져 주실 줄 믿고
주님을 위해 모든 것을 희생해야 마땅하나
저는 실패, 실패, 또 실패합니다.
실패라는 말을 천 번이고 반복해야 옳을 겁니다.
저는 모든 것을 희생하는 일에 번번이 실패합니다.
이 실패의 부끄러움 속에서 사는 것이 저는 싫습니다.
제 삶의 유일한 목적은
당신께서 주신 모든 것을 당신께 돌려 드리는 데 있음을
알기 때문입니다.
제 안에서 얼마나 많은 허물을 보는지요!
의식을 잃고 기절했으면 차라리 좋겠습니다.
그러면 제 악함을 기억하지 않게 되겠지요.

주님, 제 안에 주님의 은총을 넣으소서.
그러면 제가 진실로 좋아질 것입니다.

_아빌라의 테레사

| 아빌라의 테레사(Teresa of Avila, 1515-1582)

가난한 이들을 위해 봉사하라는 부름을 받고, 1950년 인도 콜카타에 사랑의 선교회를 설립했다. 이후 임종자를 위한 집, 나환자를 위한 집, 어린이를 위한 집, 에이즈 환자를 위한 집 등을 마련하여 버림받고 사랑받지 못한 이들에게 평범하지 않은 사랑을 베풀었다.

"그러므로 이제 청하노니 내가 너희를 선대하였은즉 너희도
내 아버지의 집을 선대하도록 여호와로 내게 맹세하고 내게 증표를 내라
그리고 나의 부모와 나의 남녀 형제와 그들에게 속한 모든 사람을
살려 주어 우리 목숨을 죽음에서 건져내라"

여호수아 2:12-13

04
내 가족을 살려 주소서

여호수아 2:12-21

 어느 도시에 별로 행복하지 못한 가정이 있었습니다. 가족들의 마음이 서로 달랐기 때문입니다. 한 번은 가족들이 차를 타고 시내로 나가는데 그만 신호를 위반했습니다. 경찰관이 차를 세우고 말했습니다. "신호 위반하셨습니다. 면허증 좀 보여 주십시오." 그러자 운전자가 말했습니다. "거 한 번 봐 주쇼. 아침에 어쩔 수 없이 술을 한잔했잖소?" 놀란 경찰은 "아니, 음주운전을 했단 말입니까?"라고 말했습니다. 이때 운전석 옆자리에 앉아 있던 아내가 말했습니다. "아저씨, 한 번만 봐 주세요. 이 사람이 운전면허가 없어서요." 경찰이 눈을 크게 뜨고 말했습니다. "아니, 무면허까지?" 그러자 뒤에 있던 어머니가 한마디 보탰습니다. "거 봐라. 내가 훔친 차는 오래 못 간다고 했지?" 마지막에 아들이 대미를 장식했습니다. "아빠가 어제 은행 털 때 내가 알아봤다니까." 이 사람은 졸지에 신호 위반과 음주운전, 무면허, 은행털이범으로 그 자리에서 체포되었습니다.

이러한 가정을 무엇이라고 부르는지 알고 있습니까? 콩가루 가정이라고 부릅니다. 여러분은 어떤 가정생활을 하고 있습니까? 한평생을 살아가면서 우리는 어떻게 서로 사랑하며 살아야 할까요?

가족은 소중하다

교회에서 성도들과 함께 기도제목을 썼습니다. 많은 분이 참여했는데, 대부분의 기도제목이 가족 문제였습니다.

"공부하는 자녀들, 몸이 약하신 부모님, 믿음 약한 남편을 불쌍히 여겨 주소서."

깊이 생각하고 쓴 것들이 아닙니다. 나도 모르게 툭 튀어나온 것입니다. 그만큼 마음속 깊이 가족에 대한 생각이 있는 것입니다.

오늘의 주인공 라합도 그랬습니다. 3장에서 본 것처럼, 라합은 여자요 가나안 족속이요 기생이었지만, 하나님의 은혜를 입었습니다. 언제나 큰 은혜에서 큰 믿음이 나옵니다. 그리고 큰 믿음은 큰 승리를 가져옵니다. 기생 라합은 큰 은혜를 받아 자기 목숨을 걸고 여리고 군인에게서 정탐꾼들을 살려 주었습니다. 그 후 라합은 정탐꾼들에게 이렇게 말합니다.

> ¹²그러므로 이제 청하노니 내가 너희를 선대하였은즉 너희도 내 아버지의 집을 선대하도록 여호와로 내게 맹세하고 내게 증표를 내라 ¹³그리고 나의 부모와 나의 남녀 형제와 그들에게 속한 모든 사람을 살려 주어 우리 목숨을 죽음에서 건져내라_수 2:12-13

이 말씀에서 중요한 단어들이 나옵니다. 12절에 나오는 "내 아버지의 집"과 13절에 나오는 "나의 부모와 나의 남녀 형제와 그들에게 속한 모든 사람"입니다. 이들은 누구입니까? 라합의 가족입니다.

동물 중 태어나서 혼자 힘으로 살아가는 데 가장 오랜 시간이 걸리는 것은 사람이라고 합니다. 송아지는 태어나면 바로 걷습니다. 강아지도 태어나자마자 비틀거리며 걷습니다. 그런데 사람은 아닙니다. 혼자 힘으로 걷게 하려면 적어도 1년은 키워야 하고, 스스로 밥을 먹게 하려면 5년은 더 키워야 합니다. 그나마 자립해서 인생을 살아가게 하려면 20년, 30년은 더 키워야 합니다. 우리는 다 그렇게 커 왔습니다.

요즘은 보기 드문 일이지만, 제가 어렸을 때만 해도 처마 밑에 제비들이 많았습니다. 한번은 어미가 새끼들에게 먹이를 주는 모습을 보았는데, 어미가 아주 정확하게 순서대로 주는 것을 보았습니다. 하나하나 입에 다 넣어 주고 날아가고, 다시 와서 다 넣어 주고 날아갔습니다. 어미도 배가 고플 텐데 그 먹이를 자기가 먹는 경우는 없었습니다. 또 언젠가는 큰비가 와서 홍수가 났는데 어미 닭이 알을 품은 채로 떠내려가는 것을 본 적이 있습니다. 본래 닭이 알을 부화시키려면 21일이 걸린다고 합니다. 이때 어미 닭은 절대 자리에서 떠나지 않는다고 합니다. 그래서 그 홍수 속에서도 어미 닭은 떠나지 않았던 것입니다. 우리도 다 그렇게 커 왔습니다. 누구도 태어나자마자 혼자 힘으로 된 사람은 없습니다. 저도 자녀를 키울 때는 잘 몰랐습니다. 그런데 손자들이 크는 것을 보면서 알았습니다. 사람 하나 키우는 데 얼마나 힘든지 모릅니다. 24시간 목숨 걸고 돌보아야 합니다. 부모님이 우리를 그렇게 키우셨습니다.

저는 이번 설이 주일과 겹쳐 먼저 고향에 다녀왔습니다. 아침 일찍 출발해서 시골에 갔습니다. 부모님과 몇 시간 지내고 올라오는데 예약한 택시가 일찍 도착해 와 있었습니다. 택시를 막 타려고 할 때, 아버지가 사 줄 것이 있다고 하시면서 같이 타셨습니다. 한참 가다가 아버지는 면사무소 가게 앞에서 내리셨습니다. 당시 눈이 펑펑 쏟아지고 있었는데 한참을 기다려도 아버지가 가게에서 나오질 않으셨습니다. 그때 기다리던 택시 운전사는 눈이 많이 와서 고개를 넘을 수 없을지도 모른다며 저를 태우고 출발해 버렸습니다. 저는 집으로 오는 사이 두고두고 마음에 걸렸습니다. 도착하자마자 전화를 드렸더니 어머니가 받으셨습니다. "아버지가 너 식혜 사 주려고 가게에 갔는데 마침 식혜가 없어서 이것저것 고르다가 늦었다고 하시더라. 못 줘서 미안하다며 가져오셨길래 내가 먹었다." 점심때에 어머니가 식혜를 맛있게 하셔서 제가 식혜가 더 있냐고 물었던 것을 아버지가 들으셨던 것입니다. 그래서 눈 오는 날 식혜 사 주시려고 구십 노인이 면사무소 가게까지 따라오신 것입니다. 부모님은 다 그런 분이십니다.

미국 정신신체증 학회에서 남성 3,000명을 대상으로 건강유지 습관을 조사[7]한 결과, 홀아비와 이혼 남성은 음주, 흡연율이 높은 대신 채소 섭취율이 낮은 것으로 나타났다고 합니다. 이로 인해 기혼 남성보다 노환, 치매

등에 대한 저항력이 약해져 결국 중년에 조기 사망할 확률이 높다고 발표했습니다. 다시 말해, 남편과 아내는 서로 소중한 존재라는 것입니다.

자녀들은 또 얼마나 소중합니까? 제가 예루살렘에서 공부할 때 공부가 너무 어려웠습니다. 한국어로 해도 힘든데 영어, 히브리어로 공부하니 진도 따라가는 것조차 버거웠습니다. 그때 제 나이가 30대 후반이었는데, 20대인 젊은 외국인들과 함께 공부하려니 다른 사람보다 두 배, 세 배는 더 해야 했습니다. 하루는 결단했습니다. '아예 침낭을 챙겨서 도서관에서 먹고 자자.' 그렇게 몇 주를 보냈습니다. 그러던 어느 날, 스티브Steve라는 미국 학생이 저에게 왔습니다. 스티브는 목사의 아들로 평소에 저와 친하게 지내던 학생이었습니다. 그가 물었습니다. "목사님, 한국 목사님들은 목회도 그렇게 합니까? 가정을 떠나 교회에서 잡니까?" "아니요" 그랬더니 그는 이렇게 말했습니다. "저도 목사의 아들이지만 아버지는 아무리 바빠도 늘 저희와 함께하셨습니다. 목사님에게는 두 자녀가 있다고 들었습니다. 이 낯선 나라에서 그들은 외롭지 않겠습니까? 그런데 목사님이 여기서 주무시니 자녀들은 얼마나 쓸쓸하겠습니까?"

저는 그때 한 대 얻어맞은 느낌이었습니다. 바로 회개하고 침낭을 쌌습니다. 집에 갔더니 아이들이 자고 있었습니다. 아이들 머리에 손을 대고 저는 기도했습니다. "주여, 용서하소서. 아이들이 필요할 때 제가 있지 못해서 미안합니다." 그때 생각했습니다. '우리는 성공을 위해 부지런히 달려가지만 자녀들은 우리의 성공을 기다려 주지 않는다. 지금 사랑할 때 사랑하고 지금 사랑받을 때 사랑받아야 한다. 부모의 사랑 없이 아이들이 잘못되면 부모가 성공한들 무슨 소용이 있겠는가?' 가족은 그래서 소중합니다.

빼앗긴 가족을 찾아야 한다

가족이 소중한 또 하나의 이유가 있습니다. 신앙적 이유입니다. 라합에 대한 이야기로 마태복음에는 중요한 자료가 남겨져 있습니다.

> ⁵살몬은 라합에게서 보아스를 낳고 보아스는 룻에게서 오벳을 낳고 오벳은 이새를 낳고 ⁶이새는 다윗 왕을 낳으니라 다윗은 우리야의 아내에게서 솔로몬을 낳고_마 1:5-6

이 말씀에 라합의 남편 이름이 나옵니다. 살몬입니다. 그리고 아들 이름도 나옵니다. 보아스입니다. 이 보아스가 훗날 룻과 결혼했습니다. 거기서 태어난 후손이 다윗입니다. 여호수아서만 보면 라합은 단순한 기생이고 이스라엘의 정탐꾼을 살려 준 은인이지만, 마태복음을 보면 이스라엘 다윗 왕의 위대한 선조가 되어 나타납니다. 어떻게 이러한 일이 있을까 생각해 보면, 그 비밀은 믿음에 있습니다.

라합의 남편 이름은 살몬입니다. 그는 누구일까요? 성경학자들은 여호수아가 보낸 두 정탐꾼 중의 하나였을 것이라고 추측합니다. 그렇다면, 어떻게 라합은 살몬과 결혼했을까요? 몇 가지 가능성이 있습니다. 첫 번째는 전략적으로 결혼했을 가능성입니다. 머리가 좋았던 라합이 이스라엘 남자와 결혼해야 나중에 살기가 편할 것이라고 생각했을 것이라는 추측입니다. 두 번째는 서로 사랑에 빠져서 결혼했을 가능성입니다. 라합이 정탐꾼을 숨겨 주는 사이에 두 사람이 사랑에 빠졌을 것이라는 추측입니다. 어느 경우도 확실하다고 말할 수 없지만 후자가 사실이 아닐 가능성이 더 큽니다. 왜냐하면 이스라엘 사람들은 감정적으로 결혼하지 않기 때문입니다.

어떤 사람이 말했듯이, 사랑은 감정이 아니라 감정이 꺼진 다음에 남은 무엇입니다. 사랑은 감정 이상이요, 감정 이후입니다. 그래서 결혼을 '혼의 결합'이라고도 말합니다. 좋다고 아무하고나 결혼할 수는 없습니다. 이때 신앙적 가치관이 가장 중요하게 작용합니다. 보아스 같은 아들을 낳고 훌륭한 믿음의 가문을 이루어 다윗 같은 위대한 왕이 태어나는 명문가가 되려면, 믿음이 없어서는 안 됩니다. 만약 라합과 살몬이 사랑했다면, 그 사랑은 하나님께서 주신 신앙적인 사랑이었을 것입니다. 하나님의 사랑이 아니고서는 둘의 결혼이 이루어질 수도, 유지될 수도 없었을 것이기 때문입니다.

내 가족을 살려 주소서

오늘날 가정은 사랑이 없어서 문제가 아니라, 하나님의 사랑이 없어서 문제입니다. 감정적 사랑이 없어서가 아니라, 신앙적 사랑이 없어서 문제입니다. 라합이 가족들을 살려 달라고 하면서 창문에 매달았던 붉은 줄을 기억하십시오. 라합에게는 2개의 줄이 있었습니다. 하나는 정탐꾼을 성벽 밑으로 내려보낸 15절의 줄이고, 또 하나는 가족을 살리기 위해 매단 18절의 붉은 줄입니다. 하나는 살려서 내보낸 줄이고, 또 하나는 살리려고 올라온 줄입니다.

'줄'을 히브리어로 '티크바'Tikvah라고 합니다. 이 단어는 '희망, 소망'이라는 뜻도 있습니다. 희망은 하나님을 붙잡는 끈입니다. 그 끈이 하나님께 연결되어 있었기 때문에 라합과 살몬의 결혼이 가능했고, 그 끈에서 보아스가 태어나고, 다윗이 태어나고, 먼 훗날 예수님이 태어나셨습니다. 라합이 가졌던 유일한 희망은 살아 계신 하나님을 붙잡는 것이었습니다. 하나님 외에는 자신의 가족이 사는 방법이 없었기 때문입니다.

어떻습니까? 여러분의 가족도 하나님을 향한 끈을 붙잡고 있습니까? 라합이 단지 목숨만 부지하고 산 것이 아니라 성경에서 최고의 명문가를 이루었다는 것을 기억하십시오. 그래서 저는 부부가 나란히 손잡고 교회 나오는 것처럼 아름다운 것이 없다고 생각합니다. 그런데 반대로 부부 전도처럼 어려운 것도 없다는 것을 잘 압니다. 왜냐하면 부부는 말이 아니라 삶으로 보여 주어야 하기 때문입니다.

> 아내들아 이와 같이 자기 남편에게 순종하라 이는 혹 말씀을 순종하지 않는 자라도 말로 말미암지 않고 그 아내의 행실로 말미암아 구원을 받게 하려 함이니_벧전 3:1

이 말씀은 열두 사도 중에 유일하게 결혼 경험이 있는 베드로가 한 말입니다. 베드로는 결혼을 하고 보니 부부는 절대 말로 상대방을 설득할 수 없다는 것을 알았습니다. 부부 전도의 핵심은 말이 아니라 행동입니다.

얼마 전에 오랫동안 교회를 나오지 않다가 교회에 출석한 부인이 있었습니다. 그녀의 남편은 결혼하고 5년 동안 한 번도 교회에 가자는 말을 안 했다고 합니다. 그 대신 1년에 세 차례씩 장미 100송이를 선물했습니다. 생일, 결혼기념일, 그리고 둘이 처음 만난 날. 5년을 그렇게 하니까 염치가 없어서 교회를 나오기 시작했다고 합니다.

그러나 가족 전도 중 가장 큰 전도는 자녀입니다. 요즘 우리 자녀들이 사는 시대는 예전에 우리가 살던 시대와 다릅니다. 우리 자녀들은 오래전에 우리가 받았던 것과 비교도 안 되는 많은 유혹을 받고 있습니다. TV 어디를 틀어도 폭력이요 섹스입니다. 몸은 공부 때문에 지쳐 있는데 온갖 쾌락주의, 무신론과 허무주의, 절망과 자살의 유혹 등이 우리 자녀들을 둘러싸고 있습니다. 이단과 사이비는 늘고 있고, 이슬람과 같은 타 종교는 쉽게 삶 속으로 파고들어 오고 있습니다.

이러한 상황에서 자녀와 부모의 대화도 별로 없습니다. 통계청에 따르면, 청소년 중 절반이 부모님과 하루에 하는 대화가 1시간 미만이라고 합니다.[8] 세상은 점점 험해져 가는데 부모와 자녀들의 대화도 없으니 자녀들은 어떻게 살아갑니까? 아브라함의 조카 롯이 바벨론 왕에게 붙잡혀 간 것같이창 14:12, 우리 자녀들을 마귀에게 빼앗기고 있습니다. 때문에 지금 시대의 전도는 해도 되고 안 해도 되는 것이 아니라, 생존의 문제가 되었습니다. 전도는 다른 것이 아니라 마귀에게 빼앗긴 자녀를 되찾아오는 것입니다. 그러므로 즉각적으로 그들을 구출해 내야 합니다. 빨리 구출하는 것만이 가장 좋은 방법입니다.

빠른 전도가 필요한 또 다른 이유는 나이와도 상관이 있기 때문입니다. 선교사 로버트 모펫Robert Moffat은 "사람이 언제 하나님을 가장 잘 받아들이는가?"라는 질문에 "10세 전후"라 했으며, "5세에서 10세 전후의 아이들이 부모의 말을 가장 잘 듣는다"고 했습니다. 언젠가 미국의 헌트Hunt라는 사람이 미국 교회 성도들이 언제 하나님께 돌아왔는지를 조사한 적이 있었습니다. 그 결과, 4세 미만에 돌아온 사람이 1%, 4-15세가 85%, 15-30세가 10%, 그리고 30세 이상이 4%였다고 합니다. 어릴수록 하나님께 빨리 돌아온다는 뜻입니다. 잠언 22:6에서는 이렇게 말씀하고 있습니다.

> 마땅히 행할 길을 아이에게 가르치라 그리하면 늙어도 그것을 떠나지 아니하리라_잠 22:6

그래서 저는 창세기 14:15-16을 좋아합니다.

> 15그와 그의 가신들이 나뉘어 밤에 그들을 쳐부수고 다메섹 왼편 호바까지 쫓아가 16모든 빼앗겼던 재물과 자기의 조카 롯과 그의 재물과 또 부녀와 친척을 다 찾아왔더라_창 14:15-16

가족이 소중하기 때문에 우리는 그들을 찾아와야 합니다. 우리 부모, 남편, 아내, 자녀, 빼앗긴 가족들을 모두 다시 찾아와야 합니다.

도움을 구하는 기도[9]

사랑의 주 예수 그리스도시여,
제가 바라는 것이 너무 커서 말로 표현할 수가 없습니다.
어떻게 구해야 할지 모르겠습니다.
제 마음을 살펴 주소서.
더 무슨 말을 해야 합니까?
제 고난은 모든 불평보다 더 큽니다.
이성을 다해 보아도 알 수 없고,
용기를 다해 보아도 힘을 내지 못하겠습니다.
위로를 얻지 못하고, 도움도 받지 못하고,
모두에게 버려져 어쩔 줄 모르고 있습니다.
나의 하나님, 아버지께서는 제 소망을 외면하지 않으실 것입니다.
제 기도를 들으시고 소원을 만족시켜 주실 것입니다.
아버지의 은혜를 구하고 기다릴 것입니다.
제 말씀을 들으시고 제 소원을 이루소서.

_마틴 루터

| 마틴 루터(Martin Luther, 1483-1546)
로마 가톨릭교회의 부패에 반기를 든 독일의 종교개혁자다. 가톨릭교회의 교리와 폐쇄성에 의문을 제기하고 성경을 통한 하나님과의 직접적인 접촉과 하나님의 구원을 설파했으며, 라틴어로 되어 있던 성경을 독일어로 번역해 대중화에 기여했다.

"온 땅의 주 여호와의 궤를 멘 제사장들의 발바닥이
요단 물을 밟고 멈추면 요단 물 곧 위에서부터 흘러내리던
물이 끊어지고 한 곳에 쌓여 서리라"

여호수아 3:13

05
벽을 밀면 문이 된다

여호수아 3:1-13

하나님은 특별한 사람을 사용하시는 것이 아니라 보통 사람을 특별하게 사용하십니다. 하나님은 보통 사람 라합을 불러 특별하게 사용하셨습니다. 라합을 통해 여리고를 정탐하게 하신 하나님은 이제 이스라엘 백성을 요단 강 앞에 세우셨습니다.

요단 강은 헬몬 산에서 흐르는 물이 330km를 흘러 갈릴리 호수를 지나 사해로 흐르는 강입니다. 히브리어로는 '야르딘'yarden, 즉 '내려간다'라는 뜻을 가지고 있습니다. 이 강은 예나 지금이나 이스라엘의 자연적 경계선으로 남아 있습니다. 강 저편과 이편이 분명히 나뉘어 있는 것입니다. 그렇기 때문에 당시 사람들은 이스라엘에 가려면 이 강을 건너야만 했습니다. 다시 말해, 히브리 사람이 되려면 반드시 건너야 했습니다. '히브리'Hebrew라는 단어가 '건너다'라는 단어에서 유래된 것은 이 때문입니다.

이 강을 가장 먼저 건넌 사람은 아브라함이었습니다. 그리고 400년 후, 이스라엘 백성이 다시 그 강 앞에 섰습니다. 한 번만 건넙니까? 아닙니다. 또 건너야 합니다. 아브라함 이후 500년 뒤, 여호수아가 또 그 강 앞에 섰습니다. 아브라함이 요단 강을 건너며 믿음의 자녀가 되었다면, 이스라엘도 여호수아와 함께 요단 강을 건너가야 했습니다.

강을 건너려면 믿음이 필요하다

성경에서 이스라엘 백성들은 요단 강을 2번 건넜습니다. 한 번은 아브라함 때였고, 또 한 번은 여호수아 때였습니다. 아브라함 때는 쉽게 건넜습니다. 그래서 성경에 잘 나타나지 않습니다. 창세기 12장을 보면, 아브라함이 가나안 땅으로 들어가는 장면이 나옵니다. 하지만 창세기 12장 어디에서도 어떻게 들어갔는지에 대한 자세한 기록을 찾아볼 수 없습니다. 다만 여호수아 24:2에서 아브라함이 이 강을 건넜다는 기록을 볼 수 있습니다.

> 너희의 조상들 곧 아브라함의 아버지, 나홀의 아버지 데라가 강 저쪽에 거주하여 다른 신들을 섬겼으나_수 24:2下

여기서 '강 저쪽'은 요단 강 저편을 말합니다.
우리는 처음 하나님을 믿을 때 전적인 하나님의 은혜로 구원받습니다. 우리가 하는 일은 아무것도 없습니다. 하나님께서 다 하십니다. 구원파는 우리가 구원받은 정확한 날짜를 아는지 묻습니다. 그러나 사람은 자기가 태어난 날도 직접 알지 못합니다. 우리를 낳으신 어머니에게 들어서 알 뿐입니다. 우리가 구원받은 날을 모른다고 해서 구원받지 않는 것은 아닙니다. 구원받은 날을 아는 것보다 구원받은 확신과 믿음으로 사는 것이 더 중요합니다.

이때 우리에게 요청되는 것이 있습니다. 구원받고 예수님과 함께 살기 위해 또 요단 강을 건너는 것입니다. 한번 구원받았다고 발 뻗고 누워 있을 것이 아니라, 우리 앞에 놓인 요단 강을 건너야 합니다. 구원받은 사람은 매일 가로막힌 장벽 같은 요단 강을 만납니다. 그것은 마치 우리 길을 가로막고 선 거대한 장애물과도 같습니다. 어떻습니까? 우리가 사는 믿음의 길에는 많은 강이 있다는 것을 알고 있습니까? 여호수아와 함께 가나안 땅으로 가려면 언제나 장애물 같은 이 요단 강을 통과해야만 합니다. 학생이라면 수많은 시험을 통과해야 하고, 사업가라면 수많은 위기를 통과해야 합니다. 그런데 우리 인생에 이러한 강이 없으면 안 되는 것일까요?

영화 「해리 포터」 시리즈 중 첫 작품인 「해리 포터와 마법사의 돌」(2001)을 보면 잊지 못할 장면이 하나 있습니다. 11세 고아 소년 해리가 '호그와트 마법학교'에 입학하기 위해 런던 킹스크로스 역 벽을 뚫고 들어가는 장면입니다. 아무도 통과할 수 없는 벽 속으로 해리가 뛰어들어 갔을 때, 마법학교로 가는 특급열차 승강장이 나타나는 장면은 이 영화의 압권이었습니다. 분명히 벽으로 들어갔는데 새로운 세계가 나왔습니다. 그때 생각했습니다. '아, 벽은 우리를 가로막고 있는 장애물이 아니라 새로운 세계로 인도하는 문인가?'

『내 인생에 용기가 되어준 한마디』(서울: 비채, 2013)를 쓴 정호승 시인도 이 벽에 대해 고민을 했습니다.[10] 저자는 미국의 랜디 포시Randy Pausch 교수가 했던 말을 생각해 보았습니다. 그는 2007년에 말기 암으로 6개월 시한부 삶을 살면서 「마지막 강연」이라는 동영상을 통해 전 세계인들에게 희망과 사랑의 메시지를 던진 인물이었습니다.

"벽이 있다는 것은 다 이유가 있다. 벽은 우리가 무언가를 얼마나 진정으로 원하는지 가르쳐 준다. 무언가를 간절히 바라지 않는 사람은 그 앞에 멈춰 서라는 뜻으로 벽이 있는 것이다."

그 후 정호승 시인은 벽을 하나의 문으로 생각했습니다.

"문 없는 벽은 없습니다. 모든 벽은 문입니다. 벽은 문을 만들기 위해 존재합니다. 벽 없이 문은 존재할 수 없습니다."

벽이란 이처럼 막혀만 있는 것이 아닐지도 모릅니다. 우리는 여름이 되면 곳곳에 핀 가시 장미나 담쟁이넝쿨을 보게 됩니다. 한번은 지나가다가 우연히 담장에 핀 장미를 보았습니다. 장미꽃의 아름다움에 감탄하고 있는데, 이상한 점이 보였습니다. 꽃이 담장을 무너뜨리지 않고 오히려 넘어서서 피어 있었던 것입니다. 벽을 부수지 않고 뛰어넘은 것입니다. 장미의 이 같은 지혜는, 인생의 길에서 만나는 장애물은 뛰어넘을 수 있는 하나의 벽이라고 가르쳐 주는 것 같았습니다.

종종 우리는 "하나님은 어떤 분이십니까?"라는 질문에 "선한 분이십니다"라고 답합니다. 그렇다면, '선하다'는 것은 무엇입니까? 혹시 선한 것은 고통을 주지 않는 것이라고 생각합니까? 이것이 우리가 선하다는 말에서 가지게 되는 오해입니다. 이 오해는 곧 '하나님은 선하시면서 왜 고통을 주시는지 모르겠다. 욥처럼 죄 없는 사람이 왜 고통을 받아야 하는지 이해하기 어렵다'라는 생각으로 번져 갑니다. 이때가 하나님을 믿으면서 가장 시험에 드는 순간입니다.

최근에 장로님 몇 분과 함께 태국 치앙마이에 다녀왔습니다. 그곳은 한창 봄이라 사방에 꽃이 피고 아름다운 열매가 여물고 있었습니다. 그곳에 간 이유는 우리 교회 장로님의 누님이 선교사로 사역하시는 '태국 치앙마이 가나안 선교센터'에 가기 위해서였습니다. 이곳의 선교 활동은 크게 2가지로, 첫 번째는 태국 북쪽 산지에 사는 사람들을 전도하는 것이었습니다. 그리고 두 번째는 그들의 자녀 몇몇을 훈련원에 데려와 공부를 가르치는 등 아이들 양육을 하는 것이었습니다. 하지만 제가 더 감동받은 일은 따로 있었습니다.

선교사님에게는 어릴 때부터 공부도 잘하고 부모님 말씀에 순종도 잘하는 아들이 하나 있었습니다. 뜻이 있어 미국에 가서 대학과 대학원을 졸업한 우수한 아들이었습니다. 그랬던 아들이 태국에 부모님을 뵈러 잠시 왔다가 교통사고가 나면서 안타깝게 숨지고 말았습니다.

여러분은 선교사님이 죄를 많이 지어서 하나님께 벌을 받은 것이라 생각합니까? 평생 목숨 바쳐 선교한 죄밖에 없는데 왜 하나님은 생명 같은 아들을 데려가셨을까요? 그렇게 선교했으면 상이라도 주셔야 하나님은 왜 상상도 할 수 없는 고통을 주신 것일까요? 선교사님 부부는 아들 잃은 슬픔에 몇 년을 울고 또 울었습니다. 아들이 너무 보고 싶어 일하다가 울고, 설교하다가 울고, 아들 닮은 사람 보면 울고, 성경 읽다가 울었습니다. 그런데 어느 날, 기도하던 중 하나님께서 음성을 들려주셨다고 합니다. "너는 아들이 죽었냐? 내 아들도 죽었다. 내 아들도 십자가에서 죽었다." 그때 깨달았다고 합니다. '하나님은 고통이 없어서 선하신 것이 아니라, 고통을 통해 선을 만들어 가시니 선하신 거구나. 하나님께서 악을 통해 선을 이루어 가시는 거구나. 그래서 하나님은 선하신 거구나.' 그때 받은 은혜가 이것이었습니다. '하나님은 그래도 선하시다.' 제가 그 말을 듣고 말했습니다. "선교사님을 진짜 선교사로 만든 것은 아들입니다. 하나님도 하나밖에 없는 아들을 십자가에 못 박지 않으셨습니까? 그동안 선교사님은 사명감으로 일하셨지만, 이제는 하나님의 마음으로 선교하실 것입니다."

그렇습니다. 하나님은 우리에게 언제나 건강만 주지 않으십니다. 그래도 하나님은 선하십니다. 하나님은 우리에게 언제나 평탄한 길만 주지 않으십니다. 그래도 하나님은 선하십니다. 하나님은 우리에게 가끔 실패하고 낙심하게 하십니다. 그래도 하나님은 선하십니다. 하나님은 우리가 가고 싶은 길로 인도하시는 것이 아니라, 우리가 가야 할 길로 인도하십니다. 그래서 하나님은 선하십니다.

> 너희보다 먼저 가시는 너희의 하나님 여호와께서 애굽에서 너희를 위하여 너희 목전에서 모든 일을 행하신 것 같이 이제도 너희를 위하여 싸우실 것이며_신 1:30

우리 앞에 넘지 못할 것 같은 장애물이 있지만, 그것을 넘어서기 위해서는 바로 이러한 '믿음'이 필요합니다. 이스라엘 백성들 앞에 요단 강이란 큰 장애물이 있었습니다. 그들은 두렵고 무서웠을 것입니다. 하지만 '하나님은 선하시다. 그래서 우리와 함께하신다'라는 믿음이 있다면 무서울 것이 없습니다. 이제 요단 강만 건너면 가나안 땅입니다. 아무 의심 없이 선하신 하나님을 믿고 건너면 됩니다.

무엇을 할 만큼 완벽한 때는 없다

오늘날 요단 강은 아주 작습니다. 이스라엘 정부가 갈릴리 호수를 수자원 보호라는 명목 아래 댐으로 막았기 때문입니다. 그러나 옛날에는 큰 강이었습니다. 그래서 건너기가 쉽지 않았습니다. 특히 여호수아가 강을 건널 당시는 더 힘들었습니다. 그때가 5월이었는데, 강에 물이 가장 많을 시기였습니다. 이스라엘에는 여름과 겨울, 두 계절만 있는데, 3월부터 더워지기 시작하여 5월에는 더위가 절정에 이릅니다. 이때 헬몬 산에 쌓인 눈이 녹아 요단 강으로 밀려 들어오고, 이로 인해 강 수위가 높아지게 됩니다.

온 땅의 주 여호와의 궤를 멘 제사장들의 발바닥이 요단 물을 밟고 멈추면 요단 물 곧 위에서부터 흘러내리던 물이 끊어지고 한 곳에 쌓여 서리라_수 3:13

13절 말씀을 보면, '물이 끊어지고 한 곳에 쌓일 것'이라고 나옵니다. 대체 당시 물이 얼마나 많았길래 쌓일 것이라 했을까요?

요단이 곡식 거두는 시기에는 항상 언덕에 넘치더라_수 3:15上

물이 언덕까지 넘칠 정도로 많았다고 기록되어 있습니다. 그러면 여기서 궁금한 점이 생깁니다. 어째서 하나님은 일 년 중 하필 가장 물이 많은 때를 골라 백성들을 건너게 하셨을까요? 이왕 건너야 했다면 물이 적은 때 건널 수는 없었을까요?

제가 이번 장의 말씀을 읽으면서 깨달은 것은 무엇을 시작하기에 충분할 만큼 완벽한 때는 없다는 것이었습니다. 이스라엘 백성은 하필 요단 강을 가장 나쁜 때 건너게 되었습니다. 그렇다고 연기해 달라거나 더 좋은 때에 건너게 해 달라고 기도하지 않았습니다. 그냥 건넜습니다.

우리 인생에 무엇을 할 만큼 완벽한 때란 없습니다. 문제는 믿음입니다. 다 준비해 놓고 시작하면 좋지만 어차피 완벽한 준비는 불가능합니다. 하면서 부족한 것을 보완하면 되는 것입니다. 꽃이 보고 싶을 때 꽃씨를 뿌리면 이미 늦었습니다. 그러나 늦었다고 안 뿌리면 꽃을 영영 볼 수 없습니다. 혹시 유학에 뜻이 있습니까? 영어공부를 다 한 다음에 공부하러 가면 늦습니다. 참고서에는 '영어 완전정복'이라 적혀 있지만 실제 영어공부에 완전정복이란 없기 때문입니다. 창업할 계획이 있습니까? 성공의 노하우를 다 알고 시작하기에는 너무 늦습니다. 성공의 노하우란 경험을 쌓으면서 만들어 가는 것이기 때문입니다. 로미오와 줄리엣 같은 사랑을 한

다음 결혼할 생각은 꿈꾸지 마십시오. 그때는 늙고 힘이 없어 결혼 못합니다. 완벽한 배우자가 나타날 때까지 결혼 안 하겠다는 말은 하지도 마십시오. 나도 완벽하지 못한데 완벽한 배우자가 어디 있습니까? 결혼은 완벽한 사람을 만나는 것이 아니라 내가 끝까지 사랑할 사람을 만나는 것입니다.

'새들은 바람이 가장 강하게 부는 날 집을 짓는다'라는 말을 들어본 적이 있습니까? '황태가 부드러운 것은 겨울의 혹독한 시련을 이겨 냈기 때문이다'라는 것을 알고 있습니까? 배추도 봄에 비닐하우스에서 재배한 '하우스 배추'보다 한겨울 해남에서 재배한 '월동 배추'가 더 고소하고 오래 보관할 수 있다는 것을 알고 있습니까? 모두 혹독한 시련을 이겨 냈기 때문입니다. 그래서 '인생의 가장 큰 위험은 한 번도 위험한 일을 안 겪어 본 위험이다'라는 말이 있습니다.

한 여행객이 영국의 해안 지방을 여행하다가 해변에 갈매기 떼가 죽어 있는 것을 발견했습니다. 옆에서 그 갈매기를 치우는 사람에게 이게 무슨 일이냐고 물었습니다. 그가 대답했습니다. "해마다 이곳에는 여행객들이 많이 찾아오는데 그 사람들이 갈매기들에게 과자나 사탕 같은 것을 던져 줍니다. 갈매기들은 사람들이 던져 주는 맛있는 것들을 받아먹다가 점점 자연에서 먹이를 얻는 방법을 잊어버립니다. 그후, 철이 지나고 여행객들의 발길이 끊기면 먹을 것이 없어 이렇게 굶어 죽고 맙니다. 편한 것을 찾다가 굶어 죽는 것이지요."

그렇습니다. 편안한 것만 찾으면 갈매기 떼처럼 죽을 수밖에 없습니다.

문제는 믿음입니다. 저는 믿음에 관한 다음의 말들을 가슴에 새기고 삽니다. 로버트 슐러Robert Schuller 목사의 말입니다.

"믿음은 희망을 가지고 현실을 마주할 수 있는 용기다."

에반 H. 홉킨스Evan H. Hopkins의 이 말도 좋아합니다.

"믿음은 모든 것을 가능하게 하고 사랑은 모든 것을 쉽게 만든다."

공감합니다. 성공학자 지그 지글러Zig Ziglar는 이렇게 말했습니다.

"해야 할 때 해야 할 일을 하다 보면, 내가 원하는 때에 내가 원하는 일을 할 수 있는 때가 온다."

내가 원하는 것, 내가 원하는 때만 기다리지 마십시오. 지금 내가 해야 하는 일을 믿음으로 하다 보면, 내가 하고 싶은 일을 할 때가 옵니다.

요단 강을 건널 때 필요한 것이 있다

그러나 우리가 요단 강을 건널 때 기억해야 할 중요한 것이 있습니다.

그것은 바로 하나님과 동행하는 것입니다.

> ¹또 여호수아가 아침에 일찍이 일어나서 그와 모든 이스라엘 자손들과 더불어 싯딤에서 떠나 요단에 이르러 건너가기 전에 거기서 유숙하니라 ²사흘 후에 관리들이 진중으로 두루 다니며_수 3:1-2

2절 말씀을 보면, 여호수아는 백성들을 3일 동안 요단 강 가에서 기다리게 합니다. 왜 3일 후일까요? 하나님의 음성을 듣기 위해서였습니다. 그렇게 3일 동안 모든 백성이 침묵하며 기도하자 하나님께서 드디어 말씀하셨습니다.

> 백성에게 명령하여 이르되 너희는 레위 사람 제사장들이 너희 하나님 여호와의 언약궤 메는 것을 보거든 너희가 있는 곳을 떠나 그 뒤를 따르라_수 3:3

'언약궤를 따르라.' 이것은 무슨 말입니까? 하나님의 백성은 힘으로 사는 사람이 아니라는 말입니다. 하나님의 백성은 자기 주관, 자기 철학, 자기 상식으로 사는 사람이 아니라는 말입니다. 하나님의 백성은 하나님께서 앞서가시면 그 뒤를 따라가는 사람이라는 말입니다. 즉, 하나님의 사람들은 하나님의 말씀을 따라 사는 사람들인 것입니다. 하나님은 이렇게 말씀하십니다.

"자, 내가 지금 앞서간다. 나를 따르라. 절대 나를 앞서가지 마라. 내가 사령관이다. 오로지 나만 따르라."

이것이 '언약궤'입니다. 히브리서 9:4에 따르면, 이 언약궤에는 3가지가 들어 있었습니다.

금 향로와 사면을 금으로 싼 언약궤가 있고 그 안에 만나를 담은 금 항아리와 아론의 싹난 지팡이와 언약의 돌판들이 있고_히 9:4

시내 산에서 받은 만나를 담은 항아리, 아론의 싹난 지팡이, 그리고 십계명 돌판입니다. 이것은 무엇을 의미합니까? 만나를 담은 항아리는 하나님의 말씀입니다. 아론의 싹난 지팡이는 하나님의 지도권입니다. 십계명 돌판은 하나님의 말씀입니다. 이 3가지는 보이지 않는 하나님의 임재를 상징했습니다. 다시 말해, 언약궤는 하나님 당신이 아니라 하나님의 임재를 상징하는 것입니다. 하나님은 언약궤보다 크신 분입니다. 그러나 그 크신 하나님께서 그 작은 언약궤 안에 자신을 제한하셨습니다. 성육신의 신비입니다. '언약궤가 하나님이다'가 아니라 '하나님께서 언약궤 안에 계신다'는 것입니다.

이를 통해, 우리는 다시 한 번 '언약궤를 따르라'는 말의 참된 의미를 생각해 볼 수 있습니다. 이는 하나님께서 이스라엘 백성들에게 절대 요단강을 혼자 넘어가지 말고 하나님과 동행하라는 뜻이었습니다.

미국의 한 조종사가 비행 중 급하게 아내에게 전화했습니다. 남편이 평소에 비행 중에는 전화한 적이 없어 부인은 깜짝 놀랐습니다. "여보, 무슨 일이에요. 비행 중에." 남편이 말했습니다. "2가지 소식을 전하오. 하나는 좋은 소식이고 다른 하나는 나쁜 소식이오. 먼저 좋은 소식은 당신과 통화가 되어서 기쁘다는 것이고, 나쁜 소식은 우리 비행기가 바다로 떨어지고 있다는 것이오." 몇 초 후에 "꽝" 하는 소리와 함께 남편의 비행기가 바다에 떨어졌습니다.

빨리 가는 것도 중요하지만, 올바로 가는 것이 더 중요합니다. 그러나 이보다 더 중요한 것은 누구와 함께하는가입니다. 속도보다 방향이며, 방향보다 동행입니다. 우리 앞에 놓인 요단 강을 빨리 건너는 것은 그리 중요하지 않습니다. 올바로 건너야 합니다. 이때 하나님과 함께 건너는 것이 가장 중요합니다. 어떤 경우에도 우리 신앙생활에서 수단이 목적을 앞서서는 안 됩니다. 아무리 교회 일을 빨리하고 잘해도 하나님과 함께하지 않으면 아무 소용이 없습니다. 아무리 설교를 유창하게 하고 잘해도 하나님을 드러내지 않으면 아무 소용이 없습니다. 아무리 사업을 크게 하고 잘해도 하나님을 위해 일하지 않으면 아무 소용이 없습니다.

여러분은 지금 앞에 놓인 요단 강을 건너는 가장 큰 이유가 무엇이라고 생각합니까? 죄가 없는 완전한 상태가 되기 위해서입니까? 아닙니다. 하나님께 가까이 나아가기 위해서입니다. 그것을 '거룩'이라 부릅니다.

언젠가 목회자들이 모여 거룩에 관해 토론한 적이 있습니다. 거룩에 대한 많은 정의가 나왔는데 가장 좋은 것이 하나 있었습니다.

"거룩은 혼자 있을 때 주님을 바라보는 것이다."

너무 좋은 정의였습니다. 죄 없는 행동이 거룩이 아니라, 죄를 가지고 하나님께 나아가는 것이 거룩입니다. 나의 의로 하나님을 기쁘시게 하는 것이 아니라, 하나님의 의로 나를 변화시키는 것이 거룩입니다. 향나무 앞에 가야 향냄새가 묻어오듯, 분수 옆으로 가야 물에 젖듯, 하나님께 가까이 가야 그분이 내 속에 스며듭니다.

아직도 앞에 놓인 요단 강을 두려워하고 있습니까? 벽을 밀면 문이 됩니다. 요단 강을 건너기에 좋은 기회란 없습니다. 믿음으로 건너면 됩니다. 하나님과 동행하면 어떤 깊은 물도 쉽게 건널 수 있습니다. 하나님께 나아가기 위해 담대히 요단 강을 건너십시오.

저는 거지입니다[11]

주여! 채워지기를 갈망하는 빈 배를 보소서.
내 주여, 채우소서.
제 믿음이 연약하오니 강하게 하소서.
사랑에 굶주려 있으니 주님의 사랑으로 배부르게 하시고,
그 사랑이 저를 통해 이웃을 향해 나아가게 하소서.
저는 믿음이 그다지 강하지도 굳건하지도 않습니다.
때때로 의심하기도 하고 주님을 전적으로 신뢰하지도 못합니다.
오 주여, 저를 도우소서.
제 믿음을 강하게 하셔서 주님을 신뢰하게 하소서.
주님 안에서 제 모든 보화를 버렸습니다.
저는 거지입니다.
그러나 가난한 자들을 위해 오신 주님은 부요하십니다.
저는 죄인입니다. 그러나 주님은 의로우십니다.
제 안에는 죄악이 가득합니다.
그러나 주님께는 의로움만이 가득합니다.
받기만 하고 드릴 수 없는 저는 주님 안에 머물러 있으렵니다.

_마틴 루터

| 마틴 루터(Martin Luther, 1483-1546)

로마 가톨릭교회의 부패에 반기를 든 독일의 종교개혁자. 가톨릭교회의 교리와 폐쇄성에 의문을 제기하고 성경을 통한 하나님과의 직접적인 접촉과 하나님의 구원을 설파했으며, 라틴어로 되어 있던 성경을 독일어로 번역해 대중화에 기여했다.

"그들에게 명령하여 이르기를 요단 가운데
제사장들의 발이 굳게 선 그 곳에서 돌 열둘을 택하여 그것을 가져다가
오늘밤 너희가 유숙할 그 곳에 두게 하라 하시니라"

여호수아 4:3

06
내 안에 세운 기념비

여호수아 4:1-9

한 할머니가 택시 정거장에서 택시를 탔습니다. 한참 가다가 무슨 생각이 났는지 소리쳤습니다. "기사 양반, 내가 어디로 가자고 했지?" 이때 기사 아저씨가 깜짝 놀라 뒤를 돌아보며 말했습니다. "아이쿠, 깜짝이야! 할머니, 언제 타셨어요?"

이야기에 나온 두 사람 모두 건망증 환자였습니다. 건망증은 단순히 기억력이 감퇴해서 깜빡깜빡하는 일반적인 현상입니다. 이와 비슷한 기억장애로는 치매가 있습니다. 하지만 치매는 건망증과 달리 치료 방법이 없는 큰 질병으로 분류됩니다. 이 둘은 비슷해 보이지만 다릅니다. 우리 집 주소를 잊어버렸다면 그것은 건망증입니다. 그러나 우리 집이 어디인지 잊어버렸다면 그것은 치매입니다. 아내 생일을 잊어버렸다면 건망증입니다. 그러나 아내 얼굴을 잊어버렸다면 치매입니다.

기억은 기념비를 만든다

사람은 기억하는 존재입니다. 과거의 사람이나 역사를 우리는 기억하고 삽니다. 그 기억 중에서 더 많은 사람이 함께 기억하고 그 정신을 계승하기 위해 만든 조형물을 '기념비'라고 합니다. 나라마다 대표적인 기념비가 있습니다. 뉴욕에 가면 '자유의 여신상'이 있습니다. 이것은 프랑스가 1886년에 미국 독립 100주년을 기념하여 선물한 기념비입니다. 자유의 횃불을 높이 든 여신의 모습은 지금까지도 많은 사람에게 자유와 민주주의의 의미를 되새기게 하고 있습니다. 프랑스의 기념비로는 '에펠탑'이 있습니다. 에펠탑은 프랑스 혁명 100주년에 맞추어 개최된 파리 만국박람회를 기념하기 위해 건설된 기념비입니다. 지금은 프랑스의 랜드마크로 그곳에 가면 꼭 들러야 하는 대표 건축물이 되었습니다. 우리나라는 수원에 가면 '제암리 3.1운동 순국기념관'이 있습니다. 1919년 4월 15일, 일본에 의해 학살된 제암리 사람들의 믿음과 애국정신을 기념한 곳입니다. 그런가 하면 이스라엘에는 '야드바셈'이 있습니다. 이곳은 제2차 세계대전 당시 나치의 만행과 이스라엘 사람들의 학살을 기억하기 위해 만든 기념관입니다. 그 기념관 벽에는 이러한 글이 새겨져 있습니다.

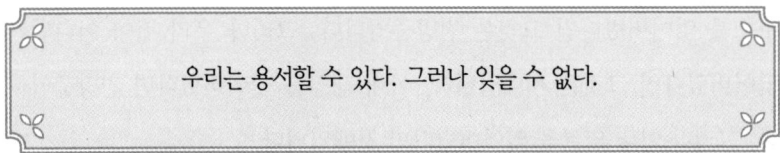
우리는 용서할 수 있다. 그러나 잊을 수 없다.

그 역사를 잊지 않고 기억하기 위해 그들은 기념관을 세웠습니다. 이처럼 기념비와 기념관은 항상 그것이 세워진 역사를 기억하게 합니다. 즉, 그다음 세대에게 그 역사를 잊지 않게 하는 역할을 합니다.

5장에서 우리는 여호수아와 함께 요단 강을 건넜습니다. 헬몬 산에서 녹은 물이 홍수처럼 흘러내려 수심이 깊었던 요단 강을 이스라엘 백성이 건넜습니다. 그리고 도착한 곳이 길갈입니다. 이 길갈이 어디인가에 대해서는 지금까지도 성경학자들의 의견이 엇갈리고 있습니다. 그러나 대체적인 의견은 지금의 여리고에서 동쪽으로 약 3km 정도 떨어진 '키르벳 엘 메프질'로 보고 있습니다. 이곳에 가면 지금도 아랍 사람이 살고 있고, 과거에 이곳이 중요한 곳이었음을 보여 주는 유적이 그대로 남아 있습니다. 그러나 길갈이 정확하게 어딘지가 중요한 것은 아닙니다. 거기에서 무슨 일이 일어났는지가 중요합니다.

> 첫째 달 십일에 백성이 요단에서 올라와 여리고 동쪽 경계 길갈에 진 치매_수 4:19

이스라엘 백성은 이 길갈에 가나안 정복을 준비하며 진을 쳤습니다. 이때 그들의 마음은 어떠했을까요? 지난 40년, 아니 지난 400년 동안 오매불망 기다려 온 감격적인 순간이었을 것입니다. 그 땅에 도착하여 여기저기서 텐트를 치는 이스라엘 백성들이 보입니까? 이제 더 이상 그들은 방황할 필요가 없습니다. 더 이상 쫓겨 다니지 않아도 됩니다. 더 이상 아말렉 사람에게 공격받지 않아도 되고, 더 이상 모압과 암몬 사람들에게 쫓겨 다니지 않아도 됩니다. At last we are free! 드디어 이스라엘 백성은 자유를 얻었습니다. '길갈'Gilgal이라는 단어에는 '굴러갔다'라는 뜻이 있는데, 정말 모든 것이 다 굴러갔습니다. 애굽의 뼈아픈 노예 생활, 광야에서의 힘든 여정, 다 굴러 지나갔습니다. 이스라엘 백성이 이렇게 감격에 사로잡혀 있을 때, 하나님께서 여호수아를 부르셨습니다.

> ¹… 여호와께서 여호수아에게 말씀하여 이르시되 ²백성의 각 지파에 한 사람씩 열두 사람을 택하고 ³… 요단 가운데 제사장들의 발이 굳게 선 그 곳에서 돌 열둘을 택하여… 그 곳에 두게 하라 하시니라_수 4:1-3

하나님의 명령은 요단 강 가운데에 기념비를 세우라는 것이었습니다. 지금 건너온 요단 강으로 들어가 거기에 돌비를 세우라는 것입니다. 가끔 하나님은 참 이해할 수 없습니다. 요단 강을 건너면 되었지 왜 돌비를 세우라고 하실까요? 건너기도 힘든 요단 강 가운데에 돌비를 세우라뇨. 저기서 출렁거리는 요단 강 속에 무거운 돌을 메고 들어가 기념비를 세우라면 여러분은 어떻게 하겠습니까? 그런데 이스라엘 백성은 하나님의 이 명령에 순종했습니다. 열두 사람이 무거운 돌을 메고 들어가 강 속에 돌비를 세웠습니다. 일을 마치고 강에서 나왔는데 하나님께서 또 부르십니다.

> 여호수아가 또 요단 가운데 곧 언약궤를 멘 제사장들의 발이 선 곳에 돌 열둘을 세웠더니 오늘까지 거기에 있더라_수 4:9

하나님은 이번에는 요단 강 밖에 기념비를 세우라고 명령하십니다. 돌을 또 하나 세우라는 것입니다. 이번에도 이스라엘 백성은 순종했습니다. 그래서 그들은 요단 강 안에 하나, 요단 강 밖에 하나, 이렇게 2개의 돌비를 세웠습니다. 이 두 기념비의 의미는 무엇일까요?

첫 번째 기념비: "나는 죽었습니다"

첫 번째 기념비는 요단 강 안에 세우는 기념비입니다. 이스라엘 백성이 요단 강을 건널 때는 보리 추수하는 5월로 헬몬 산의 눈이 녹아 물이 넘칠 때였습니다. 잘못하면 죽을 수도 있었습니다. 그런데 이스라엘 백성들은 그 강으로 들어갔습니다. 그리고 그들이 강으로 들어간 그 사건을 하나님은 기념하라고 명하신 것입니다.

저는 최근 「내가 지금까지 지내온 것은」이라는 찬양을 부르며 많은 은혜를 받고 있습니다.

> 1. 내가 지금까지 지내온 것은 주의 은혜라 주의 은혜라 지금까지 지내온 것은 주의 은혜라 주의 은혜라 지금까지 지내온 것은 주의 은혜라 주의 은혜라 지금까지 지내온 것은

> 2. 내가 하나님의 자녀 된 것은 주의 은혜라 주의 은혜라 하나님의 자녀 된 것은 주의 은혜라 주의 은혜라 하나님의 자녀 된 것은 주의 은혜라 주의 은혜라 하나님의 자녀 된 것은
> 3. 내가 이 자리에 서 있는 것은 주의 은혜라 주의 은혜라 이 자리에 서 있는 것은 주의 은혜라 주의 은혜라 이 자리에 서 있는 것은 주의 은혜라 주의 은혜라 이 자리에 서 있는 것은

여러분은 내가 지금까지 지내온 것은, 내가 하나님의 자녀 된 것은, 내가 이 자리에 서 있는 것은 모두 주의 은혜라고 믿습니까? 요단 강에 세운 기념비는 이 은혜를 기억하는 것입니다.

주의 은혜 중 가장 큰 것은 우리가 예수님과 함께 죽었다는 것입니다.

내가 그리스도와 함께 십자가에 못 박혔나니_갈 2:20上

이 말씀은 내가 죽었다는 것이 아닙니다. 예수님께서 죽으셨을 때 나도 함께 죽었다는 뜻입니다. 대표 원리입니다. 아담 한 사람이 죄로 죽었을 때 인류가 함께 죽고, 예수님께서 다시 사셨을 때 인류가 함께 다시 살아난 것입니다. 여기서 '함께'라는 말이 중요합니다. 예수님께서 죽으셨을 때 우리도 '함께' 참여한 것입니다. 이것이 우리가 받은 최고의 은혜입니다. 그래서 우리는 매일 자신을 예수 안에 죽고 다시 산 자로 여겨야 합니다.

마카리우스Makarius 수도사가 제자들을 가르칠 때의 일입니다. "예수님처럼 죽지 않으면 예수님의 제자가 아니다." 마카리우스의 이 말에 제자가 물었습니다. "스승님, 그렇다면 내가 죽는다는 말은 무엇입니까?" 마카리우스가 대답했습니다. "오늘 밤에 공동묘지에 가서 '이 나쁜 놈들아, 이 위선자들아, 이 악한 놈들아'라고 소리쳐 보거라." 제자는 스승이 시키는 대로 하고 돌아왔습니다. 마카리우스가 물었습니다. "그들이 뭐라고 하더냐?" 제자가 말했습니다. "아무 대답이 없던데요?" "그래? 그러면 내일 가서 '훌륭하신 분들이여, 세상에서 가장 고귀하고 존귀한 분들이여'라고 소리쳐 보거라." 제자가 돌아오자 물었습니다. "이번에는 뭐라고 하더냐?" "이번에도 말이 없던데요?" 그때 마카리우스는 이렇게 말했습니다. "그것이 죽었다는 것이다."

죽으면 말이 없습니다. 죽으면 싸울 필요도 없고 다툴 필요도 없습니다. 요즘 제가 어떤 사람들 때문에 속이 상했습니다. 사람들이 쉽게 약속을 저버리고 배신했기 때문입니다. 분노 때문에 며칠 동안 잠도 못 자고 힘들었습니다. 그러다가 한순간 마음을 정리했습니다. "내가 죽었는데 뭘. 죽은 자가 무슨 말을 해." 그렇습니다. 죽은 자는 말이 없습니다. 그것이 길갈입니다. 앞에서도 말했지만, 길갈은 굴러갔다는 뜻입니다. 예수님 안에서 우리의 정과 욕심을 십자가에 못 박은 순간, 우리의 모든 고통과 아픔이 굴러갔습니다. 아직도 우리의 욕심과 감정과 분노가 남아 있다는 것은 우리가 살아 있다는 것입니다.

고등학생 때의 일입니다. 학교에서 돌아오는데 한 할머니가 무거운 짐을 이고 가는 것이 보였습니다. "할머니, 어디 가세요?" 하며 짐을 대신 들어 드렸습니다. 할머니는 딸네 집에 간다고 하셨습니다. 저는 손에 보따리를 든 채 먼저 앞장섰습니다. 그렇게 한참 가고 있는데 갑자기 뒤에서 사람들이 웅성거리는 소리가 들렸습니다. 왜 그런가 하고 보니까 이것이 웬일입니까? 할머니가 길을 건너시다가 차에 치이신 것입니다. 그리고 그 자리에서 돌아가셨습니다. 저는 너무 충격이었습니다. 조금 전까지만 해도 무거운 짐을 들고 헐레벌떡 딸네 집에 가시던 할머니셨습니다. 그 순간 저는 깨달았습니다. '내가 지금 만난 사람은 내가 마지막으로 보는 사람이다.' 대부분 우리가 거리에서 마주친 사람은 우리가 마지막으로 보는 사람입니다. 오늘 만난 그 사람을 마지막으로 본다고 생각하고 보십시오. 그러면 누구도 미워하지 않게 되고, 원수 맺지도 않게 됩니다.

내가 그리스도와 함께 십자가에 못 박혔나니_갈 2:20上

우리는 요단 강에서 죽었습니다. 예수님과 함께 죽었습니다. 이것을 기억하는 것이 첫 번째 기념비입니다.

두 번째 기념비: "나는 살았습니다"

두 번째 기념비는 요단 강 밖의 기념비입니다. 광야에서 죽을 수밖에 없던 사람들이 강을 건너자마자 살아났습니다. 이것을 기념한 것이 요단 강 밖에 있는 기념비입니다.

여호수아 3-4장을 구속사적 관점에서 읽으면 큰 은혜가 됩니다. 우선 요단 강을 생각해 보십시오. 지금 물이 홍수처럼 흐르고 있습니다. 물살이 매우 무섭습니다. 무엇을 의미합니까? 세상의 물결입니다. 우리는 누구나 강 앞에 서 있습니다. 그러나 이 강을 혼자 건너기에는 무리입니다. 어떻게 해야 할지 몰라 고민하고 있을 때, 마침 제사장들이 언약궤를 메고 건넙니다. 우리는 그 언약궤를 따라갑니다. 그러면 앞에서 언약궤가 인도하기에 우리는 무사히 요단 강을 건널 수 있게 됩니다.

보라 온 땅의 주의 언약궤가 너희 앞에서 요단을 건너가나니_수 3:11

이 말씀을 신약의 말씀으로 바꾸면 요한복음 1:29입니다.

보라 세상 죄를 지고 가는 하나님의 어린 양이로다_요 1:29下

어린 양이 십자가를 지고 요단 강을 건넙니다. 예수님께서 우리 앞에 서, 우리 대신 죽음의 강으로 들어가신 것입니다.

¹⁵요단이 곡식 거두는 시기에는 항상 언덕에 넘치더라 궤를 멘 자들이 요단에 이르며 궤를 멘 제사장들의 발이 물 가에 잠기자 ¹⁶곧 위에서부터 흘러내리던 물이 그쳐서 사르단에 가까운 매우 멀리 있는 아담 성읍 변두리

에 일어나 한 곳에 쌓이고 아라바의 바다 염해로 향하여 흘러가는 물은 온
전히 끊어지매 백성이 여리고 앞으로 바로 건널새_수 3:15-16

15-16절을 보면, 궤를 멘 제사장들의 발이 물가에 잠겼습니다. 성경에서 물은 다양한 뜻이 있는데 '죽음'이라는 뜻도 있습니다. 곧 사망입니다. 그런데 제사장의 발이 그 물에 잠기자 물이 그쳤습니다. 이것은 예수님께서 십자가를 지고 골고다로 향하셨을 때 죽음이 물러간 사건을 상징합니다. 발이 물에 잠겼다는 말은 그리스도의 피가 우리의 몸과 영혼을 적셨다는 뜻입니다. 여기서 대단히 상징적인 것은 제사장의 발이 물에 닿자마자 요단 강이 아담 성읍까지 물러갔다는 것입니다.

왜 성경은 요단 강이 물러난 도시를 아담 성읍이라고 했을까요? 아담 성은 요단 강에서 18km 떨어진 이스라엘의 한 마을로, 요단 지역에 있던 실제 지명입니다. 그리고 동시에 인류의 조상 아담을 지칭하기도 합니다. 예수님의 십자가 능력은 인류 최초의 사람 아담에게까지 이른다는 말입니다. 누구도 예외가 없습니다. 예수님의 보혈은 모든 믿는 자에게 구원을 주시는 하나님의 능력입니다.

온 땅의 주 여호와의 궤를 멘 제사장들의 발바닥이 요단 물을 밟고 멈추면 요단 물 곧 위에서부터 흘러내리던 물이 끊어지고 한 곳에 쌓여 서리라
_수 3:13

제사장이 요단 강을 밟았습니다. 잘 보십시오. 밟고 서 있습니다. 강력

한 것입니다. 이는 예수님 보혈의 권세와 능력을 말합니다. 그때 위에서부터 흐르던 물이 끊어졌습니다. '위에서부터 흘러내리던 물'이었습니다. 아담 이래로 흘렀던 모든 인류의 죄악이었습니다. 그 물이 끊어졌습니다. 물이 줄었다는 것이 아닙니다. 아예 끊어졌습니다. 한 방울도 남김없이 뚝 끊겼습니다. 그리고 물은 저만치 물러가 한쪽에 쌓였습니다. 예수님 보혈의 능력입니다. 십자가에서 흘리신 피로 우리의 죄가 뚝 끊기고, 사망이 멈추어 서고, 온갖 저주가 멀리 아담까지 물러갔습니다.

만일 우리가 그리스도와 함께 죽었으면 또한 그와 함께 살 줄을 믿노니
_롬 6:8

우리가 하나님의 은혜로 죄의 요단 강을 건너 약속의 땅으로 왔으니 이제 기억해야 합니다. 우리가 목숨 걸고 믿어야 할 진리, 곧 죽으면 산다는 것입니다.

이 시점에서 우리는 요단 강에서 또 중요하게 보아야 할 장면이 있습니다. 먼 훗날 세례 요한이 이 요단 강에서 세례를 베풀었고, 예수님도 이 요단 강에서 세례를 받으셨다는 점입니다. 왜 하필 요단 강일까요? 갈릴리 호수에서 세례를 줄 수도 있고, 헬몬 산 입구의 맑고 깨끗한 물에서 세례를 줄 수도 있었을 텐데 말입니다.

몇 년 전에 요단 강 세례터가 개방되어 다녀온 적이 있습니다. 그동안 이스라엘 군부대 안에 있던 것을 관광객들에게 개방한 것입니다. 성경은 예수님께서 세례받으신 장소를 '요단 강 건너편 베다니'요 1:28라고 말씀합

니다. 이곳은 마르다와 마리아가 살던 베다니가 아닌 '살렘 가까운 애논'요 3:23입니다. 그곳은 사해에서 11km 떨어진 곳으로, 세례 요한이 세례를 베풀던 장소를 기념한 초대 교회 터가 있습니다. 저는 거기서 생각했습니다. '왜 예수님은 그 많은 곳 중 요단 강에서 세례를 받으셨을까?' 그런데 자세히 보니, 요단 강 세례터와 이스라엘 백성이 건넌 요단 강이 거의 비슷한 지역에 있었습니다. '왜 하필 요단 강일까'라는 궁금증은 그때 풀렸습니다. 바로 그곳에서 여호수아와 이스라엘 백성이 요단 강을 건너 가나안 땅에 입성했기 때문입니다. 요단 강에 들어갈 때 죽고, 나올 때 다시 살아 가나안 백성이 된 것을 메시지화한 것입니다.

그래서 물속에 들어가고 물속에서 나오는 세례는 2가지 예식으로 진행됩니다. 세례 중에는 들어갈 때 "나는 예수님과 죽었습니다"라고 죽음을 고백하고, 나올 때 "나는 예수님과 함께 다시 살았습니다"라고 고백합니다. 세례를 받고 나오면 옷을 입고 가장 먼저 성찬을 받습니다. 그리스도의 살과 피를 먹고 마시는 것입니다. 죽었다가 살아났기 때문에 생명의 만나를 먹는 것입니다.

이제 하나님께서 요단 강 밖에도 기념비를 세우라고 하신 이유가 이해됩니까? 물속에 들어갈 때 죽은 우리를 물속에 나올 때 살려 주셨기 때문입니다. 그것이 감사하기 때문입니다. 그래서 두 번째 기념비가 필요한 것입니다. 어떻습니까? 여러분에게도 이 2가지 기념비가 있습니까? 하나님의 은혜로 예수님과 함께 십자가에 죽었습니까? 성령의 능력으로 다시 살아 하늘의 생명을 얻었습니까? 요단 강 기념비는 이것을 증거하는 것이고 세례는 그것을 믿음으로 고백하는 것입니다.

세 번째 기념비: "내가 기념비가 되겠습니다"

그런데 성경에 없지만 하나 더 필요한 기념비가 있습니다. **"내가 기념비의 삶을 살겠습니다"** 하는 기념비입니다. 2개의 기념비는 요단 강에 세워졌습니다. 기념비를 세우자마자 이스라엘 백성은 여리고와의 전쟁을 시작함으로 가나안에서의 새로운 삶을 시작합니다. 한마디로 이스라엘 백성은 요단 강을 나온 이후로 기념비적인 삶을 시작한 것입니다.

그렇다면, 기념비를 세우는 것과 기념비적인 삶을 사는 것 중 무엇이 더 중요할까요? 다 중요합니다. 그러나 반드시 자신의 기념비가 필요합니다. 사람 눈에 보이는 기념비가 아니라 자신의 삶이 기념비가 되는 것이 중요합니다. 이것은 갈라디아서 2:20에 잘 녹아 있습니다.

> 내가 그리스도와 함께 십자가에 못 박혔나니 그런즉 이제는 내가 사는 것이 아니요 오직 내 안에 그리스도께서 사시는 것이라 이제 내가 육체 가운데 사는 것은 나를 사랑하사 나를 위하여 자기 자신을 버리신 하나님의 아들을 믿는 믿음 안에서 사는 것이라_갈 2:20

'내가 그리스도와 함께 십자가에서 죽었다.' 이것이 첫 번째 기념비입니다. '내 안에 그리스도께서 사신다.' 이것이 두 번째 기념비입니다. 그리고 '이제 나는 자기 몸을 버리신 하나님의 아들을 믿는 믿음 안에서 살겠다." 이것이 세 번째 기념비입니다.

역사를 빛냈던 인물들은 자신의 삶으로 기념비를 세운 사람들입니다.

이 기념비의 특징은 2개의 기념비에서 온 것입니다. '죽고, 살고.' 자기를 죽여 세상을 살린 사람, 그가 기념비적인 삶을 산 것입니다.

예수님께서 그 많은 설교 중에서 유일하게 '기념하라'고 하신 사건이 있었습니다. 예수님 발 앞에 옥합을 깨뜨린 사건입니다_마 26:7-13. 당시 옥합은 처녀들이 결혼을 위하여 준비하던 결혼 지참금이었습니다. 그런데 마리아는 아낌없이 그것을 예수님 발 앞에 부었습니다. 과감하게 행하고 담대하게 희생했습니다. 그때 예수님께서 말씀하십니다.

> 내가 진실로 너희에게 이르노니 온 천하에 어디서든지 이 복음이 전파되는 곳에서는 이 여자가 행한 일도 말하여 그를 기억하리라 하시니라_마 26:13

마리아가 큰일을 한 것은 아니었습니다. 큰 집을 짓거나 사업에 대박을 냈던 것도 아니었습니다. 그저 자기가 가지고 있던 옥합을 깨뜨린 것뿐이었습니다. 그런데 예수님은 그것을 기억하겠다고 하신 것입니다. 또한 복음이 전파되는 모든 곳에서 그렇게 하겠다고 하신 것입니다.

실제로 사람들이 기억하는 사람은 단 한 가지 특징이 있습니다. 자기를 희생한 사람입니다. 미국인 중에서 백악관에서 일하고 싶다는 사람이 매년 33만 명이라고 합니다. 그러나 실제 들어가는 사람은 몇 명 안 됩니다. 이 중에는 한국인 두 사람도 있습니다. 강영우 박사와 그의 아들 강진영입니다. 아버지는 조지 부시George Bush 대통령 때, 아들은 버락 오바마Barack Obama 대통령 때 일했습니다. 그렇다면, 수많은 인재들 중에서도 뽑혀 들어갔을 그 사람들은 대체 어떤 기준으로 백악관에 들어가게 된 것일까요?

그것은 바로 3C 기준에 따른 것이라 말합니다. 3C란, 실력Competence, 인격 Character, 헌신Commitment을 말합니다. 이 중에서도 백악관이 사람을 뽑을 때 가장 중요하게 보는 것은 헌신이라고 합니다. 지식도, 재물도, 외모도 아닌 희생을 가장 중요한 요소로 본다는 것입니다.

완악한 일본 사람에게 기억되는 한국 사람이 있습니다. 지하철에서 일본 노인 한 분을 구하고 죽은 이수현 군입니다. 천안함 침몰 사고 때 우리가 기억하는 사람은 수심 25m 속으로 동료를 구하러 들어갔다 끝내 나오지 못한 한주호 준위입니다. 또 육군사관학교에서 우리가 기억하는 사람은 정권을 흔들었던 별들이 아니라 월남 파병 훈련 중 부하가 떨어뜨린 수류탄을 온몸으로 막은 강재구 소령입니다.

민족의 역사를 빛냈던 사람들은 많지만 이처럼 민족의 마음에 오래 기억되는 사람은 다 자기를 희생한 사람들입니다. 고려 시대의 정몽주, 조선 시대의 사육신, 일제 강점기의 안중근, 윤봉길, 이봉창 등 이들은 모두 자기를 희생하여 남을 살린 사람들, 그래서 위대한 기념비를 남긴 사람들입니다. 한국 교회도 많은 인물이 있었지만 우리의 마음에 영원히 지워지지 않는 사람은 주기철, 손양원 순교자입니다. 그들은 죽었으나 죽지 않고 살아 우리 마음에 기념비를 남기고 있습니다.

그리고 지금 여기에 역사의 기념비를 꿈꾸는 교회가 있습니다. 바로 우리 한신교회입니다. 우리 교회를 들어오면 항상 보이는 기념비가 있습니다. '민족성전 한신교회'라고 적힌 돌비입니다. 이 돌비는 1988년, 교회를 세우면서 역사의 기념비로 세운 것입니다. 거기에 우리 교회의 창립 정신이 담긴 '한국민족을 신자화하라'와 우리 교회의 신앙적 표제가 된 갈라디아서 2:20 말씀이 새겨져 있습니다. 아마 교회 입구에 이러한 돌비가 있는 교회는 많지 않을 것입니다. 이 돌비는 우리 교회가 언제 세워졌는지를 보여 주는 것만은 아닙니다. 하나님께서 우리 교회에 주신 역사적 소명, 소위 별세신앙으로 자기를 죽여 세상을 살리자는 정신을 돌에 새겨 놓은 것입니다. 이 돌에 친필로 그 믿음을 고백한 분은 가셨습니다. 머지않아 우리 중 상당수가 그 뒤를 따를 것입니다. 그러나 시간이 지나고 역사가 지나도 바뀌지 않을 신앙고백, '내가 그리스도와 함께 죽었습니다. 내가 그리스도와 함께 다시 살았습니다. 이제는 그리스도를 위해 역사의 기념비로 살겠습니다'는 고백은 영원할 것입니다.

| 한신교회 기념비 |

받아 주소서[12)]

주여, 받아 주소서.
제 모든 자유를
제 기억을
제 이성을
제 의지의 모든 것을.

제가 가진 모든 것은 주께서 주신 것입니다.
그것을 주께 돌려드립니다.
그것은 모두 주님의 것입니다.
청하오니,
마음껏 써 주소서.
오로지 주님의 사랑과 은총만을 주소서.
그것으로 저는 만족합니다.

_이그나티우스 데 로욜라

| 이그나티우스 데 로욜라(Ignatius de Loyola, 1491–1556)

스페인의 귀족 출신으로 예수회를 창립하여 수도사들에게 엄격한 군대식 규율을 부과했다. 이 수도회는 반(反)종교개혁 운동의 중심적인 역할을 했으며, 그의 저서 『심령수업』은 이 수도회의 경전으로 사용됐다.

담대한 믿음,
여호수아

Be strong and courageous. Do not be terrified, do not be discouraged.

| Chapter 2 |

우리, 겸손히 순종하다

이러한 교회가 되게 하소서 | 나를 굴복시키소서 | 반드시 문은 열린다 | 우리가 실패할 때 | 영적 하프타임 | 영적 분별력을 주소서 | 태양아 멈추어라

"또 이스라엘 자손들이 길갈에 진 쳤고
그 달 십사일 저녁에는 여리고 평지에서 유월절을 지켰으며"

여호수아 5:10

07
이러한 교회가 되게 하소서

여호수아 5:10-12

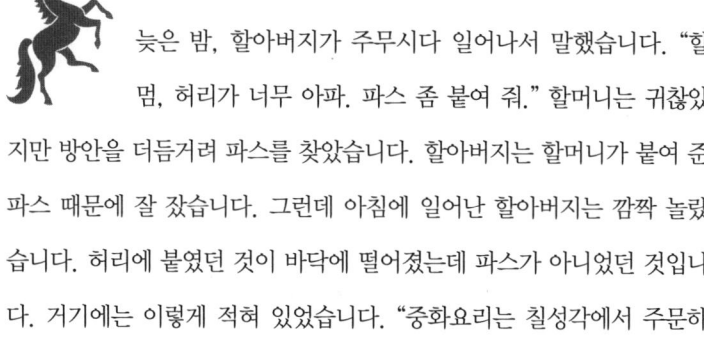 늦은 밤, 할아버지가 주무시다 일어나서 말했습니다. "할멈, 허리가 너무 아파. 파스 좀 붙여 줘." 할머니는 귀찮았지만 방안을 더듬거려 파스를 찾았습니다. 할아버지는 할머니가 붙여 준 파스 때문에 잘 잤습니다. 그런데 아침에 일어난 할아버지는 깜짝 놀랐습니다. 허리에 붙였던 것이 바닥에 떨어졌는데 파스가 아니었던 것입니다. 거기에는 이렇게 적혀 있었습니다. "중화요리는 칠성각에서 주문하세요. 5분 내 배달해 드립니다." 할아버지는 중국집 전단을 붙이고 나왔던 것입니다.

사람들이 진정으로 원하는 것은 무엇일까요? 6장에서 우리는 이스라엘 백성이 요단 강을 건너 길갈에 진을 친 장면을 보았습니다. 이곳에서 이스라엘 백성은 2개의 돌비를 세웠는데 하나는 요단 강 안에, 또 하나는 요단 강 밖에 세웠습니다.

길갈은 여호수아에서 12번 나오고, 사사기에서 2번, 그리고 사무엘에서 또 언급됩니다. 이곳에서 이스라엘 백성이 한 것은 크게 3가지 기능이 있었습니다. **첫 번째 기능은 '성전'입니다.** 이스라엘 백성은 이곳에 시내 산에서 가져온 법궤를 안치하고 하나님을 예배했습니다. 그리고 사무엘 선지자 때 '실로'로 이사하기 전까지 이스라엘 성전 역할을 했습니다. **두 번째 기능은 '가정'입니다.** 먹고 자고 가족과 함께 사는 곳을 가정이라 부르듯이, 길갈은 이스라엘 백성이 가족과 함께 살던 가정이었습니다. **마지막 기능은 '군대'입니다.** 실제로 그곳에서 여호수아는 사령관으로 있으면서 가나안 전쟁을 지휘했고, 여리고 성과 아이 성을 점령했습니다. 정리하자면, 길갈의 기능은 성전, 가정, 군대입니다. 그렇다면, 이 3가지 기능이 모이면 결국 무엇이 될까요? 그것은 바로 교회입니다.

교회는 성전이다

길갈의 첫 번째 기능은 '성전'입니다. 성전의 기능은 하나님을 예배하는 것입니다. 이스라엘 백성은 시내 산에서 하나님을 예배하는 성막을 짓고, 그 성막을 모시고 광야를 행진했습니다. 여기 성막이 있습니다. 이스라엘 백성은 그곳에서 아침저녁으로 양을 잡아 제사를 지냈습니다. 그리고 지성소에서 대제사장이 백성의 죄를 대속하기 위해 일 년에 한 번 피를 뿌렸습니다. 이 성막을 중심으로 열두 지파가 동서남북으로 세 지파씩 배치되

| 성막 |

어 행진했습니다. 제일 앞에는 유다 지파가 서고, 뒤에는 요셉의 아들인 에브라임 지파가 섰습니다. 그리고 이 행진은 구름 기둥과 불 기둥이 멈추면 서고, 움직이면 앞으로 나아갔습니다.

> **18** 이스라엘 자손이 여호와의 명령을 따라 행진하였고 여호와의 명령을 따라 진을 쳤으며 구름이 성막 위에 머무는 동안에는 그들이 진영에 머물렀고 **19** 구름이 성막 위에 머무는 날이 오랠 때에는 이스라엘 자손이 여호와의 명령을 지켜 행진하지 아니하였으며_민 9:18-19

아마도 이스라엘 백성은 길갈에 진을 칠 때도 이러한 모습으로 진을 쳤을 것입니다. 성전은 항상 가운데 있고 그 성전의 중심은 제사와 예배였을 것입니다. 즉, 삶의 중심이 예배라는 것을 보여 주고 있습니다. 그렇다면, 예배의 중심은 무엇입니까?

이스라엘 백성은 길갈에 진을 치자마자 가장 먼저 유월절을 지켰습니다.

또 여호와께서 여호수아에게 명령하사 백성에게 말하게 하신 일 곧 모세가 여호수아에게 명령한 일이 다 마치기까지 궤를 멘 제사장들이 요단 가운데에 서 있고 백성은 속히 건넜으며_수 4:10

유월절이란 무엇입니까? 여기서 유월은 '넘어갔다'는 뜻의 '유월' 逾越입니다. 영어로는 'passover'라고 합니다. 이스라엘 백성이 애굽에서 나올 때 하나님은 백성을 살리시기 위해 양을 잡으라고 명하셨습니다.

모세가 이스라엘 모든 장로를 불러서 그들에게 이르되 너희는 나가서 너희의 가족대로 어린 양을 택하여 유월절 양으로 잡고_출 12:21

그리고 그 피를 문설주와 인방에 바르도록 하셨습니다출 12:7. 그렇게 지시하신 이유는 양의 희생으로 백성들을 살리고자 하셨기 때문입니다.

이스라엘에서는 매년 4월에 유월절 행사가 열립니다. 그중에서도 가장 하이라이트는 사마리아인의 양 잡는 의식입니다. 우리의 고난주간쯤 되는 그 시기에 사마리아에서 양 잡는 풍습이 재현되는 것입니다.

유월절 행사는 이렇게 진행됩니다. 해가 지면 예배가 시작됩니다. 그때 흰 세마포를 입은 성인 남성들이 입장하여 남쪽을 바라보며 기도를 합니다. 그리고 출애굽기 12장과 신명기, 시편을 낭송합니다. 그러면 식장 밖에 있는 양들이 어깨에 빨간색으로 표시된 채 식장 안으로 한 마리씩 옮겨

집니다. 대제사장의 기도가 끝나면 드디어 청년들이 데리고 옵니다. 그리고 해머로 머리를 칩니다. 그러면 아름답던 양들이 소리를 지르며 픽픽 쓰러집니다. 그 다음에 양이 죽으면 가죽을 벗기고, 창자와 내장을 불태웁니다. 이후 머리는 아래로 꼬리는 위로 향하게 해서 높은 장대에 매답니다. 그러면 피가 땅으로 비같이 쏟아집니다. 그렇게 한참 있으면 모든 피가 다 쏟아져 창백해진 양만이 장대 위에 높이 매달려 있게 됩니다.

저는 이것을 볼 때마다 십자가를 생각합니다. '예수님도 십자가에서 저렇게 죽으셨겠구나. 예수님도 높이 들린 십자가에서 저렇게 피를 흘리셨겠구나.' 그때가 되면 예수님께서 왜 십자가를 지셨는지 깨닫게 됩니다. 장대에 높이 달린 어린 양, 그는 인간의 죄를 위해 죄 없이 십자가에 달린 예수님이셨습니다.

그렇다면, 길갈에 도착한 이스라엘 백성은 왜 유월절을 지켰을까요? 유월절이 넘어가는 절기이기 때문입니다.

> 여호와께서 애굽 사람들에게 재앙을 내리려고 지나가실 때에 문 인방과 좌우 문설주의 피를 보시면 여호와께서 그 문을 넘으시고 멸하는 자에게 너희 집에 들어가서 너희를 치지 못하게 하실 것임이니라 _출 12:23

넘어가는 절기입니다. 천사가 재앙을 가지고 왔다가 피를 보고 넘어갔습니다. 피가 있으면 넘어갔습니다. 그래서 이스라엘은 애굽의 죽음의 벽을 넘고, 홍해의 푸른 물을 넘고, 요단 강을 넘고, 여리고를 넘어 드디어 가나안에 도착한 것입니다. 이처럼 예수님께서도 피 흘려 우리의 죽음을 넘으셨습니다.

어느 시대나 인간이 고통받는 3가지 문제가 있습니다. 죄의 문제, 죽음의 문제, 절망의 문제입니다. 모든 종교, 모든 사상의 질문도 이 3가지입니다. '인간은 어떻게 죄에서 벗어날 수 있는가? 인간은 어떻게 죽음의 두려움을 극복할 수 있는가? 인간은 어떻게 생의 절망을 이겨 낼 수 있는가?' 성경에서 말하는 해답은 딱 한 가지입니다. '유월절 어린 양이 이를 넘어가게 했다. 예수님의 십자가 죽음이 이 3가지 문제를 넘어가게 했다. 예수님의 피가 우리 죄를 넘어 자유에 이르게 했다. 예수님의 피가 우리 죽음을 넘어 생명에 이르게 했다. 예수님의 피가 우리 절망을 넘어 희망에 이르게 했다. 예수님의 피가 해답이다. 그러므로 우리는 예수님을 찬양한다. 우리는 예수님을 예배하기 위해 산다.'

그렇습니다. 예수님께서 십자가에서 죄를 넘어가고, 죽음을 넘어가고, 절망을 넘어가셨습니다. 예수님께서 넘어가셨으면 우리도 넘어가야 합니다. 죄를 넘어가고, 죽음을 넘어가고, 절망을 넘어가야 합니다. 이것이 교회입니다. 세상의 중심은 교회이고, 교회의 중심은 예배고, 예배의 중심은 예수님의 피입니다.

교회는 가정이다

길갈의 두 번째 기능은 '가정'입니다. 이스라엘 백성은 성막을 중심으로 사방으로 진을 쳐 살고 있었지만, 내용으로 보면 가정 단위로 살고 있었습니다. 모양은 성전 구조인데 내용은 가정이었습니다. 가정이란 무엇입니까? 부모와 자녀가 함께 사는 것입니다. 남편과 아내가 함께 사는 것입니다. 함께 먹고 자고, 기쁨과 슬픔을 함께 나누고, 마지막 죽을 때까지 함께 하는 것입니다. 그것이 가정입니다.

오래전에 우리 교회에 등록한 한 부부가 있었습니다. 이들은 같이 살고는 있었지만, 불신자 부모님의 반대로 결혼식을 올리지 못한 채 혼인신고만 한 상태였습니다. 이로 인해 아내는 심한 스트레스로 유산했고, 그 후유증으로 많은 어려움을 겪고 있었습니다. 교회에서도 아는 사람이 없어 힘들게 신앙생활을 했습니다. 저는 고민 끝에 이들을 부부 관계가 두터운 목장에 소속시켰습니다. 점점 적응하고 친해지더니 어느 날 목장에서 연락이 왔습니다. 목원들이 이들 부부를 위하여 '사랑의 언약식'을 열어 준다는 소식이었습니다. 그날 저는 기쁜 마음으로 참석해서 간략히 주례하고 예배를 드렸습니다. 목원들은 작지만 예쁜 결혼반지를 준비해 주었고, 목장 식구의 자녀들이 화동 역할을 해 주었습니다. 아름다운 언약식이었습니다. 이후 그곳에 모인 모든 사람이 함께 찬양을 부르는데, 이들 부부의 눈에 눈물이 맺힌 것이 보였습니다. 그 눈물에는 많은 의미가 있었겠지만, 무엇보다 이들에게 교회 가족이 생겼다는 기쁨이 있었을 것입니다. 가족은 피를 나눈 사람들이지만, 교회는 이처럼 예수님의 피를 나눈 영적 가족입니다.

제가 목장모임에 참석해 보면, 목장이 오히려 가족보다 가깝다는 생각이 듭니다. 한번은 이러한 일이 있었습니다. 우리 교회에 경기도 오포읍을 중심으로 다섯 가정이 모인 목장이 있습니다. 이곳에는 70대 장로, 60대 집사, 50대, 40대 등 나이와 직분이 각기 다른 성도들이 모여 있습니다. 아이들도 초등학생부터 결혼한 자녀까지 다양하게 있습니다. 이러한 그들이 서로 한 가족을 이루어 매주 모이고 있습니다. 방학을 해도 모입니다. 제가 방문했을 때 물어보았습니다. "왜 방학 때도 모입니까?" 그랬더니 오히려 그들은 제게 이렇게 되물었습니다. "가족이 어떻게 방학이라고 안 모입니까?" 모이는 시간도 시간 맞추기 힘든 사람 위주로 맞춥니다. 보통 모이면 2시간은 기본입니다. 어떤 때는 4시간, 5시간, 이제 제발 끝내자고 해야 겨우 끝납니다. 이번 여름에는 모든 목장 식구들이 해외여행을 계획하고 있다고 합니다. 어떻게 이러한 일이 가능한 것일까요? 가족이기 때문입니다. 예수님의 피를 나눈 한 가족이기 때문입니다. 교회는 예수님의 피로 하나 된 영적 가족이기 때문입니다.

요즘 세계적으로 문제시되는 것이 가정 해체입니다. 미국은 이미 자녀의 절반 가량이 부모 아닌 다른 사람과 살고 있습니다. 우리나라도 1/3의 학생들이 학교에서 돌아오면 집에 아무도 없다는 보고가 있습니다. 부모가 모두 직장에 나갔기 때문입니다. 청소년 가출 원인 1위도 '부모와 소통이 안 되기 때문'이라고 합니다.[13] 이처럼 바쁜 부모와 관심을 필요로 하는 자녀의 소통 부재가 가정에 위기를 가져오고 있습니다. 이때 교회의 가족 관계 회복이 시급합니다. 가정 같은 교회, 교회 같은 가정이 이루어져야 합니다. 다음은 교회의 가족 관계에 대한 말씀입니다.

믿는 무리가 한마음과 한 뜻이 되어 모든 물건을 서로 통용하고 자기 재물

을 조금이라도 자기 것이라 하는 이가 하나도 없더라_행 4:32

즐거워하는 자들과 함께 즐거워하고 우는 자들과 함께 울라_롬 12:15

²⁶만일 한 지체가 고통을 받으면 모든 지체가 함께 고통을 받고 한 지체가 영광을 얻으면 모든 지체가 함께 즐거워하느니라 ²⁷너희는 그리스도의 몸이요 지체의 각 부분이라_고전 12:26-27

누가 누구에게 불만이 있거든 서로 용납하여 피차 용서하되 주께서 너희를 용서하신 것 같이 너희도 그리하고_골 3:13

함께 산다고 다 가정이 아닙니다. 가정은 세상에서 가장 이상적인 공동체입니다. 공동체의 정의는 '서로 의존관계를 맺고 있는 집단'입니다. 서로 의존하고 있지 않으면 가족이 아닙니다. 서로 소통해야 하는데 자기 속마음을 털어놓지 않는다면 진정한 가족이 되기 어렵습니다.

환자가 의사를 속이면 병을 고칠 수 없다고 합니다. 환자는 의사 앞에서 반드시 솔직해야 합니다. 아픈 곳을 숨겨서도 안 되고, 부끄럽다고 환부를 감추어서도 안 됩니다. 다 드러내 보여야 합니다. "난 암에 걸리지 않았어. 그저 조금 피곤할 뿐이야"라고 말하는 한 암은 고칠 수 없습니다. "난 알코올 중독자가 아니야. 그저 남보다 조금 많이 마실 뿐이지"라고 말하는 한 알코올 중독은 결코 치유될 수 없습니다. "우리 부부 사이에는 아무 문제가 없어. 간섭하지 마" 하는 한 부부는 절대로 그들 문제를 치유할 수 없습니다. 교회에서는 어떨까요? 진솔한 자기 고백과 소통은 수백 명이 모인 교회에서 하기에 불가능합니다. 하지만 소그룹에서는 가능합니다. 그래서 목장이 존재합니다.

가족은 함께 먹습니다. 교회도 하나님의 말씀을 함께 먹습니다. 가족이 함께 둘러앉아 오손도손 음식을 먹듯이, 교회도 함께 모여 하나님의 말씀을 먹습니다. 이스라엘 백성이 길갈에 진을 치자마자 했던 중요한 일 중의 하나는 그 땅의 소산을 먹기 시작했다는 것입니다.

> 유월절 이튿날에 그 땅의 소산물을 먹되 그 날에 무교병과 볶은 곡식을 먹었더라_수 5:11

광야에서 40년 동안 내렸던 만나가 길갈에 오자 그쳤습니다. 만나는 하나님의 백성이 먹을 영원한 음식이 아니라, 광야에서만 먹는 과도기적인 음식이었습니다. 가나안에 들어가면 그 땅에서 나는 음식을 먹어야 했습니다.

그 땅의 소산은 무엇입니까? 무교병과 볶은 곡식이었습니다. 광야에서는 만나를 먹었지만, 가나안에서는 무교병과 볶은 곡식을 먹었습니다. 무교병은 밀가루를 반죽해서 누룩을 넣지 않고 만든 빵이며, 볶은 곡식은 곡식을 불에 익혀서 만든 것입니다. 광야에서는 땅에 심지 못해서 하늘에서 내려온 것만 먹었지만, 가나안에서는 땅에 밀과 보리를 심고 그것들을 수확해서 먹었습니다.

그렇다면, 교회에서는 무엇을 먹어야 합니까? 이스라엘 백성이 가나안

바깥에서 먹던 것 말고 그 땅에서 나는 소산을 먹었듯이, 교회에서는 세상에서 먹는 것과는 다른 것을 먹어야 합니다. 즉, 교회에서는 누룩이 들어가지 않은 순수한 말씀과 성령의 능력으로 익혀진 말씀을 먹어야 합니다.

> 갓난 아기들 같이 순전하고 신령한 젖을 사모하라 이는 그로 말미암아 너희로 구원에 이르도록 자라게 하려 함이라_벧전 2:2

> 귀 있는 자는 성령이 교회들에게 하시는 말씀을 들을지어다_계 2:29

교회에서는 순전하고 신령한 양식을 먹어야 합니다. 성령님께서 하신 말씀을 먹고 자라야 합니다. 이것은 사람의 말이 아닙니다. 성령님께서 하신 말씀입니다. 설교와 하나님의 말씀은 다릅니다. 설교는 사람이 하고, 하나님의 말씀은 하나님께서 하십니다. 설교는 듣고 평가할 수 있지만, 하나님의 말씀은 평가할 수 없습니다. 예배가 끝나고 나갈 때 성도들이 이렇게 이야기하는 것을 종종 듣습니다. "목사님, 오늘 설교 참 좋았어요." 그러나 설교는 기본적으로 좋고 나쁜 것이 아닙니다. 연설은 좋고 나쁠 수 있습니다. 그러나 하나님의 말씀은 항상 좋은 것입니다. 설교자는 좋고 나쁠 수 있습니다. 그러나 하나님의 말씀은 좋고 나쁠 수 없습니다. 그 앞에 순종하면 좋은 말씀이고, 순종하지 않으면 나쁜 말씀입니다.

이처럼 교회는 함께 먹고 자고, 기쁨과 슬픔을 나누는 사랑이 가득한 가정입니다.

교회는 군대다

길갈의 마지막 기능은 '군대'입니다. 길갈에 진을 친 이스라엘 백성은 군대였습니다. 그리고 가나안은 이스라엘의 전쟁터였습니다. 거기서 그들은 전열을 가다듬어 여리고를 정복했고, 더 올라가 아이 성을 점령했습니다. 학자들에 의하면, 이스라엘은 가나안의 대부분을 점령할 때까지 이곳 길갈에서 군사령부 역할을 했다고 합니다. 길갈은 넓은 평야 지역에 있기 때문에 군대가 주둔하기에 좋고, 훈련하기에도 좋고, 적을 치고 숨기에도 좋은 장소였기 때문입니다. 그래서 성경은 '길갈에 진 쳤다'고 말하고 있습니다.

> 첫째 달 십일에 백성이 요단에서 올라와 여리고 동쪽 경계 길갈에 진 치매_수 4:19

> 또 이스라엘 자손들이 길갈에 진 쳤고_수 5:10上

'진 쳤다'는 말은 군대가 주둔했다는 뜻입니다. 그렇다면, 누구와 싸웠을까요? 바로 가나안 족속입니다. 출애굽기 3:17에 보면, 그 명단이 나옵니다.

> 내가 말하였거니와 내가 너희를 애굽의 고난 중에서 인도하여 내어 젖과 꿀이 흐르는 땅 곧 가나안 족속, 헷 족속, 아모리 족속, 브리스 족속, 히위

족속, 여부스 족속의 땅으로 올라가게 하리라 하셨다 하면_출 3:17

가나안 족속, 헷 족속, 아모리 족속, 브리스 족속, 히위 족속, 여부스 족속입니다. 더불어 나중에 나타날 블레셋까지 합치면 일곱 족속입니다. 그렇다면, 이스라엘 백성 중 누가 싸웠을까요?

³이스라엘 중 이십 세 이상으로 싸움에 나갈 만한 모든 자를 너와 아론은 그 진영별로 계수하되 ⁴각 지파의 각 조상의 가문의 우두머리 한 사람씩을 너희와 함께 하게 하라_민 1:3-4

20세 이상의 남자가 싸웠습니다. 일생 가장 힘 있는 세대의 젊은이들이 나가서 싸웠습니다. 그러나 그냥 힘 있는 자들이 아니었습니다. 거룩한 자들이 싸웠습니다.

너는 또 온 백성 가운데서 능력 있는 사람들 곧 하나님을 두려워하며 진실하며 불의한 이익을 미워하는 자를 살펴서 백성 위에 세워 천부장과 백부장과 오십부장과 십부장을 삼아_출 18:21

전쟁에 나가는 것은 힘만 있다고 되는 것이 아닙니다. 3가지 조건이 맞아야 합니다. 하나님과의 관계에서 '하나님을 두려워하며', 사람과의 관계에서 '진실하며', 물질과의 관계에서 '불의한 이익을 미워해야' 합니다. 거룩은 하나님을 가까이하는 것입니다. 힘이 있는 사람이 이기는 것이 아니라, 하나님과 가까운 사람이 이기는 것입니다.

하나님을 가까이하라 그리하면 너희를 가까이하시리라_약 4:8上

성경은 거룩한 사람들이 싸우는 전쟁을 '거룩한 전쟁'이라고 합니다. 거룩한 전쟁은 하나님께서 친히 싸우시는 전쟁입니다.

여호와여 나와 다투는 자와 다투시고 나와 싸우는 자와 싸우소서_시 35:1

요단 강도 하나님께서 건너게 하셨고, 여리고도 하나님께서 싸우셨습니다. 사람들이 한 것은 제사장을 따라 요단 강을 건넌 것과 언약궤를 따라 성을 몇 바퀴 돈 것밖에 없었습니다.

이에 백성은 외치고 제사장들은 나팔을 불매 백성이 나팔 소리를 들을 때에 크게 소리 질러 외치니 성벽이 무너져 내린지라 백성이 각기 앞으로 나아가 그 성에 들어가서 그 성을 점령하고_수 6:20

제사장들은 나팔을 불고 백성들은 소리 지른 것밖에 없는데 여리고가 무너졌습니다. 하나님께서 싸우셨기 때문입니다.

세상에는 안에서 싸우고 밖에서 싸우는 2가지 싸움이 있습니다. 거룩한 전쟁은 이 2가지 싸움이 함께 있습니다. 안에서 싸우는 것은 자기와 싸우는 것이고, 밖에서 싸우는 것은 적과 싸우는 것입니다. 이 거룩한 전쟁의 중요한 특징은 안에서 자기와 싸워 이긴 만큼 밖에서도 적과 싸워 이긴다는 것입니다. 이것이 '거룩한 전쟁'입니다.

가끔 교회에서 성도와 싸우는 사람이 있습니다. 교회 안에서 목회자와 피 터지게 싸우는 사람이 있습니다. 어떤 사람은 한국 교회 전체를 상대로 싸우는 것이 자신의 사명이라 여깁니다. 그러나 아군과 싸우는 것은 헛된 싸움입니다. 진짜 적군과 싸워야 합니다. 교회에서 분쟁하지 마십시오. 자중지란自中之亂은 마귀가 제일 좋아하는 싸움입니다. 거룩한 전쟁은 자기를 포기하는 만큼 얻는 전쟁입니다. 자신과 싸우십시오. 자신을 죽이십시오.

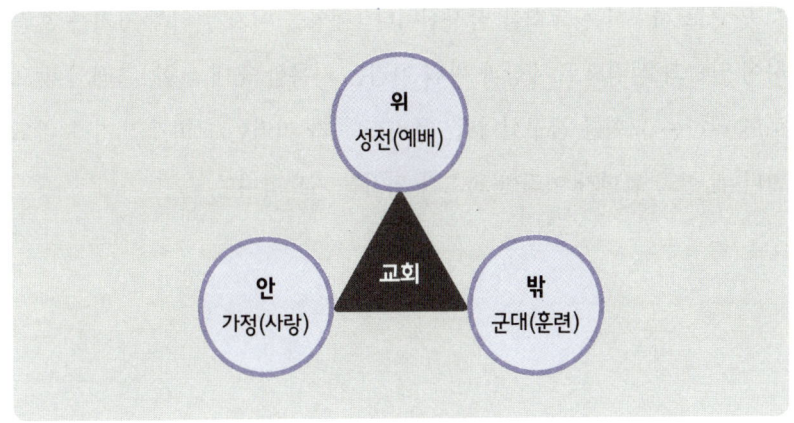

| 교회의 3가지 기능 |

그렇다면 교회는 어떤 곳입니까? 싸움을 가르치는 곳입니다. 싸움을 잘하도록 용기와 능력을 공급하는 곳입니다. 바로 길갈입니다. 낮에 나가서 여리고와 싸우고 밤에 돌아와 가족과 함께 쉬고, 다음 날 나가서 아이

성과 싸우고 저녁에 돌아와 부족한 부분을 훈련하여 다음 날 또 나가는 곳입니다. 주일날 왔다가 말씀 듣고 월요일에 나가고, 성경공부하러 와서 힘을 얻고 다음 날 직장으로 나가고, 또 새벽에 와서 기도하고 일터로 가는 곳입니다. 들어오고 나가는 거룩한 영적 진지이자 길갈인 교회는 영적 싸움 훈련소입니다. 영적 싸움을 위해 군사를 기르는 곳입니다. 그래서 영적 군대입니다.

하나님은 예수 그리스도의 피로 죄와 죽음과 절망을 넘어가는 피 묻은 성전 교회, 그래서 위로 예배하는 교회를 꿈꾸십니다. 성도들이 예수님의 피로 하나가 되어 먹고 마시며 교제를 나누는 행복한 가족 교회, 그래서 안으로 사랑하는 교회를 꿈꾸십니다. 세상을 이기기 위해 자기를 훈련하여 말씀과 성령으로 세상과 싸워 이기는 거룩한 군대 교회, 그래서 밖으로 승리하는 교회를 꿈꾸십니다. 우리 교회가 이러한 교회가 되기를 기도합니다. 한국 교회가 이러한 교회가 되기를 기도합니다.

영적 교회를 위해[14]

전능하고 영원하신 하나님,
당신의 사랑하는 아들 우리 주 예수 그리스도의 이름으로 기도합니다.
무엇보다도 먼저 영적인 나라 즉 교회를 허락하시고,
복된 복음의 사역을 허락하소서.
당신의 거룩한 말씀의 보화를 진실하고 분명하게
전할 수 있는 경건하고 신실한 설교자들을 보내 주소서.
모든 분열과 이단 사상으로부터 저희를 보호해 주소서.
저희의 감사하지 않는 마음을 용서하소서.
그것을 생각한다면
벌써 오래전에 당신의 말씀을 거둬 가셨어야 마땅합니다.
우리가 받을 만한 벌로 심판하지 마소서.
다시 한 번 감사하는 마음을 구하오니,
그것으로써 당신의 거룩한 말씀을 사랑하고
가장 귀하게 여기며 존경하도록 허락하소서.
저희 삶이 그 말씀에 합당하도록 성숙하게 하소서.
말씀을 옳게 이해할 뿐 아니라 말씀의 요청을 행동으로 따르게 하소서.
말씀에 맞게 살게 하시고 날마다 선행에서 자라게 하소서.
그렇게 하여 당신의 이름이 거룩하게 되고
당신의 나라가 이루어지며 당신의 뜻이 이루어지게 하소서.   _마틴 루터

| 마틴 루터(Martin Luther, 1483-1546)
로마 가톨릭교회의 부패에 반기를 든 독일의 종교개혁자다. 가톨릭교회의 교리와 폐쇄성에 의문을 제기하고 성경을 통한 하나님과의 직접적인 접촉과 하나님의 구원을 설파했으며, 라틴어로 되어 있던 성경을 독일어로 번역해 대중화에 기여했다.

"여호와의 군대 대장이 여호수아에게 이르되 네 발에서 신을 벗으라
네가 선 곳은 거룩하니라 하니 여호수아가 그대로 행하니라"

여호수아 5:15

08
나를 굴복시키소서

여호수아 5:13-15

남미에 가면 원숭이를 잡는 부족이 있습니다. 이들은 원숭이를 잡기 위해 원숭이가 자주 다니는 길목에 목이 좁은 항아리를 놓고, 그 안에 바나나를 넣어 둡니다. 시간이 지나면, 원숭이들이 다가와 이리저리 살펴보다가 손을 쏙 항아리에 넣습니다. 그런데 원숭이가 바나나를 잡은 채로는 손을 뺄 수 없습니다. 항아리의 목이 좁기 때문입니다. 그러면 바나나를 놓아야 하는데 원숭이는 절대 바나나를 놓지 않습니다. 그렇게 손을 놓지 못하고 낑낑거리고 있을 때, 부족원들이 원숭이를 잡아갑니다.

이 이야기를 들으며 생각했습니다. '나도 바나나 하나를 붙잡고 있다가 더 큰 어려움을 당하지 않을까?' 이스라엘 백성은 은혜로 요단 강을 건넜습니다. 그리고 요단 강 안과 밖에 기념비 하나씩을 세웠습니다. 또 길갈에 진을 쳤습니다. 이제 이곳에서 여호수아는 앞으로 치러야 할 여리고와의 전쟁을 고민해야 했습니다.

> ¹³여호수아가 여리고에 가까이 이르렀을 때에 눈을 들어 본즉 한 사람이 칼을 빼어 손에 들고 마주 서 있는지라 여호수아가 나아가서 그에게 묻되 너는 우리를 위하느냐 우리의 적들을 위하느냐 하니 ¹⁴그가 이르되 아니라 나는 여호와의 군대 대장으로 지금 왔느니라 하는지라 여호수아가 얼굴을 땅에 대고 엎드려 절하고 그에게 이르되 내 주여 종에게 무슨 말씀을 하려 하시나이까 ¹⁵여호와의 군대 대장이 여호수아에게 이르되 네 발에서 신을 벗으라 네가 선 곳은 거룩하니라 하니 여호수아가 그대로 행하니라
> _수 5:13-15

어느 날, 전쟁 때문에 고민에 쌓인 여호수아가 하나님의 도우심을 바라며 길을 걷고 있었습니다. 그때 여호수아 앞에 칼을 든 한 사람이 나타나 길을 막았습니다. 여호수아는 깜짝 놀랐습니다. 처음에는 여리고 군인이라고 생각했습니다. 그런데 자세히 보니 사람이 아니었습니다. 그는 무장한 하나님의 군대 장관이었습니다. 엎드려 절하는 여호수아에게 하나님의 군대 장관은 "네 발에서 신을 벗으라"고 소리쳤습니다. 놀란 여호수아는 자기도 모르게 신발을 벗었습니다. 그리고 한참 엎드려 있다가 눈을 들어 보니 그의 앞에는 아무도 없었습니다. "네 발에서 신을 벗으라." 왜 하나님은 이러한 명령을 하셨을까요? 왜 여호수아에게 군대 장관을 보내셨을까요?

이스라엘에는 지금도 비포장도로가 있지만, 이 말씀이 기록된 3,500년 전은 도로 상태가 매우 안 좋았을 것입니다. 비가 오지 않는 메마른 길

을 걸어 다니는 사람들의 모습을 상상해 보십시오. 발에 먼지가 얼마나 많았겠습니까? 그런데 거기다 신발까지 벗으면 어떻게 되겠습니까? 그나마도 보호받지 못하고 돌부리에 채고 가시에 찔리지 않겠습니까? 그래서 이스라엘 사람에게 신발을 벗는 것은 곧 '자기를 버리는 것, 자기 권리를 포기하는 것, 마땅히 자기가 누릴 권리를 양도하는 것'을 의미했습니다.

당시 이스라엘에서 신을 벗고 다니는 사람은 두 종류가 있었습니다. 하나는 어린아이입니다. 어린아이는 엄마가 업고 다니기 때문에 신발이 필요 없었습니다. 또 하나는 노예입니다. 노예는 신발을 신지 못했습니다. 노예에게는 어떠한 권리도 없었기 때문입니다. 노예에게는 심지어 도망갈 권리조차 없었습니다. 그렇다면, 하나님은 여호수아에게 어린아이가 되라고 하신 것일까요, 아니면 노예가 되라고 하신 것일까요? 신을 벗으라고 하신 이유는 무엇이었을까요?

자아를 굴복시키라

하나님께서 모세나 여호수아에게 신을 벗으라고 하셨을 때의 공통된 점이 있습니다. 그것은 전쟁을 앞둔 시점이라는 것입니다. 모세에게 이 말씀을 하셨을 때, 모세는 바로와 싸우기 위해 앞으로 나가려던 참이었습니다. 여호수아에게 이 말씀을 하실 때는 여리고와 싸우기 직전이었습니다. 이제 모든 준비를 마치고 양각 나팔만 불면 여리고로 진격할 수 있었습니다.

그런데 그때 "네 발에 신을 벗으라"고 하셨습니다. 이것은 무슨 뜻이었을까요? 포기하라는 말씀이었습니다. 하지만 전쟁을 포기하라는 것이 아니었습니다. 작전권, 지휘권, 명령권, 군 통수권을 포기하라는 말이었습니다. 이스라엘 총사령관은 여호수아가 아니라 하나님이시며, 이제부터는 하나님인 내가 지휘하겠다는 것이었습니다.

성경에서 하나님께 쓰임 받은 사람들은 크게 2가지 특징이 있습니다. 하나는 모두 부족한 사람들입니다. 또 다른 하나는 하나님께 굴복한 사람들입니다. 그래서 하나님의 일을 할 때는 다음 2가지를 기억해야 합니다. 첫째, 하나님께서 우리의 단점을 보지 않으신다는 점입니다. 둘째, 하나님은 우리가 하나님 앞에 굴복하느냐 그렇지 않느냐만 보신다는 점입니다. 그러므로 하나님께 쓰임 받기 위해서 우리는 자아를 죽여야 합니다. 자아를 죽이면 권위에 복종하게 됩니다. 특히 하나님께서 세우신 권위에 복종하게 됩니다.

하나님께 쓰임 받은 사람들은 모두 자아를 버리고 하나님의 권위에 굴복했습니다. 다윗은 아버지 이새에게 복종했고, 심지어 평생 그를 죽이려고 쫓아다녔던 사울에게도 복종했습니다. 엘리사는 엘리야에게 복종했고, 룻은 나오미에게, 에스더는 모르드개에게, 모르드개는 왕에게 복종했습니다. 느헤미야는 자신의 나라를 지배한 페르시아 왕궁에서 아닥사스다 왕에게 복종했습니다.

우리는 가끔 권위에 반항하며 독자적으로 행동하는 사람, 즉 반골叛骨을 추앙하는 경향이 있습니다. 하지만 반골은 반대를 위해 반대하는 사람입니다. 어떤 경우가 되었든 반대를 합니다. 그 뿌리는 자기 사랑이고 교만이기 때문입니다. 그래서 하나님께서 쓰시는 사람 중에는 반골이 없습니다. 의롭게 살며 순종하는 의인만 사용하시기 때문입니다.

여러분은 '압살롬' 하면 무엇이 먼저 생각납니까? 치렁치렁한 머리칼에 잘생긴 모습입니까? 나무에 걸린 채 요압의 창에 찔린 모습입니까? 압살롬은 아버지의 권위와 하나님의 명령에 복종하지 않아 비참하게 죽은 자였습니다. 그러면 '사울 왕'에 대해서는 무엇이 생각납니까? 얼굴이 준수하고 키는 모든 백성보다 한 자나 큰 잘생긴 모습입니까? 전쟁터에서 자살한 후 블레셋 사람들에게 목 베임을 당하고 벧산 성벽에 못 박힌 불행한 최후입니까? 이것은 모두 불순종과 반항심 때문에 생긴 비참한 결과였습니다.

가정이나 교회나 회사나 나라에서 불순종하고 반항하면 공동체가 시끄러워집니다. 복종하는 마음이 없는 사람은 끊임없이 자기 말을 하여 다툼을 일으키기 때문입니다. 이에 대한 잠언의 말씀들을 살펴보겠습니다.

다투는 아내는 이어 떨어지는 물방울이니라_잠 19:13下

다투는 여인과 함께 큰 집에서 사는 것보다 움막에서 사는 것이 나으니라_잠 21:9

숯불 위에 숯을 더하는 것과 타는 불에 나무를 더하는 것 같이 다툼을 좋아하는 자는 시비를 일으키느니라_잠 26:21

언뜻 보면 여성에게만 해당되는 이야기 같지만, 남성도 마찬가지입니다. 성경은 여자 남자 모두 인간관계 속에서 지켜야 할 도리가 있다고 말씀합니다. 우선 직언과 무례함은 다릅니다. 직언은 필요하지만 무례하지 않아야 하고, 무엇보다 자신에게 먼저 해야 합니다. 자신이 동의할 수 있는 직언이어야 남도 수긍합니다. 소신과 고집도 다릅니다. 소신은 자신의 신념에서 나오는 것이고, 고집은 자기주장에서 나옵니다.

무리에게서 스스로 갈라지는 자는 자기 소욕을 따르는 자라_잠 18:1上

그러므로 어떤 경우에도 우리는 서로 복종해야 합니다. 자기가 속한 가정, 직장, 교회, 국가의 질서에 복종해야 합니다. 그래야 자신도 살고 공동체도 삽니다.

앞에서 말했듯이, 하나님께 쓰임 받기 위해서는 반드시 자아를 버려야 합니다. 4년 전에 영국 웨일스 지방에 갔던 적이 있습니다. 그곳에는 우리나라 최초의 순교자 토마스R. Thomas 목사의 고향이 있습니다. 거기에서 멀지 않은 곳에는 웨일스 부흥 운동의 주역인 이반 로버츠Evan Roberts가 신학생 시절 살았던 곳이 있습니다. 1904년, 가난한 신학생이었던 그는 가을학기를 앞두고 학교 근처에 있는 작은 기도 모임에 참석했습니다. 그런데 그 기도 모임에서 그는 예수 그리스도의 강력한 임재를 느꼈습니다. 그리고 예수님께서 십자가에서 피 흘리시는 장면을 목격했습니다. 십자가를 바라보자마자 엎드린 그에게 성령이 비추기 시작했고, 그는 자신 안에 있는 죄를 보게 되었습니다. 그는 곧 거꾸러졌고, 이렇게 외쳤습니다. "주여, 나를 굴복시키소서." 이후 그는 성령의 강력한 임재 앞에 자신을 굴복시키지 않으면, 나중에 하나님의 심판대 앞에 설 수밖에 없다는 생각에 사로잡혔습니다. 그 후로 그는 오직 한 가지만 생각했습니다. '주여, 나를 굴복시키소서. 지금 굴복시키소서. 지금 굴복하지 않으면 마지막 날에 심판대 앞에 설 수밖에 없습니다.' 그때부터 영국 교회 부흥운동이 시작되었습니다. 그리고 그가 외쳤던 '주여, 나를 굴복시키소서'는 훗날 영국 교회 부흥운동의 구호가 되었습니다.

우리의 영이 사는 방법은 우리의 육이 죽는 것입니다. 성경은 우리에게 겉사람과 속사람이 있다고 말합니다. 겉사람은 육의 사람이요 속사람은 영의 사람입니다. 마치 과일처럼 겉에 있는 육은 우리의 영을 감싸고 있습니다. 그래서 우리의 영이 살려면 육이 깨어져야 합니다. 우리의 생각과 지식과 감정이 깨어져야 우리 속에 있는 영이 살아납니다. 그것에 대해, 바울은 이렇게 말했습니다.

> 그의 영광의 풍성함을 따라 그의 성령으로 말미암아 너희 속사람을 능력으로 강건하게 하시오며_엡 3:16

> 그러므로 우리가 낙심하지 아니하노니 우리의 겉사람은 낡아지나 우리의 속사람은 날로 새로워지도다_고후 4:16

한 알의 밀이 땅에 떨어져 죽지 않으면 아무것도 살지 못합니다. 흙 속에서 적당한 온도와 습도가 작용하여 껍질이 깨질 때 밀에서 싹이 나고 자라기 시작합니다. 하나님의 생명이 우리 안에 있습니다. 문제는 그 생명을 우리가 가두어 놓을 때 생깁니다. 절대 우리 안에 있는 생명에 능력이 없어서가 아닙니다. 옥합을 깨뜨려야 순전한 향유가 흘러나옵니다. 질그릇이 깨어져야 보화가 나옵니다. 껍질이 터져야 석류가 나옵니다. 이처럼 우리 안에 있는 하나님의 생명을 우리 속에 가두지 마십시오. 그래야 밖으로 흘러나옵니다.

다시 한 번 여호수아에게 신을 벗으라 하신 하나님의 말씀을 묵상해 보십시오. 여호수아는 여리고를 정복해야 승리라고 생각했을지 모릅니다. 그러나 하나님은 신을 벗는 것이 더 중요한 승리라고 생각하셨습니다. 그러므로 우리는 이렇게 기도합시다.

"주여, 주님이 나를 통해 일하시기 위해 내 자아를 굴복시키소서. 주여, 주님이 나를 통해 싸우시도록 내 신을 벗게 하소서. 주여, 내 속에서 당신의 생명이 흘러나오도록 나를 깨뜨려 주소서."

자기 욕심을 깨뜨리라

우리가 자아를 깨뜨려야 한다고 할 때 가장 큰 것이 물질에 대한 욕심입니다. 그래서 이스라엘 백성이 여리고를 정복하러 갈 때 여호수아가 미리 경고합니다.

18너희는 온전히 바치고 그 바친 것 중에서 어떤 것이든지 취하여 너희가 이스라엘 진영으로 바치는 것이 되게 하여 고통을 당하게 되지 아니하도록 오직 너희는 그 바친 물건에 손대지 말라 **19**은금과 동철 기구들은 다 여호와께 구별될 것이니 그것을 여호와의 곳간에 들일지니라 하니라_수 6:18-19

여호수아는 분명히 백성들이 여리고를 정복하러 가면 거기 있는 금은보화를 보게 될 것이고, 그러면 마음이 흔들릴 것을 알았습니다. 그런데 여호수아의 우려는 현실로 나타났습니다. 아간이라는 사람이 여리고 전투에서 물건을 훔쳐 숨긴 것입니다.

21내가 노략한 물건 중에 시날 산의 아름다운 외투 한 벌과 은 이백 세겔과 그 무게가 오십 세겔 되는 금덩이 하나를 보고 탐내어 가졌나이다 보소서 이제 그 물건들을 내 장막 가운데 땅 속에 감추었는데 은은 그 밑에 있나이다 하더라 **22**이에 여호수아가 사자들을 보내매 그의 장막에 달려가 본즉 물건이 그의 장막 안에 감추어져 있는데 은은 그 밑에 있는지라_수 7:21-22

아간은 여리고에서 시날 산의 외투 한 벌과 은 이백 세겔과 무게가 오십 세겔 되는 금덩이 하나를 훔쳐 자기 집 땅속에 감추어 놓았습니다. 이 일로 인해 하나님은 진노하셨고, 아이 성 전투는 참담한 실패로 끝났습니다. 결국 아간은 어떻게 되었습니까? 사람들이 그와 그의 가족을 데려다가 돌로 쳐 죽게 했습니다 수 7:24-26. 탐욕과 욕심이 빚은 결과였습니다.

우리를 괴롭히는 것은 가난이 아니라 우리 속에 있는 탐욕입니다. 예수님은 어떤 주제보다도 돈에 대한 주제로 많은 말씀을 하셨습니다. 예수님의 비유 중 1/3이 물질에 대한 것입니다. 예수님은 왜 이렇게 물질에 관한 말씀을 자주 하셨을까요? 사람이 가장 버리기 힘든 것이 물욕이기 때문입니다. 가장 어려운 회심이 주머니 회심입니다. 돈이 많아서 욕심부린다고 생각하지만, 돈이 없는 사람도 욕심부리기는 마찬가지입니다. 돈은 많으면 많은 대로, 없으면 없는 대로 욕심이 생깁니다. 가난하기 때문에 부자보다 더 욕심에 빠지지 않는다고 생각하지 마십시오. 부자는 있으니까 욕심부리고, 가난한 사람은 없으니까 욕심부립니다. 즉, 사람은 욕심, 탐욕, 소유욕이 끝이 없는 존재입니다.

그러나 어떤 경우든 욕심부린다고 되는 것이 아님을 알아야 합니다. 어차피 여리고는 내 것이 아니지 않습니까? 하나님께서 은혜로 주셔야 받는 것 아닙니까? 아간이 전리품을 빼돌릴 때 생각했던 것은 내가 싸워서 이겼으니 내 것이라는 생각 아니었을까요? 하지만 그게 어떻게 내 것입니까? 다 하나님께서 주신 선물이고 전리품 아닙니까? 아브라함도 창세기 14장에서 전쟁에서 얻은 것을 십일조로 드렸습니다. 그것은 첫 십일조로, 아브라함이 전쟁에서 얻은 전리품을 '이것은 내 것이 아니라 하나님의 것입니다'라고 하며 하나님께 드렸던 것이었습니다. 십일조는 모든 물질이 하나님의 것임을 인정하며, 내 생명을 보호하시고 지켜 주셔서 감사하다는 의미로 드리는 예물입니다. 그것이 십일조의 의미입니다.

어떤 교회 집사님이 목사님에게 말했습니다. "목사님, 성도는 십일조를 드려야 합니까?" "그렇죠. 모든 것은 하나님의 것이기 때문이죠." "안 드리면 어떻게 됩니까?" "안 드리면 하나님께서 직접 가져가십니다. 드리든 안 드리든 하나님께서 가져가시기 때문이죠."

저는 지금까지 십일조를 내서 가난하다는 사람 한 명도 본 적이 없습니다. 그렇다고 십일조를 안 내서 부자가 되었다는 사람도 본 적이 없습니다. 십일조는 하나님의 것이기 때문에 결국 하나님께서 가져가시기 때문입니다. 십일조는 영혼의 종자입니다. 농부가 아무리 배가 고파도 종자를 먹지 않는 것처럼, 믿는 사람은 영혼의 종자인 십일조를 먹지 말아야 합니다.

제가 이스라엘에 있을 때, 목사님 한 분과 함께 유다 광야로 캠핑을 갔습니다. 날이 늦어 수도원에 묵기로 하고 가까운 수도원에 갔습니다. 수도원에 들어갔더니 긴 옷을 입은 수도사가 나와서 안내하면서 이렇게 말했습니다. "필요한 것이 있으면 말씀해 주십시오. 그러나 그것 없이 지내는 것도 좋습니다." 그래서 덮을 것도 없이 대충 잤습니다. 아침에 빵 한 조각을 먹고 나오면서 수도사의 말이 귓전에 맴돌았습니다. "필요한 것이 있으면 말씀해 주십시오. 그러나 그것 없이 지내는 것도 좋습니다." 우리는 가져야 편하다고 생각하지만 수도원은 없이 지내는 것도 편하다고 말하고 있었습니다. 과연 수도원에는 아무것도 없었습니다. 허름한 침대와 옷 한두 벌이 전부였습니다. 그리고 TV나 인터넷, 휴대폰도 없었지만, 그래도 불편하지 않았습니다. 있으면 편하지만 없다고 불편하지도 않았습니다.

우리가 세상 사람들보다 조금 더 자족하며 베푸는 삶을 살아야 하는 이유가 있습니다. 한국선교정보네트워크 연구에 따르면, 전 세계 기독교인의 수는 약 24억 7천만 명으로 종교인 가운데 가장 많다고 합니다.15) 전 세계 모든 기독교인이 매년 1달러씩 낸다면 지구 상의 모든 가정이 성경책을 가질 수 있습니다. 그리고 기독교인 4,000만 명이 매년 1달러씩 내면 미전도 지역에 사는 모든 사람에게 선교사 2명씩을 파송할 수 있습니다. 또한 매년 모든 기독교인이 1페니(한국 돈으로 약 17원)씩만 내면 전 세계 1,600만 명의 난민들을 먹여 살릴 수 있고, 애완용 동물 1마리를 1년 동안 키울 비용을 내면 제3세계 어린이 1명을 교육시킬 수 있습니다.

이처럼 물욕을 굴복시키고 베푸는 삶을 살아간다면, 우리 모두는 이 땅에서 하나님의 나라를 더욱더 확장시키고 잘살 수 있을 것입니다. 잘산다는 것은 결코 편리하고 안락한 곳에서 잘 먹고 잘 지낸다는 뜻이 아닙니다. 함께 잘산다는 뜻입니다. 그러므로 우리는 물욕을 굴복시켜 하나님의 나라에 헌신해야 합니다. 그리고 이렇게 기도해야 합니다.

"주여, 내 속에 있는 욕심을 주님께 굴복시키게 하소서."

자기 의를 내려놓으라

그러나 가장 굴복시키기 어려운 것은 자기 의입니다. 만일 여호수아를 따랐던 백성들이 각자 자기가 옳다고 주장했다면, 아무도 가나안 땅에 들어가지 못했을 것입니다. 자기만 옳다고 생각하는 자기 의는 언제나 조심해야 하는 부분입니다.

18세기 영국의 요한 웨슬리John Wesley가 이에 대한 가장 좋은 본보기입니다. 웨슬리는 본래 국교도였으나 성령의 은혜를 받고 전도자가 되었습니다. 당시 교회에서는 장소를 빌려주지 않아, 야외에서 일반인을 대상으로 전도 설교를 했습니다. 이 모습을 교회가 좋아할 리 만무했습니다. 결국 영국 국교회 곧 앵글리칸 처치는 그를 이단이라 부르며 교회 밖으로 내쫓았습니다. 뿐만 아니라 그에 대한 온갖 나쁜 소문을 만들어 없던 죄목을 붙여 고소하기도 했고, 그를 반대하는 책과 전단을 만들어 사람들에게 돌리기도 했습니다. 때문에 웨슬리는 폭도들에게 붙들려 수십 번 죽을 뻔하기도 했습니다. 하지만 웨슬리는 이것을 지극히 정상적인 것으로 여겼습니다. 오히려 그것을 하나님께서 자기를 사랑하시고 자기 사역이 하나님 안에 있는 증거라고 믿었습니다.

그러던 어느 날, 웨슬리가 말을 타고 가는데 이상하게도 아무런 핍박이 없었습니다. 다른 날 같으면 이미 사람들이 돌이나 달걀을 던졌을 텐데, 그날은 아무도 그런 사람이 없었습니다. 그는 급히 말을 멈추고 땅에 엎드려 이렇게 기도했습니다. "하나님 혹시 제가 죄를 짓고 타락한 것은 아닙니까? 왜 사람들이 저를 핍박하지 않는 것입니까? 제가 잘못한 것이 있다면 보여 주십시오." 그때 반대쪽 울타리에 있던 한 사람이 웨슬리를 알아보았습니다. "어, 웨슬리 아냐? 잘됐군. 내가 손 좀 봐 줘야겠어." 그리고 돌 하나를 집어 웨슬리에게 던졌습니다. 그러자 웨슬리는 큰 소리로 이렇게 기도했습니다. "하나님, 감사합니다. 아직 제가 잘못한 것은 없었군요.

아직 저를 버리지 않으셨군요. 제가 핍박당하다니 아직도 하나님께서 저와 함께 계시는군요. 감사합니다."

중요한 것은 이것입니다. 우리가 신앙생활을 할 때, 아무 일이 없어야 하나님께서 함께하신다고 생각한다는 점입니다. 진짜 그럴까요? 핍박도 없고, 안 되는 일도 없고, 반대자도 없다면 기뻐해야 하는 일일까요? 하지만 웨슬리는 그렇지 않았습니다. 그는 아무 일도 없는 것을 하나님께서 자신을 버리신 것이라고 생각했습니다. 사람들이 그를 미워하고 핍박하고 돌을 던져야 하나님께서 자기와 함께하신다고 믿었습니다.

제가 목회자로서 경험하는 것은 이것입니다. 목회하면서 성도들이 순종 잘하고 예배 잘드리고 아멘 잘하고 아무 불만도 없이 평안하면, '아, 하나님께서 우리 교회와 함께하시는구나. 감사하다'라고 생각합니다. 그러다가 교회 안에서 무슨 일이 일어나고 시끄럽고 말이 나오면, '하나님, 왜 이런 일이 있습니까? 막아 주소서'라고 기도합니다. 그러다 어느 날 기도하던 중에 생각했습니다. '그렇게 하면 평안하고 좋겠지만 너는 언제 너를 성찰하겠느냐?'

최근에 한 분이 저에 대해 SNS에 글을 올렸습니다. 제가 저의 임기 동안 월급을 올리지 말고 생일잔치도 하지 말라고 설교한 것을 이상하게 뒤집어서 글을 썼습니다. 목회자의 자기 부정이란 측면에서 고백적으로 한 말인데 그것을 뒤틀어서 쓴 것입니다. 거기에 쓴 것은 평소 제가 살아온 삶과는 다른 것이었습니다. 저는 굉장히 자존심이 상하고 마음이 아팠습니다. 많은 사람이 사실이 아니니 대응하라고 했습니다. 마음이 복잡한 어느 날 새벽에 이 문제로 기도하는데 이러한 생각이 들었습니다. '아, 하나님은 나를 살리고 계시는구나. 하나님께서 내 의를 깨뜨리고 계시는구나.' 사실 물질 문제는 제가 목회하면서 가장 경계하는 부분입니다. 저도 욕심이 많고 탐욕이 있기 때문에 늘 실수하지 않으려고 몸부림칩니다. 그런데 제가 가장 잘하고 있다고 생각하는 부분을 건드린 것입니다.

기도하면서 또 생각했습니다. '잘하고 있는 부분을 잘하고 있다고 하면 너는 언제 너를 돌아보겠느냐? 그렇다면 네 의는 언제 깨지겠느냐?' 사실 우리가 잘하고 있다는 것이 무엇입니까? 하나님 앞에 나는 잘하고 있다고 누가 자신 있게 말할 수 있겠습니까? 그러니까 이때 우리는 2가지를 행해야 합니다. 우선, 우리가 못하고 있는 부분을 지적하면 우리는 마땅히 회개하고 돌이켜야 합니다. 그러나 잘하고 있는 부분을 지적하면 '하나님께서 내 의를 깨뜨리시는구나. 하나님, 제 의를 깨뜨려 주소서. 저는 당신 앞에 여전히 죄인입니다'라고 해야 합니다.

목회자로서 제가 약한 것이 이 부분입니다. 다른 사람의 비난을 참지 못하는 것, 나는 잘하고 있는데 남들이 몰라주는 것을 서운해하는 것, 일생 목회자로서 명예와 자존심으로 살아왔는데 그것을 무시당했을 때 못 참는 것입니다. 그럴 때마다 저는 '그때 아무 변명도 하지 않고 하나님만 바라볼 수 있다면 얼마나 좋을까? 그렇게 말하는 사람에 대한 분노보다 부족한 자신에 대하여 더 분노할 수 있다면 얼마나 좋을까?'라는 생각을 합니다. 물론 근거 없이 남을 비난하고 괴롭히는 일은 분명 잘못된 일입니다. 그것은 성경대로 사는 삶이 아닙니다. 그러나 그러한 일을 당했을 때 유익이 있습니다.

예수님을 생각해 보십시오. 그분은 평생 자신을 하나님 앞에 굴복시키며 사셨습니다. 우선 하늘의 영광을 떠나 좋은 곳에 태어날 권리를 포기하고 마구간으로 오셨습니다. 그리고 가족과 함께 있을 행복을 버리고 가난하고 병든 사람들과 함께 사셨습니다. 어머니와 오붓하게 살 권리, 결혼해서 행복한 가정을 이룰 권리를 다 내려놓으셨습니다. 마지막에는 십자가에 죽으시면서 변명 한마디 안 하셨습니다. 일생 자기를 버리고 하나님 앞에 굴복하고 사셨습니다. 그래서 그분은 영광 가운데 부활하셨습니다.

여러분은 자신을 굴복시키며 살고 있습니까? 우리 육신의 소욕을 굴복시켜 하나님의 뜻을 이루고 있습니까? 우리의 욕심을 굴복시켜 하나님의 주인 되심을 인정하고 있습니까? 우리의 의를 십자가 앞에 굴복시켜 그리스도의 거룩한 의로 옷 입고 있습니까? 하나님은 말씀하십니다.

"네 발에 신을 벗으라."

맡기는 기도[16]

아버지, 제 자신을 당신 손에 드립니다.
주님께 저를 양도합니다.
주님 원대로 제게 행하소서.
어떻게 하시든 저는 감사할 따름입니다.
무슨 일에든 감사함으로 응하겠습니다.
무슨 일이든 감사함으로 받아들이겠습니다.
제 안에 그리고 당신의 모든 피조물 안에,
당신의 모든 자녀들 안에,
당신이 사랑하시는 모든 사람들 안에
주님 뜻이 이루어진다면 저는 아무 상관없습니다.
하나님, 제 영혼을 당신 손에 맡깁니다.
제 마음의 모든 사랑과 함께.
주님, 제가 당신을 사랑하기에,
제 사랑이 그렇게 하도록 강권하기에 제 자신을 드립니다.
아무것도 남김없이, 한없는 믿음으로 저를 당신 손에 맡깁니다.
당신은 제 아버지이시기 때문입니다.

_샤를 드 푸코

| 샤를 드 푸코(Charles de Foucauld, 1858-1916)

가톨릭 선교사로서 '사하라의 은자(隱者)'라 불렸다. 1882년 군에서 퇴역한 후, 1888년까지 모로코를 탐험하고, 1889년까지 성지를 순례했다. 1901년 사제가 되어 아프리카 오지 타만라세트에서 원주민을 돌보아 주며 존경을 받았으나, 제1차 세계대전 중 원주민 반란으로 살해됐다.

"제사장들이 양각 나팔을 길게 불어 그 나팔 소리가 너희에게 들릴 때에는 백성은 다 큰 소리로 외쳐 부를 것이라 그리하면 그 성벽이 무너져 내리리니 백성은 각기 앞으로 올라갈지니라 하시매"

여호수아 6:5

09
반드시 문은 열린다

여호수아 6:1-7

 봄이 되면 정호승의 시 「봄길」17)이 떠오릅니다. 그 앞 부분만 보겠습니다.

길이 끝나는 곳에서도
길이 있다
길이 끝나는 곳에서도
길이 되는 사람이 있다
스스로 봄길이 되어
끝없이 걸어가는 사람이 있다

시처럼, 부활도 마찬가지입니다. 부활절이 끝나도 부활은 계속됩니다. 예수님의 무덤을 막았던 문이 열려져 있던 그날을 생각해 보십시오. 이것은 부활주일에 일어난 가장 큰 사건이었습니다.

안식 후 첫날 일찍이 아직 어두울 때에 막달라 마리아가 무덤에 와서 돌이 무덤에서 옮겨진 것을 보고_요 20:1

부활은 다른 것이 아니라 예수님을 가두었던 무거운 죽음의 문이 열린 것입니다. 무덤 밖에서 마리아가 무덤 문이 왜 열려 있나 의아해하고 있을 때, 두 천사가 나타나 말했습니다.

⁵여자들이 두려워 얼굴을 땅에 대니 두 사람이 이르되 어찌하여 살아 있는 자를 죽은 자 가운데서 찾느냐 ⁶여기 계시지 않고 살아나셨느니라 갈릴리에 계실 때에 너희에게 어떻게 말씀하셨는지를 기억하라_눅 24:5-6

주님은 더 이상 죽음에 갇혀 있을 수 없으셨습니다. 예수님은 생명이시기 때문입니다. 언제나 생명은 죽음을 이깁니다. 예수님께서 죽음의 문을 열고 다시 살아나셨다면, 우리도 죽음의 문을 열어야 하지 않을까요?

지금은 흔하지만 오래전에 제가 미국 슈퍼마켓에 가서 자동문을 보고 놀란 적이 있습니다. 문 앞으로 가까이 가면 문이 활짝 열렸는데 참 신기했습니다. 문이 열릴 때는 그 위에 다음 같은 문구가 나타났습니다. 'The door is open.' 그때 순간적으로 저는 이러한 감동을 받았습니다. '인생의 문은 열리게 되어 있다. 다만 가까이 가야 열린다.'

성경에는 문 이야기가 많이 나옵니다. 이스라엘 백성들이 애굽에서 나올 때 어린 양의 피를 발랐던 문 인방과 문설주출 12:23, 다윗의 신하들이 다윗을 위하여 목숨 걸고 물을 떠 왔던 베들레헴 성문삼하 23:15-16, 성전 지성소에 연결된 예루살렘 성전의 문대하 4:22, 양들이 들어오고 나가는 양의 문 요 10:7, 바울이 열리기를 원했던 전도의 문고전 16:9, 요한계시록에 나오는 열두 진주 문계 21:21 등 이 모든 문은 반드시 열려야 했고, 열리면 생명의 역사가 일어났습니다.

우리가 인생을 살면서 희망이 사라졌을 때, '사방이 막혀 있다, 사면초가다, 문들이 닫혀 있다'라고 표현합니다. 여러분은 이때 어떻게 합니까? 어떻게 닫힌 문을 엽니까?

이스라엘 자손들로 말미암아 여리고는 굳게 닫혔고 출입하는 자가 없더라_수 6:1

지금 이스라엘 백성은 여리고 성 앞에 있습니다. 여리고는 해저 250m에 위치한 세계에서 가장 낮은 도시이며, 주전 7,000년 전에 제단이 발견된 세계에서 가장 오래된 도시이고, 아무리 추워도 영하로 내려가지 않는 온화한 종려의 도시입니다. 예나 지금이나 아름다운 그 도시가 지금 백성들의 눈앞에 펼쳐져 있습니다. 그 성문은 어떤 모습을 하고 있었을까요? 오늘날의 여리고 성은 무너져서 그 성의 본래 모습은 볼 수 없습니다. 대신 예루살렘을 통해 학자들은 이렇게 추측하고 있습니다.

우선 당시 여리고 성벽의 높이는 7.5m였고, 크기는 약 평방 32km였다고 합니다. 평방 32km면 사방이 6km로 된 네모꼴 도시를 연상하면 됩니다. 성벽의 두께는 약 6m인데 내벽이 있고 외벽이 있는 이중벽이었다고 합니다. 성벽은 보통 성의 2배 이상 크기였고 그 두께는 오늘날의 4차

| 예루살렘 성 |

선 도로와 맞먹습니다. 거기에 더해져 그 성벽은 경사가 약 35° 정도 기울어져 있어서 외적이 기어오르기 아주 곤란한 벽이었다고 합니다. 얼마나 견고한지 개미 새끼 한 마리 들어갈 수 없는 강한 성벽이었습니다. 특별히 요새화된 부분은 높이가 7.5m에 두께가 6m를 훨씬 넘었기 때문에 웬만한 공격에는 끄떡도 하지 않았습니다. 게다가 요소마다 설치된 망루에 서면, 수 km까지 시야가 확보되어 적군의 동태를 한눈에 파악할 수 있었습니다. 요즘으로 치면 그야말로 최첨단 방어 시설로 무장한 요새였습니다.

여리고 문이 닫혀 있다

성경은 여리고 성이 얼마나 견고한지 여러 차례 언급하고 있습니다. 민수기 13장에 나온 12명의 정탐꾼 보고입니다.

> 그러나 그 땅 거주민은 강하고 성읍은 견고하고 심히 클 뿐 아니라 거기서 아낙 자손을 보았으며_민 13:28

신명기 1:28에도 자세한 묘사가 나옵니다.

> 우리가 어디로 가랴 우리의 형제들이 우리를 낙심하게 하여 말하기를 그 백성은 우리보다 장대하며 그 성읍들은 크고 성곽은 하늘에 닿았으며 우리가 또 거기서 아낙 자손을 보았노라 하는도다 하기로_신 1:28

여리고 성이 얼마나 컸는지 그 성곽이 하늘에 닿았다고 설명합니다. 분명히 과장법입니다. 그러나 그만큼 크고 견고했다는 뜻입니다. 여리고는 클 뿐만 아니라 이스라엘 전체의 지리적 요충지였습니다. 그래서 만일 여호수아가 여리고를 먼저 정복하지 않으면 가나안을 정복하기 어려운 상황이었습니다. 여리고를 먼저 정복해야 가나안을 남북으로 차단하는 효과가 있고, 동서를 가로막는 효과가 있었기 때문입니다. 실제로 제1차 세계대전 때, 영국의 앨런비Allenby 장군은 여호수아의 이 작전을 모방해서 여리고를 점령한 다음 팔레스타인에 들어갔었습니다. 그만큼 여리고는 중요한 도시입니다. 가나안을 약속의 땅으로 만들려면 반드시 정복해야 할 곳이었습니다. 문제는 여리고가 크고 견고하다는 것이었습니다.

이스라엘 자손들로 말미암아 여리고는 굳게 닫혔고 출입하는 자가 없더
라_수 6:1

여리고는 굳게 닫혔지만 반드시 열어야 합니다. 그렇다면, 어떻게 열 수 있을까요?

은혜대로 열린다

여리고 성벽의 문을 열 수 있는 첫 번째 열쇠는 '은혜'입니다. 먼저 2절을 보겠습니다.

여호와께서 여호수아에게 이르시되 보라 내가 여리고와 그 왕과 용사들을
네 손에 넘겨 주었으니_수 6:2

여기서 하나님은 여리고를 이미 여호수아에게 "넘겨 주었으니"라고 말씀하고 계십니다. 영어 성경(NIV)을 보면, "I have delivered Jericho into your hands"(내가 여리고를 너에게 주었노니)라고 되어 있습니다. 완료형입니다. 우리가 싸운 후에 주신다는 것이 아니라, 싸우기 전에 이미 주셨다는 것입니다. '내가 이미 여리고를 네 손에 넘겼다'고 말씀하신 것입니다. 여기서 중요하게 보아야 할 것은 "내가"입니다. 하나님 당신을 뜻합니다.

즉, 하나님 당신의 명예를 걸고 선포하신 것입니다.

여러분은 이미 하나님께서 가나안을 이스라엘 백성에게 주겠다고 하신 많은 약속을 기억하고 있을 것입니다. 하나님은 갈대아 우르를 떠난 지 얼마 안 된 아브라함에게 "보이는 땅을 내가 너와 네 자손에게 주리니 영원히 이르리라"창 13:15고 말씀하셨습니다. 하란으로 떠나는 야곱에게는 벧엘에서 "네가 누워 있는 땅을 내가 너와 네 자손에게 주리니"창 28:13라고 말씀하셨습니다. 애굽에서 모세에게는 '내가 네게 젖과 꿀이 흐르는 땅을 주리라'출 3:8고 말씀하셨습니다. 그리고 여호수아에게 "내가 모세에게 말한 바와 같이 너희 발바닥으로 밟는 곳은 모두 내가 너희에게 주었노니"수 1:3라고 하셨습니다.

하나님께서 "주리니", "주었노니"라고 하셨다면 그 속에는 가나안의 모든 땅, 여리고도 포함되어 있지 않겠습니까? 하나님께서 다 주겠다고 약속하셨으니 당연히 여리고도 주신다는 것이나 다름없습니다. 하나님의 약속은 신실합니다. 한 번 약속하시면 바꾸는 법이 없으십니다.

> 하나님은 사람이 아니시니 거짓말을 하지 않으시고 인생이 아니시니 후회가 없으시도다 어찌 그 말씀하신 바를 행하지 않으시며 하신 말씀을 실행하지 않으시랴_민 23:19

사람도 웬만하면 약속을 지킵니다. 하물며 전능하신 하나님께서 한 번 약속하신 것을 행하지 않으시겠습니까? 신앙의 원리는 항상 이렇습니다. '하나님의 약속이 우리의 믿음보다 크다. 하나님의 은혜가 우리의 노력보다 크다. 하나님의 응답이 우리의 기도보다 크다. 하나님께서 주실 수 있는 것이 우리가 얻을 수 있는 것보다 크다.' 이것이 여리고 성벽의 문을 연 첫 번째 열쇠인 '은혜'입니다.

몇 년 전, 제 친구 목사의 어머니가 돌아가셨습니다. 제가 전화로 조문하며 위로했을 때, 그 친구가 했던 말이 제 마음에 아직 남아 있습니다. "이 목사, 어머니 돌아가셔서 제일 힘든 것은 내가 세상에서 더 이상 실수할 수 있는 사람이 없다는 거야." 처음에는 무슨 말인가 했습니다. 그러나 되새겨 볼수록 공감이 갔습니다. 어머니는 우리가 실수를 해도 괜찮은 분이십니다. 우리의 실수를 언제나 받아 주시는 분이십니다. 어머니가 받아 주셨기 때문에 우리가 지금 살아 있는 것입니다.

이를 생각해 보면, 좋은 관계란 실수해도 괜찮은 관계입니다. 집에서 유일하게 옷 벗고 사는 사람이 부부입니다. 심방해 보면, 병든 남편의 대소변을 받아 내고 옷을 벗겨 목욕시키는 사람은 아내입니다. 어쩔 수 없이 하는 것이 아닙니다. 울면서 합니다. 우리 영감, 불쌍하다고 만져 주고, 오래 살라고 쓰다듬어 주고, 평생 고생했다고 손잡아 줍니다. 이처럼 자기의 치부를 다 드러내도 서로서로 보듬어 주는 것이 부부입니다. 남들에게는 그것이 큰 실수요 수치라도 부부 사이에는 그렇지 않습니다.

그렇다면, 교회는 어떻습니까? 어떤 교회가 좋은 교회입니까? 실수하는 사람이 편하게 실수하는 교회가 좋은 교회입니다. 실수한 사람이 죄책감을 느끼지 않게 하는 교회가 좋은 교회입니다. 실수한 사람을 품는 교회가 좋은 교회입니다. 목회자는 어떻습니까? 설교 잘하는 목회자가 좋은 목회자입니까? 아닙니다. 성도들의 실수를 잘 덮어 주는 목회자가 좋은 목회자입니다. 성도도 마찬가지입니다. 목회자의 잘못만 지적하며 꼬투리 잡는 성도는 좋은 성도가 아닙니다. 남의 실수만 찾는 바리새인과 같은 모습으로는 좋은 교회, 목회자, 성도가 될 수 없습니다.

성경의 바리새인들이 주로 하는 일은 남의 실수를 엿보고 지적하는 일이었습니다. 누가복음에는 이 장면이 모두 3번이나 나옵니다.

> 서기관과 바리새인들이 예수를 고발할 증거를 찾으려 하여 안식일에 병을 고치시는가 엿보니_눅 6:7

> 안식일에 예수께서 한 바리새인 지도자의 집에 떡 잡수시러 들어가시니 그들이 엿보고 있더라_눅 14:1

> 이에 그들이 엿보다가 예수를 총독의 다스림과 권세 아래에 넘기려 하여 정탐들을 보내어 그들로 스스로 의인인 체하며 예수의 말을 책잡게 하니 _눅 20:20

남이 못하는 것만 찾는 교회는 좋은 교회가 아닙니다. 실수를 하더라도 용납하는 교회가 좋은 교회입니다. 상대방이 나를 용서하고 기다려 준다고 생각할 때 사람들은 변합니다.

이것이 여리고 성이 열린 첫 번째 이유인 은혜입니다. 하나님은 우리가 실수했다고 해서 관계를 깨는 분이 아니십니다. 하나님과 우리의 관계는 율법적 행위의 관계가 아니라, 은혜적 약속의 관계이기 때문입니다.

순종한 만큼 열린다

굳게 닫힌 여리고를 연 두 번째 열쇠는 '순종'입니다.

> ³너희 모든 군사는 그 성을 둘러 성 주위를 매일 한 번씩 돌되 엿새 동안 을 그리하라 ⁴제사장 일곱은 일곱 양각 나팔을 잡고 언약궤 앞에서 나아 갈 것이요 일곱째 날에는 그 성을 일곱 번 돌며 그 제사장들은 나팔을 불 것이며_수 6:3-4

하나님의 약속을 굳게 믿고 여리고 앞에 선 백성들에게 하나님은 명령하셨습니다. '여리고 성을 하루에 한 바퀴씩 돌아라. 언약궤를 따르라.' 사실 이 명령은 훌륭한 작전이 아니었습니다. 완전 무장한 여리고에 대하여 이스라엘 백성들이 취할 작전으로는 실망스러운 것이었습니다. 백성들은 이러한 명령을 기대했을지 모릅니다. "너희 중에 특수부대를 동원해 성벽을 부수라", "몰래 여리고로 들어가는 땅굴을 파라", "특공대를 조직하여 감쪽같이 적을 제압할 방법을 연구하라." 그러면 해 볼 만했을 것입니다. 그런데 하나님의 명령은 너무 평범했습니다. "성을 하루에 한 바퀴씩 돌라. 그리고 마지막 날에는 일곱 바퀴를 돌고, 크게 나팔을 불라." 하지만 이스라엘 백성은 이 명령에 그대로 순종했습니다. 그리고 여리고는 그들 앞에서 무너졌습니다.

하나님의 관점은 무엇입니까? 여리고가 무너지는 것이 문제가 아니라, 백성들이 하나님의 말씀에 순종하느냐가 문제였습니다. 여리고는 하나님께서 눈 한 번 깜짝하시면 무너질 수 있었습니다. 천지를 창조하신 분이 그것 하나 못 무너뜨리시겠습니까? 하지만 사람의 마음은 그리 쉽게 무너지지 않습니다. 하나님은 이스라엘 백성의 이러한 마음을 확인하고 싶으셨던 것입니다. 그 결과는 어떠했습니까? 이스라엘 백성은 하나님께 순종했습니다. '성을 돌라'고 하셨을 때 돌았고, '7번 돌라'고 하셨을 때 7번 돌았고, '소리 지르라'고 하셨을 때 소리 질렀습니다. 문제는 순종입니다. 신앙의 문제는 결국 순종의 문제입니다. 우리가 순종하면 여호와 하나님께서 일하십니다.

어느 대기업 입사시험에서 '구구단을 3번 쓰시오'라는 문제가 나왔습니다. 우리나라 최고의 기업에서 그런 문제가 나올지 아무도 예상하지 못했습니다. 말도 안 되는 문제가 나왔다며 사람들은 동요하기 시작했습니다. 어떤 사람은 문제만 쳐다봤고, 어떤 사람은 쓰다가 말았고, 어떤 사람은 문제가 너무 쉬워 기분 나쁘다며 그냥 앉아 있는 등 반응은 제각각이었습니다. 그 사이에서 어느 한 사람만이 아주 성실하게 답을 적기 시작했습니다. 꼼꼼하게 세 번을 적었습니다. 시험 시간이 끝나고 시험관이 지원자들을 모아 놓고 말했습니다. "이번 문제는 여러분이 아느냐 모르느냐의 문제가 아니었습니다. 얼마큼 성실하게 적느냐를 보는 문제였습니다." 그러면서 지금까지 녹화한 영상을 보여 주었습니다. 결국 성심성의껏 시험에 임했던 그 사람만이 합격했습니다.

믿음의 문제는 순종의 문제입니다. 아무리 많이 알아도 순종하지 않으면 무슨 소용이 있겠습니까?

미국의 한 대학에서 교수가 학생들에게 이렇게 질문했습니다. "만일 당신에게 단 5일의 시간이 남아 있다면 무엇을 하겠습니까? 그 시간을 어떻게 보내겠습니까?" 학생들의 답은 아주 단순했습니다. "사람들에게 사랑한다고 말하겠습니다", "해변을 거닐며 해지는 광경을 바라보겠습니다", "내가 미워했던 사람을 찾아가 용서를 빌겠습니다." 그 말을 들은 교수는 이렇게 말했습니다. "그렇다면, 지금 그것을 하십시오. 왜 지금은 안 합니까?"

문제는 순종입니다. 제가 서천 지역 부흥회를 다녀왔을 때의 일입니다. 28개 교회가 모여 연합으로 부흥회를 열었는데, 새벽부터 늦은 밤까지 10번이나 모였습니다. 이를 통해, 몇백 명이 충만한 은혜를 받았습니다. 마지막 날, 저는 사람들에게 쪽지 하나씩을 나누어 주었습니다. 「헌신작정서」였습니다.

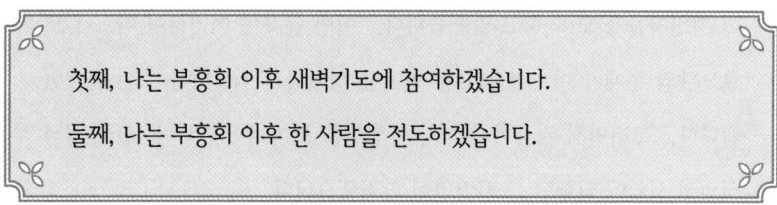

첫째, 나는 부흥회 이후 새벽기도에 참여하겠습니다.
둘째, 나는 부흥회 이후 한 사람을 전도하겠습니다.

모든 성도가 정성껏 적었습니다. 그리고 손에 들고 앞으로 나와 안수를 받았습니다. 제가 기도했습니다. "주여, 신앙생활에 많은 말이 필요한 것이 아닙니다. 단순한 순종이 필요합니다. 이들이 3박 4일 동안 부흥회에 참석한 것보다 오늘 2가지를 하겠다고 다짐했사오니 주여 복 주소서. 이들의 순종에 복 주소서."

하나님은 우리에게 명하십니다. "순종하라." 순종할 때 하나님은 우리가 가질 수 있는 것보다 더 큰 복을 주십니다. 여리고가 이스라엘 백성의 순종으로 열렸듯이, 우리 또한 하나님께 순종하면 승리의 문이 열립니다.

말하는 대로 열린다

여리고의 문을 연 마지막 열쇠는 '믿음의 말'입니다. 여호수아를 통해 하나님은 여리고 성을 도는 백성들에게 말씀하셨습니다.

> 여호수아가 백성에게 명령하여 이르되 너희는 외치지 말며 너희 음성을 들리게 하지 말며 너희 입에서 아무 말도 내지 말라_수 6:10上

여리고 성을 도는 백성은 반드시 침묵해야 했습니다. 외치지도 말고 입으로 어떤 소리도 내지 말아야 했습니다. 왜 그래야 했을까요? 이스라엘 백성은 유달리 원망이 많던 민족이었습니다. 먹을 음식이 없다고, 마실 물이 없다고, 모세가 시내 산에서 늦게 내려온다고, 나무란다고, 무섭다고,

별 고생을 다 시킨다고 탓하며 조금만 어려워도 원망했습니다. 이 원망 때문에 백성들은 떼죽음을 당했습니다민 21:6. 그렇기에 그들은 약속의 땅 가나안에서 원망의 말을 하지 말아야 했습니다. 하나님의 말씀을 듣기 위해서는 침묵해야 했습니다. 어떤 성경학자의 말입니다.

"성경을 보면, 하나님께서 말씀을 중단하셨던 때가 있다. 백성이 원망할 때다. 원망하는 백성의 입이 닫히기 전까지 하나님은 말씀을 하지도 않으셨고 일하지도 않으셨다."

우리가 원망할 때, 하나님은 일하지 않으십니다. 그러므로 우리는 침묵을 배워야 합니다. 피타고라스Pythagoras가 말했습니다.

"침묵하라. 그렇지 못하겠거든 침묵보다 더 나은 말을 하라."

헨리 나우웬Henri Nouwen도 침묵에 대하여 말했습니다.

"침묵은 단지 입을 다무는 게 아니라, 하나님으로부터 말하는 법을 배우는 것이다."

그러나 침묵보다 더 나은 말이 있습니다. 바로 믿음의 말입니다.

이에 백성은 외치고 제사장들은 나팔을 불매 백성이 나팔 소리를 들을 때

에 크게 소리 질러 외치니 성벽이 무너져 내린지라 백성이 각기 앞으로 나
아가 그 성에 들어가서 그 성을 점령하고_수 6:20

침묵하며 성을 돌다가 제사장이 양각 나팔을 높이 불었습니다. 그때 백성들도 큰 소리로 함성을 질렀습니다. 무엇이라고 소리 질렀을까요? "여리고는 무너져라. 하나님의 능력으로 무너져라. 굳게 닫힌 여리고 성은 열릴지어다. 견고한 성읍, 하나님 무서운 줄 모르고 하늘까지 닿은 여리고는 무너질지어다"라고 했을 것입니다. 그때 놀라운 일이 벌어졌습니다. 그렇게 견고하던 성문이 힘없이 열리더니 육중하던 성이 한순간에 무너졌습니다. 눈 깜짝할 사이에 일어난 일이었습니다.

우리가 살아가면서 말을 피할 수는 없습니다. 그러나 그 말이 실수하게 하고 상처를 주기 때문에 늘 조심해야 합니다. 중국 철학자 쑤쑤素素가 쓴 『인생을 바르게 보는 법 놓아주는 법 내려놓는 법』(서울: 다연, 2013)이라는 책이 있습니다.[18] 그는 이 책에서 다른 사람의 말을 들을 때 세 번 체에 걸러야 한다고 말합니다. 첫 번째 체는 '그 말이 진실인가?'입니다. 저자는 상대방의 말을 들을 때 우선 내용의 진실성을 살피라고 말합니다. 두 번째 체는 '그 말이 선의에서 나온 것인가?'입니다. 그 말을 하는 사람의 진정성, 곧 선의를 보라고 하는 것입니다. 만일 상대방이 선의로 말하고 있다면 그 말은 들어 볼 필요성이 있습니다. 세 번째 체는 '그 말이 중요한가?' 입니다. 그것이 나의 삶에 얼마나 중요한지 생각하라는 것입니다. 중요하지도 않은 말로 시간을 헛되게 보내는 것은 어리석은 일입니다. 이 기준을 여러분에게 적용해 보십시오. 사실이 아닌 말에 상처받지 마십시오. 선의

가 아닌 말에 속지 마십시오. 중요하지 않은 말에 시간 보내지 마십시오.

지금도 여리고에 가면 그때 무너진 흔적들을 볼 수 있습니다. 주전 13세기, 성경이 그렇게 견고하게 묘사한 이중 벽이 아무 힘없이 속수무책으로 무너진 채 있는 것입니다. 이스라엘 백성은 그저 하나님의 말씀에 순종하여 침묵하다 외친 것밖에 없었습니다. 이로써 그렇게 강력해 보였던 여리고는 사라지고 하나님의 승리만이 남았습니다. 하나님께서 승리하시자 이스라엘 백성도 함께 승리했습니다. 약속의 땅, 가나안도 이스라엘 땅이 되었습니다.

이처럼 우리도 믿음으로 선포하면 문이 열리지 않겠습니까? 하지만 문은 우리가 열어야 하는 것이 아닙니다. 하나님의 약속을 믿고, 순종하며, 따르십시오. 그러면 하나님의 은혜로 그것은 결국 열리게 될 것입니다. 'The door is open.' 승리의 문은 곧 열리게 될 것입니다.

인생의 절정에서 겸손을 구하는 기도[19]

주님, 일이 잘 풀려 나갈 때 저는 주님을 잊곤 합니다.
반면, 일이 안 풀릴 때는 삐뚤어진 아이처럼 주님께 불평합니다.
성공은 제 공이고 실패는 주님 탓인 것처럼 행동합니다.

두려움이 아침 안개처럼 걷히고 나면
저는 혼자서도 잘할 수 있고
제게 있는 물질과 인력이면 만사를 해결하기에
충분하다고 생각합니다.

태양이 비칠 때 저는 주님이 필요합니다.
그래야 폭풍과 어둠을 잊지 않습니다.
친구들과 동료들이 저를 인정하고 칭찬할 때
저에게는 주님이 더욱 필요합니다.
그래야 제 마음이 부풀지 않습니다.

오 하나님,
어리석고 성공에 눈 먼, 믿음이 적은 저를 용서하소서.
성공할 때조차 저의 주님이 되어 주소서.
자만심에서 구하소서. 편협함에서 구하소서. 저 자신으로부터 구하소서!
제 성공을 취하시어 주님의 영광을 위해 사용하소서.
주님의 능력 안에서 기도합니다.

_피터 마샬

| **피터 마샬**(Peter Marshall, 1902-1949)

스코틀랜드 출신의 설교자로 미국 국회 상원의원의 채플린(기관목사)으로 지도자들의 영적 멘토였다. 그의 열정과 헌신은 1955년 「피터라 불리는 사나이」라는 영화로 제작되었다.

"여호와께서 여호수아에게 이르시되 두려워하지 말라 놀라지 말라 군사를 다 거느리고 일어나 아이로 올라가라 보라 내가 아이 왕과 그의 백성과 그의 성읍과 그의 땅을 다 네 손에 넘겨 주었으니"

여호수아 8:1

10

우리가 실패할 때

여호수아 8:1-9

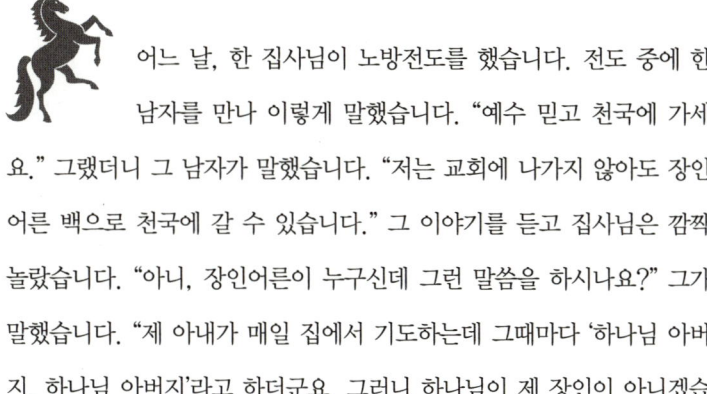
어느 날, 한 집사님이 노방전도를 했습니다. 전도 중에 한 남자를 만나 이렇게 말했습니다. "예수 믿고 천국에 가세요." 그랬더니 그 남자가 말했습니다. "저는 교회에 나가지 않아도 장인어른 백으로 천국에 갈 수 있습니다." 그 이야기를 듣고 집사님은 깜짝 놀랐습니다. "아니, 장인어른이 누구신데 그런 말씀을 하시나요?" 그가 말했습니다. "제 아내가 매일 집에서 기도하는데 그때마다 '하나님 아버지, 하나님 아버지'라고 하더군요. 그러니 하나님이 제 장인이 아니겠습니까? 장인이 있는데 제가 무슨 걱정이 있겠습니까?"

이 사람의 믿음은 참된 믿음이라 할 수 있을까요? 아닙니다. 이러한 믿음은 실패할 수밖에 없습니다. 9장에서 우리는 순종으로 여리고의 문을 열었습니다. 그런데 문제는 그다음 전투에서 일어났습니다. 여리고는 이스라엘의 동쪽 끝에 위치한 곳이었습니다. 이곳을 점령한 이스라엘 백성은

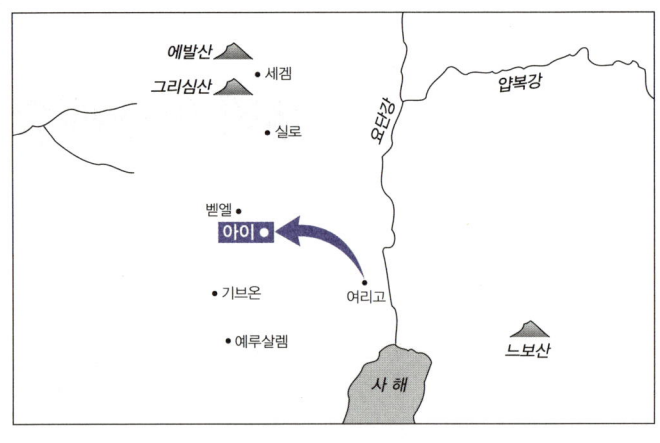

| 아이 |

여세를 몰아 가나안의 중앙무대인 중부전선으로 올라갔습니다. 그다음으로 정복해야 할 곳은 이스라엘 중부 지역의 중심도시인 아이와 벧엘이었습니다.

   이 지역이 중요한 이유는 2가지입니다. 우선 전략적으로 이 2곳을 점령해야 이스라엘의 남북을 장악할 수 있었기 때문입니다. 이스라엘 땅의 남과 북을 잇는 허리를 자른다면 단번에 전쟁의 승기를 잡을 수 있었습니다. 둘째는 이 지역이 조상들의 숨결이 살아 있는 땅이었기 때문입니다. 이곳은 과거 아브라함이 하나님의 부르심을 받아 내려왔던 곳이고, 야곱이 하란에 가기 위해 돌 베개를 베고 잤던 곳이었습니다. 이처럼 아이와 벧엘은 이스라엘 백성에게 놓치면 결코 안 되는 중요한 땅이었습니다.

   그런데 생각지도 못한 일이 일어났습니다. 승승장구하던 이스라엘이 이곳에서 크게 패배한 것입니다.

⁴백성 중 삼천 명쯤 그리로 올라갔다가 아이 사람 앞에서 도망하니 ⁵아이 사람이 그들을 삼십육 명쯤 쳐죽이고 성문 앞에서부터 스바림까지 쫓아가 내려가는 비탈에서 쳤으므로 백성의 마음이 녹아 물 같이 된지라_수 7:4-5

강력한 여리고도 이긴 이스라엘 백성이 그보다 훨씬 작은 성에서 참패하다니, 도대체 어떻게 된 것일까요?

그리스도인의 삶에는 언제나 3가지 승리의 법칙이 있습니다. '우리는 항상 이기게 되어 있다.' 이것이 첫 번째 승리의 원리입니다. '그런데 항상 이기지는 않는다.' 이것이 우리의 현실, 곧 두 번째 원리입니다. 다음 가장 중요한 세 번째 원리입니다. '패배를 통해서 우리는 승리를 배운다.' 승리의 원인은 항상 하나님께 있고, 패배의 원인은 항상 우리에게 있습니다. 'The door is open.' 문은 항상 열려 있지만 열리지 않을 때도 있습니다. 이때 문이 안 열리는 이유를 알아야 열 수 있습니다.

실패가 있는 것은 실패에서 배우기 위함입니다. 우리가 살아가면서 실수하는 이유는 실패 후에 실패를 직면하지 않았기 때문입니다. 물론 자신의 실패 원인을 직시하는 것은 뼈아픈 일이지만, 지금 그 실패를 직시하지 않는다면 앞으로 더 큰 실패가 올 수도 있습니다. 차라리 지금 작게 아픈 것이 나중에 크게 아픈 것보다 나은데, 지금 그 작은 아픔을 견뎌 내지 못해 이후에 더 큰 아픔을 겪게 되는 것입니다. 실패의 문제는 실패 자체가 아니라, 실패를 반복하지 않는 것입니다. 그러기 위해서는 먼저 실패를 직시해야 합니다. 실패의 원인을 규명하고 그 진실 앞에 서야 합니다.

어떤 청년이 실연당하고 홧김에 다른 여자와 결혼했습니다. 결혼생활은 당연히 좋지 못했습니다. 실연 후에 자신을 돌아보지 않았기 때문입니다. 결혼은 홧김에 하는 것이 아닙니다. 어떤 사람이 사업에 실패하자 오기로 다른 사업에 뛰어들었습니다. 결국 몽땅 망했습니다. 실패 후 자신의 실패를 돌아보지 않았기 때문입니다. 사업도 오기로 하는 것이 아닙니다.

마쓰시타 전기회사는 일본의 대표적인 회사입니다. 이 회사의 창업자 마쓰시타 고노스케松下幸之助는 지금까지도 일본에서 존경받는 기업가이자 경영의 신으로 불리고 있습니다. 그는 오늘날 그 유명한 '워크 쉐어링'(work sharing, 기업 내에 있는 근로자의 근로시간을 줄여 다른 근로자가 일자리를 가지도록 하는 것-편집자 주)의 선구자로 꼽히는 데, 1929년 대공황이 일어났을 때 직원 한 사람도 줄이지 않고 회사를 살렸던 일화는 유명합니다. 그는 자신의 성공 비결에 대해 다음처럼 말했습니다.[20]

"하나님은 내게 3가지 은혜를 주셨습니다.

첫째는 가난했기에 어렸을 때부터 구두닦이, 신문팔이 등 여러 세상 경험을 쌓을 수 있었습니다.

둘째는 몸이 약해서 항상 운동에 힘썼기에 늙어서도 이렇게 건강할 수 있었습니다.

셋째는 초등학교도 졸업하지 못했기에 세상 사람들을 모두 나의 스승으로 여기고 언제나 배우는 일에 게으르지 않을 수 있었습니다."

성공이란 좋은 조건을 타고나야만 하는 것이 아닙니다. 실패를 통해서 배우는 것입니다. 고노스케는 실패를 통해 승리하는 삶을 살았고, 오늘까지도 선한 영향을 끼치고 있습니다. 만약 그가 실패를 통해 아무것도 배우지 않았다면, 그의 삶에는 성공이란 단어가 어울리지 않았을 것입니다. 이번 장을 통해 우리도 이스라엘 백성이 아이 성에서 실패한 이유를 살펴보고, 승리를 위해 무엇이 필요한지 알아봅시다.

자만 때문에 실패한다

이스라엘이 패배한 첫 번째 이유는 '자만'이었습니다. 이스라엘 백성들은 여리고 성을 정복한 이후에 승리의 자만심에 빠져 있었습니다.

> 여호와께서 여호수아와 함께 하시니 여호수아의 소문이 그 온 땅에 퍼지니라_수 6:27

여리고 점령 이후 이스라엘은 생각했습니다. '가나안 족속들, 별것 아니구나.' 아무것도 하지 않고 성을 돌기만 했는데도 여리고를 이겼기 때문입니다. 그들이 다음 성인 아이 성을 정탐한 후에 보고하는 장면에서 그들의 이러한 생각을 읽을 수 있습니다.

> 여호수아에게로 돌아와 그에게 이르되 백성을 다 올라가게 하지 말고 이삼천 명만 올라가서 아이를 치게 하소서 그들은 소수이니 모든 백성을 그

리로 보내어 수고롭게 하지 마소서 하므로_수 7:3

이 말을 달리 표현하면 이렇습니다.

"우리가 저 난공불락難攻不落의 여리고 성도 무너뜨렸는데, 이 작은 아이 성은 군대를 모두 동원할 필요도 없습니다. 그저 이삼천 명이면 금방 끝낼 수 있습니다."

이스라엘 백성이 여리고를 정복할 때는 모든 백성이 아침 일찍 일어났고, 합심하여 기도까지 했습니다. 그런데 아이 성 전투 때는 백성이 기도했다는 기록을 찾아볼 수가 없습니다. 아침 일찍 일어났다는 기록도 없습니다. 군대도 이삼천 명만 내보내고 나머지는 후방에서 쉬었습니다.

우리가 항상 조심해야 할 때는 승리한 이후입니다. 일이 잘 풀릴 때, 좋은 일이 생길 때, 그리고 기도 응답이 있을 때 조심해야 합니다. 1901년부터 시작된 노벨상을 2번 수상한 사람은 전 세계에 4명뿐이라고 합니다. 대부분의 수상자가 노벨상을 받은 이후에 그만한 업적을 남기지 않았기 때문입니다. 이것은 마음가짐이 바뀌었기 때문이라 볼 수 있습니다. 이미 노벨상을 한 번 받았고, 그 명예가 한평생을 가니 더 큰 목표를 가지기가 힘든 것입니다. 그런데 이것이 바로 우리가 조심해야 할 부분입니다.

'호랑이도 토끼를 잡을 때 두 손으로 잡는다'는 말이 있습니다. 무엇을 조금 했다고 자만하지 말라는 뜻입니다. '달팽이도 마음만 먹으면 바다를 건널 수 있다'는 말이 있습니다. 쉬지 말고 달려가라는 뜻입니다. 잠언과 고린도전서는 이렇게 말합니다.

교만은 패망의 선봉이요 거만한 마음은 넘어짐의 앞잡이니라_잠 16:18

그런즉 선 줄로 생각하는 자는 넘어질까 조심하라_고전 10:12

탐욕 때문에 실패한다

그러나 실패한 가장 큰 원인은 '탐욕'이었습니다.

이스라엘 자손들이 온전히 바친 물건으로 말미암아 범죄하였으니 이는 유다 지파 세라의 증손 삽디의 손자 갈미의 아들 아간이 온전히 바친 물건을 가졌음이라 여호와께서 이스라엘 자손들에게 진노하시니라_수 7:1

물론 모든 백성이 다 범죄한 것은 아니었습니다. 아간 한 사람이 벌인 죄였습니다. 그리고 여리고 전쟁 때 일어난 죄였습니다. 아간 한 사람의 범죄가 이렇게 큰 결과를 가져올지 누가 알았겠습니까? 모든 불행의 배후에는 범죄가 있습니다. 아간의 죄는 여리고에 있는 한 가정집에서 외투 한 벌과 은, 금을 훔친 죄였습니다수 7:21-22. 그것을 아간은 아무도 모르게 숨겼습니다. 아간의 범죄를 언뜻 보면, 절도죄이시만 죄의 본질은 다른 데 있었습니다. 하나님은 전쟁이 시작되기 전에 누구든지 여리고에 들어가거든 아무 물건에나 손대지 말라고 말씀하셨습니다. 다음 말씀을 보겠습니다.

> ¹⁸너희는 온전히 바치고 그 바친 것 중에서 어떤 것이든지 취하여 너희가 이스라엘 진영으로 바치는 것이 되게 하여 고통을 당하게 되지 아니하도록 오직 너희는 그 바친 물건에 손대지 말라 ¹⁹은금과 동철 기구들은 다 여호와께 구별될 것이니 그것을 여호와의 곳간에 들일지니라 하니라_수 6:18-19

물건에 손대지 말아야 할 이유는 그 모든 것이 하나님의 것이기 때문입니다. 이것을 '거룩한 전쟁'이라고 부릅니다. 거룩한 전쟁은 하나님께서 싸우시는 전쟁이고, 전쟁에 참여한 사람이 거룩해야 이기는 전쟁입니다.

거룩이란 무엇입니까? 여호수아 7장에 많이 나오는 단어가 있습니다. '온전'이란 말입니다. 여호수아 7장에서만 6번 나옵니다. 히브리어로 하면 '타밈'tamim입니다. 이 말은 '깨끗하다, 정결하다'라는 뜻입니다. 보통 사람들이 사물을 구분할 때 "좋은 것이냐, 나쁜 것이냐"를 묻습니다. 독일 사람에게 물어보면, "실용적이냐, 실용적이지 않은 것이냐"를 물을 것입니다. 프랑스 사람에게 물어보면 "아름다운 것이냐, 아름답지 않은 것이냐"로 바뀔지 모릅니다. 우리나라 사람에게 물어보면 그것이 "공짜냐, 공짜가 아니냐"로 물을지도 모릅니다. 그런데 이스라엘 사람들은 "정결한 것이냐, 부정한 것이냐"를 묻습니다. 이 정결한 것이 '온전', 즉 '거룩'입니다.

성경에서 하나님은 모든 사람을 사용하십니다. 작은 사람도 사용하십니다. 약한 사람도 사용하십니다. 부족한 사람도 사용하십니다. 남녀노소, 빈부귀천 상관없이 사용하십니다. 그러나 악인은 사용하지 않으십니다. 그릇으로 말하면 악인은 깨진 그릇입니다. 작은 그릇, 큰 그릇은 다 사용할 수 있지만 깨진 그릇은 사용할 수 없습니다.

죄란 참 재미있습니다. 다시 여호수아 7:1을 보겠습니다. 아간을 어떻게 부르는지 살펴보기를 바랍니다.

이스라엘 자손들이 온전히 바친 물건으로 말미암아 범죄하였으니 이는 유다 지파 세라의 증손 삽디의 손자 갈미의 아들 아간이 온전히 바친 물건을 가졌음이라 여호와께서 이스라엘 자손들에게 진노하시니라_수 7:1

"유다 지파 세라의 증손 삽디의 손자 갈미의 아들 아간"이라고 부르고 있습니다. 세라가 누구입니까? 유다에게는 엘과 오난과 셀라라는 세 아들이 있었습니다. 이 중 셀라는 시아버지 유다와 며느리 다말이 불륜을 저지르게 만든 아들이며, 세라는 이 죄로 생긴 아들입니다. 이 죄의 뿌리에서 아간의 범죄가 나왔습니다. 죄는 죄를 낳고, 죄의 뿌리는 죄의 열매를 낳습니다. 우연이 아닙니다. 어쩌다 죄짓는 것도 아닙니다. 그렇게 아간이 죄를 짓자 아간의 식구뿐만 아니라 모든 이스라엘이 망하게 되었습니다.

지금도 아이에 가면 이 돌무더기를 볼 수 있습니다. 백성들이 아간과 그 가족을 향하여 돌을 던져 쌓은 돌무더기입니다_수 7:24-26. 갈 때마다 이 참혹한 현장을 보며, 죄의 대가에 놀랄 수밖에 없습니다. 욕심은 죄를 낳고 죄는 사망을 낳습니다.

| 돌무더기 |

다시 일어나라

우리가 실패할 때 기억해야 할 가장 중요한 것은 한 번의 실패로 망하지 않는다는 점입니다. 하나님은 우리가 실수한 것 때문에 우리를 버리지 않으십니다. 우리가 실수했을 때 버리시는 것이 아니라, 실수를 고치지 않을 때 버리십니다. 하나님은 죄를 심판하시지만, 죄인을 버리지는 않으십니다. 하나님께서 여호수아에게 하시는 말씀을 들어보십시오.

여호와께서 여호수아에게 이르시되 일어나라 어찌하여 이렇게 엎드렸느냐_수 7:10

놀랍게도 성경에는 7번이나 "일어나라"는 말이 나옵니다. 오늘 말씀에서 처음 나왔고, 두 번째는 사사기 4:14에서 나옵니다.

드보라가 바락에게 이르되 일어나라 이는 여호와께서 시스라를 네 손에 넘겨 주신 날이라_삿 4:14上

이스라엘에 강력한 가나안 왕 야빈이 쳐들어 왔을 때였습니다. 모두 숨어 있는데 하나님께서 드보라를 통하여 바락에게 말씀하셨습니다. "일어나라." 그 결과 바락은 가나안 족속을 쫓아내고 이스라엘을 건져 냈습니다.

세 번째, 네 번째는 엘리야에게 말씀하실 때 나옵니다. 엘리야가 이세벨이 무서워 광야로 도망쳤을 때 하나님께서 찾아오셔서 말씀하셨습니다.

로뎀 나무 아래에 누워 자더니 천사가 그를 어루만지며 그에게 이르되 일어나서 먹으라 하는지라_왕상 19:5

여호와의 천사가 또 다시 와서 어루만지며 이르되 일어나 먹으라 네가 갈 길을 다 가지 못할까 하노라 하는지라_왕상 19:7

2번이나 말씀하셨습니다. 낙심해 있던 엘리야가 일어나 동굴에 갔을 때 세미한 음성이 들렸고, 그제야 이스라엘이 살아났습니다.

다섯 번째는 나인 성 과부의 독자에게 말씀하실 때 나옵니다. 나인 성 과부의 아들이 죽었을 때, 예수님께서 관을 붙잡고 소리치셨습니다.

예수께서 이르시되 청년아 내가 네게 말하노니 일어나라 하시매_눅 7:14下

"청년아… 일어나라." 순간 죽었던 청년이 살아났습니다.
여섯 번째는 베드로와 요한이 예루살렘의 앉은뱅이를 만났을 때였습니다. 무엇을 얻을까 기대하는 그에게 베드로가 소리쳤습니다.

베드로가 이르되 은과 금은 내게 없거니와 내게 있는 이것을 네게 주노니 나사렛 예수 그리스도의 이름으로 일어나 걸으라 하고_행 3:6

베드로가 "일어나 걸으라" 하자, 앉은뱅이는 일어나 걸었습니다.
마지막 일곱 번째는 베드로가 감옥에 갇혔을 때 나옵니다. 베드로는 복음을 전하다가 감옥에 갇힌 상황이었는데, 밤중에 천사가 나타나 베드로의 옆구리를 치면서 말했습니다.

홀연히 주의 사자가 나타나매 옥중에 광채가 빛나며 또 베드로의 옆구리를 쳐 깨워 이르되 급히 일어나라 하니_행 12:7上

"일어나라." 그때 베드로는 천사를 따라 죽음에서 구출되었습니다.
하나님은 오늘도 우리에게 "일어나라"고 말씀하십니다. 여호수아에게 "일어나라", 드보라와 바락에게 "일어나라", 엘리야에게 "일어나라", 나인성 독자에게 "일어나라", 성전 미문 앞 앉은뱅이에게 "일어나라", 베드로에게 "일어나라" 하셨듯이, 우리에게도 "일어나라"고 말씀하십니다.

우리가 많이 들어 본 노래 중 「You raise me up」이란 노래가 있습니다. 곡도 아름답지만 가사는 더 아름답습니다.

When I am down and, oh my soul, so weary
(내 영혼이 힘들고 지칠 때,)
When troubles come and
(괴로움이 밀려와)
my heart burdened be
(내 마음이 무거워질 때,)
Then, I am still and wait here in the silence
(나는 여기에서 잠잠히 주님을 기다리네)
Until you come and sit awhile with me
(주 오셔서 내 옆에 함께 하실 때까지)
You raise me up, so I can stand on mountains
(주님이 나를 일으켜 저 산에 위에 세우시네)
You raise me up, to walk on stormy seas
(주님이 나를 일으켜 풍랑 위도 걷게 하시네)
I am strong, when I am on your shoulders
(주 어깨에 있을 때 나 강함 있네)
You raise me up, to more than I can be
(주님이 나를 일으켜 나보다 더 큰 내가 되게 하시네)

하나님께서 우리를 일으켜 세우신 것은 다시 시작하라는 뜻입니다. 하나님은 여호수아에게 일어나라고 하셨습니다. 이스라엘 백성이 칠흑 같은 실패를 딛고 다시 일어나기를 바라셨던 것입니다. 이제 이스라엘은 무엇을 해야 할까요? 실패의 원인에서부터 다시 시작해야 합니다. 이스라엘 백성의 실패는 겉으로는 자만이요 속으로는 범죄였지만, 그 죄의 본질은 마음으로 하나님을 떠난 것이었습니다. 하나님께 돌려야 할 소중한 가치를 다른 것에 돌린 것입니다. 마태복음 5:4에 다음과 같은 말씀이 있습니다.

애통하는 자는 복이 있나니 그들이 위로를 받을 것임이요_마 5:4

이 말씀을 유진 피터슨Eugene H. Peterson은 『메시지』(서울: 복있는사람, 2016)에서 이렇게 번역하고 있습니다.[21]

"가장 소중한 것을 잃었다고 느끼는 너희는 복이 있다. 그때에야 너희는 가장 소중한 분의 품에 안길 수 있다."

그렇습니다. 죄는 범법 행위이기 전에 가장 소중한 분을 버린 것입니다. 소중하지 않은 것을 소중한 것으로 착각하는 것입니다. 즉, 물질을 하나님으로 여기고, 세상을 하나님처럼 소중히 여기는 것입니다. 그래서 죄는 가장 소중한 분을 잃는 것이고, 회개는 가장 소중한 분을 다시 회복하는 것이라 할 수 있습니다. 그러므로 하나님을 최고로 소중한 분으로 여기면 겸손하게 됩니다.

이제 실패를 딛고 일어선 이스라엘은 다시 전쟁에 나갑니다. 대신 전과는 다른 태도였습니다.

> 이에 여호수아가 일어나서 군사와 함께 아이로 올라가려 하여 용사 삼만 명을 뽑아 밤에 보내며_수 8:3

이번엔 삼만 명을 뽑아 보냈습니다. 처음 아이 성과 싸울 때, 그들은 자만함에 빠져 이삼천 명만 전장에 보냈습니다. 그러나 이제 실패하고 겸손해졌습니다. 다 잃고 하나님이 최고로 소중한 분이라는 것을 알았기 때문입니다. 실패와 잃는 것이 좋은 것은 아니지만, 실패는 우리에게 이처럼 소중한 것이 무엇인지 깨닫게 합니다. 오스왈드 샌더스Oswald Sanders가 이러한 말을 했습니다.

> "우리는 얻는 것으로 살고 잃은 것으로 살린다."

하나님을 잃으면 다 잃는 것이고, 하나님을 얻으면 다 얻는 것입니다. 그렇습니다. 그래서 하나님을 우리 삶에서 최고로 소중한 분으로 모실 때 우리에게는 변화되는 모습이 있습니다. **우선 우리는 최선을 다하게 됩니다.** 하나님의 은혜라고 내가 아무것도 하지 않는 것이 아닙니다. 달라스 윌러드Dallas Willard의 말대로, 선행의 반대는 은혜가 아니라 공로입니다. 선행은 또 하나의 은혜입니다. 은혜를 받으면 아무것도 안 하게 되는 것이 아니라, 더 열심히 일하게 됩니다.

그러나 내가 나 된 것은 하나님의 은혜로 된 것이니 내게 주신 그의 은혜
가 헛되지 아니하여 내가 모든 사도보다 더 많이 수고하였으나 내가 한 것
이 아니요 오직 나와 함께 하신 하나님의 은혜로라_고전 15:10

그다음 하나님을 최고로 소중한 분으로 여기면, 우리는 자동적으로 기도하게 됩니다. 여리고 전투 후 자만해서 기도하지 않았던 이스라엘 백성은 다시 기도를 시작했습니다. "하나님, 아이 성 전투에 몇 명이 나갈까요?" "삼만 명을 내보내라." "어떤 작전으로 임할까요?" "매복 작전으로 임해라." 이처럼 기도가 회복되었습니다. 한창 전쟁이 진행될 때, 하나님께서 다시 명령하셨습니다.

여호와께서 여호수아에게 이르시되 네 손에 잡은 단창을 들어 아이를 가
리키라 내가 이 성읍을 네 손에 넘겨 주리라_수 8:18上

여호수아가 하나님께서 말씀하신 대로 단창을 가리키자, 아이 성이 무너지기 시작했습니다. 그때 어떤 일이 일어났는지 보십시오.

아이 사람이 뒤를 돌아본즉 그 성읍에 연기가 하늘에 닿은 것이 보이니 이
길로도 저 길로도 도망할 수 없이 되었고 광야로 도망하던 이스라엘 백성
은 그 추격하던 자에게로 돌아섰더라_수 8:20

기도의 능력으로 아이 성이 무너지기 시작했습니다. 이스라엘 백성

의 기도가 회복되었기 때문입니다. 이것을 보면, 패트릭 존스톤Patrick Johnstone이 했던 유명한 말이 생각납니다.

"우리가 일하면 우리가 일하는 것이지만, 우리가 기도하면 하나님께서 일해 주신다"(When we work, we work. When we pray, God works).

기도가 회복되자 이스라엘 백성의 삶도 바뀌기 시작했습니다.

여호수아가 아침에 일찍이 일어나 백성을 점호하고_수 8:10上

아침 일찍 일어난 삼만의 군사와 함께 아이로 올라온 여호수아의 군대가 보입니까? 아침 일찍 일어나야 이깁니다. 일찍 일어나는 새가 벌레도 잡습니다. 기도로 싸우는 사람은 아침 일찍 일어납니다. 여리고 전투는 힘으로 싸우는 전투였지만, 아이 성 전투는 기도로 싸우는 전투였습니다. 성경의 모든 기적은 아침 일찍 일어났습니다. 홍해도 아침에 열렸습니다출 14:21. 여리고도 아침에 무너졌습니다수 6:15. 예수님도 아침에 부활하셨습니다막 16:9.

모든 좋은 일은 아침에 일어납니다. 얼마 전 40일 성령기도를 할 때, 한동안 뜸했던 기도 응답의 보고가 여기저기서 나왔습니다.

"그렇게 안 팔리던 집이 팔렸습니다. 그렇게 교회 안 나오던 남편이 드디어 교회에 나오기로 했습니다. 그동안 아들이 정신없이 살았는데 요즘 정신 차리고 공부 잘하고 있습니다. 시어머니가 그동안 교회 나가는 것을 반대하셨는데 요즘은 반대를 안 하십니다."

하나하나가 쉽지 않은 응답입니다. 기도가 회복되면 모든 것이 회복됩니다. 우리가 일하면 우리만 일하지만, 우리가 기도하면 하나님께서 일해 주십니다. 전도만 하려고 하면 전도가 어렵지만 기도하면 전도가 쉬워집니다. 하나님께서 그 영혼을 움직이시기 때문입니다. 새벽에 이긴 사람이 낮에도 이깁니다. 낮에 이기면 밤도 이깁니다. 그래서 새벽기도는 하루 승리의 비결이기도 합니다.

또 하나님을 소중한 분으로 여기면, 하나님께서 우리에게 지혜와 감동을 주십니다. 이스라엘 백성이 다시 시작하려고 일어났을 때, 하나님께서 새로운 작전을 지시하신 내용을 살펴보겠습니다.

그들에게 명령하여 이르되 너희는 성읍 뒤로 가서 성읍을 향하여 매복하되 그 성읍에서 너무 멀리 하지 말고 다 스스로 준비하라_수 8:4

소위 매복 작전입니다. 여리고 작전은 낮에 싸운 작전으로, 법궤를 앞세우고 모든 백성이 성을 도는 포위 작전이었습니다. 그러나 아이 성 작전은 밤에 싸우는 매복 작전입니다. 남들이 자고 있을 때 숨어서 싸우는 작전입니다. 이때 자기를 나타내면 죽기 때문에 잘 숨어야 합니다. 하지만 자신은 적을 볼 수 있어야 하기에 고도의 기술이 필요한 작전이기도 합니다.

우리가 삶에서 승리하려면 여리고 작전과 아이 성 작전, 이 2개의 작전이 필요합니다. 여리고 작전은 포위 작전으로 공개적이며 낮에 하는 작전입니다. 아이 성은 숨어서 하는 매복 작전으로 숨어서 밤에 하는 작전입니다. 포위 작전이 누구나 할 수 있는 인해전술이라면, 매복 작전은 훈련된 사람만 할 수 있습니다. 포위 작전이 눈에 띄는 작전이라면, 매복 작전은 눈에 드러나지 않는 작전입니다. 포위 작전이 낮을 정복하는 작전이라면, 매복 작전은 밤을 정복하는 작전입니다. 포위 작전이 서서 걷는 작전이라면, 매복 작전은 땅을 기는 작전입니다. 주일날 교회에 나와 모두 함께 예배드리는 것이 포위 작전이라면, 드러나지 않게 아무도 없는 곳에서 홀로 무릎 꿇고 기도하는 것이 매복 작전입니다. 이 모든 작전을 다 따랐을 때 하나님은 우리에게 약속하신 것을 주십니다.

내가 아이 왕과 그의 백성과 그의 성읍과 그의 땅을 다 네 손에 넘겨 주었으니_수 8:1下

여리고를 이스라엘 백성에게 주셨던 하나님은 아이 성도 그 백성에게 주셨습니다. 여리고든 아이 성이든, 교회든 세상이든 주인은 하나님이십니다. 하나님은 모든 것을 우리에게 주시고 승리를 약속하셨습니다. 하지만 그 약속은 우리가 하나님의 말씀에 따르지 않을 때 이루어지지 않는다는 것을 보았습니다. 오히려 큰 실패를 주신다는 것을 알았습니다. 그러므로 언제나 하나님의 말씀에 귀 기울이십시오. 만일 하나님께서 우리에게 실패를 허락하셨다면, 그것을 담대히 바라보고 그 실패를 뒤돌아보십시오. 그다음 하나님께 기도하십시오. 하나님은 실패를 통해 우리에게 승리하는 길을 보여 주실 것입니다.

> ²³여호와께서 사람의 걸음을 정하시고 그의 길을 기뻐하시나니 ²⁴그는 넘어지나 아주 엎드러지지 아니함은 여호와께서 그의 손으로 붙드심이로다_시 37:23-24

더러운 손과 부정한 입술로[22]

오 접근할 수 없는 빛이시여, 어떻게 이 더러운 손을 모아 주님께 기도할 수 있을지요!
거짓되고 비열한 말들을 뱉어냈던 그 입술로 어찌 기도드릴 수 있을지요!

복수심으로 굳어 버린 제 마음,
제어되지 못한 혀,
성마른 기질,
다른 사람의 짐을 지고 싶어 하지 않는 마음,
다른 사람에게 내 짐을 지우고 싶어 하는 마음,
고상한 직업에 종사하면서도 성취하는 것은 별로 없는 삶,
좋은 말로 치장된 비루한 생각,
친절한 표정 안에 숨겨진 차가운 마음,
수포로 만들어 버린 좋은 기회들,
개발하지 않고 방치한 많은 재능들,
무심코 지나쳐 버린 그 많은 사랑과 아름다움,
알아차리지 못하고 받은 많은 복,

오 하나님, 이 모든 허물을 고백합니다.

_존 베일리

| 존 베일리(John Baillie, 1886-1960)

스코틀랜드 출신으로 에든버러 대학교에서 신학 과정을 마친 뒤 미국 뉴욕의 오번 신학교, 캐나다 임마누엘 신학교, 뉴욕 유니온 신학교, 에든버러 대학교에서 조직신학을 가르쳤다. 스코틀랜드 교회 총회장과 세계교회협의회(WCC) 중앙위원으로도 활약했다.

"그 때에 여호수아가 이스라엘의 하나님 여호와를 위하여
에발 산에 한 제단을 쌓았으니"

여호수아 8:30

11

영적 하프타임

여호수아 8:30-35

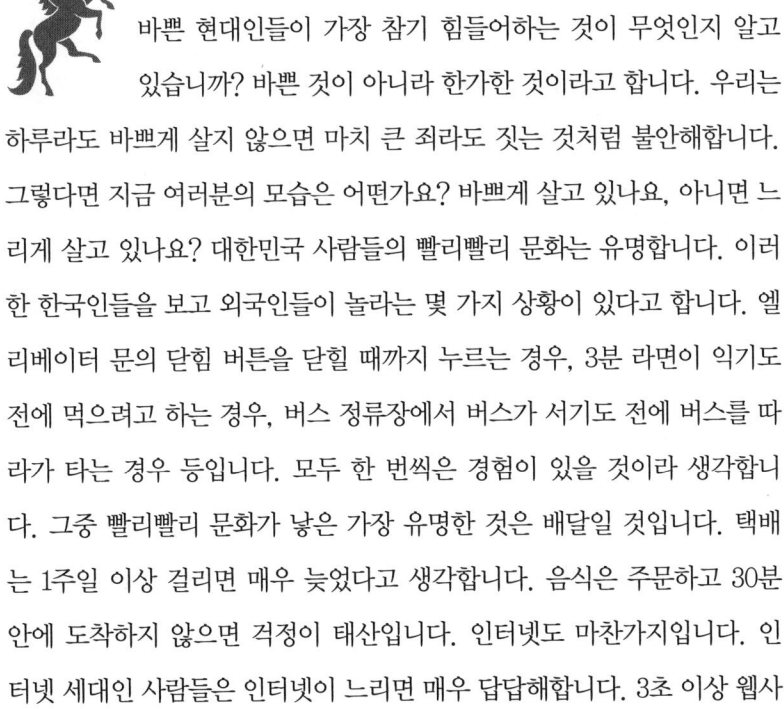
바쁜 현대인들이 가장 참기 힘들어하는 것이 무엇인지 알고 있습니까? 바쁜 것이 아니라 한가한 것이라고 합니다. 우리는 하루라도 바쁘게 살지 않으면 마치 큰 죄라도 짓는 것처럼 불안해합니다. 그렇다면 지금 여러분의 모습은 어떤가요? 바쁘게 살고 있나요, 아니면 느리게 살고 있나요? 대한민국 사람들의 빨리빨리 문화는 유명합니다. 이러한 한국인들을 보고 외국인들이 놀라는 몇 가지 상황이 있다고 합니다. 엘리베이터 문의 닫힘 버튼을 닫힐 때까지 누르는 경우, 3분 라면이 익기도 전에 먹으려고 하는 경우, 버스 정류장에서 버스가 서기도 전에 버스를 따라가 타는 경우 등입니다. 모두 한 번씩은 경험이 있을 것이라 생각합니다. 그중 빨리빨리 문화가 낳은 가장 유명한 것은 배달일 것입니다. 택배는 1주일 이상 걸리면 매우 늦었다고 생각합니다. 음식은 주문하고 30분 안에 도착하지 않으면 걱정이 태산입니다. 인터넷도 마찬가지입니다. 인터넷 세대인 사람들은 인터넷이 느리면 매우 답답해합니다. 3초 이상 웹사이트가 열리지 않으면 닫아 버리는 경우가 허다합니다. 최근에는 스마트폰 사용자가 늘면서 빨리빨리 문화가 생활 속으로 더 파고들고 있습니다.

그러다 보니 우리도 모르는 사이에 조급증이 생겨 버렸습니다. 정지 신호 앞에 서 있으면 왜 이렇게 빨간 신호가 긴지 모르겠습니다. 슈퍼마켓에서 계산하려고 줄을 서 있으면 왜 내가 서 있는 줄만 느린지 모르겠습니다. 이게 다 조급증 때문입니다. 조급하다 보니까 마음이 급해져서 사건사고가 자주 일어납니다. 원하는 대로 되지 않아 누가 조금만 건드려도 버럭 화가 나기 때문입니다. 그러나 이렇게 사는 것이 행복하지 않다는 것을 우리는 압니다. 그렇다면, 조급증은 어떻게 해결할 수 있을까요?

요단 강을 건너 여리고를 정복한 여호수아는 이스라엘 중앙에 위치한 아이 성을 점령했습니다. 그러나 아직도 정복할 땅이 많이 남아 있었습니다. 그런데 갈 길이 바쁜 여호수아가 갑자기 정복을 멈춥니다. 그리고는 산으로 들어가 버립니다. 그 산이 현재 이스라엘 중부 지역에 있는 에발 산입니다.

> 그 때에 여호수아가 이스라엘의 하나님 여호와를 위하여 에발 산에 한 제단을 쌓았으니_수 8:30

세겜은 그리심 산과 에발 산 사이에 위치한 도시입니다. 해발 855m인 그리심 산과 940m인 에발 산은 서로 마주 보고 있는 형태로 놓여 있습니다. 서쪽을 향해 서서 보면, 왼쪽에 그리심 산이 있고 오른쪽에 에발 산이 있습니다. 특징을 비교하자면, 그리심 산에는 나무가 많고 에발 산에는 나무가 없습니다. 그래서 성경은 그리심 산을 '축복의 산', 에발 산을 '저주의 산'이라고 부릅니다.

질문은 이것입니다. 한창 전쟁 중일 때, 여호수아는 왜 전쟁을 그치고 산으로 갔을까요? 이제 겨우 여리고와 아이 성을 정복했을 뿐입니다. 앞으로 정복해야 할 곳이 아주 많았습니다. 그 바쁜 일정 속에서 여호수아는 왜 뜻밖의 행동을 했을까요? 그것은 '하프타임'이었기 때문입니다.

하프타임이 필요하다

'하프타임'half time은 경기 중간에 쉬는 시간을 말합니다. 축구를 예로 들면, 축구에서 하프타임은 전반전과 후반전 사이에 쉬는 15분을 말합니다. 이 시간에는 지친 몸을 쉬게 한다는 의미도 있지만, 전반전 45분 동안의 경기 내용을 돌아보고 후반전을 준비한다는 중요한 의미가 담겨 있습니다. '전반전에 열심히 뛰었지만 이기지 못하고 있다면, 무엇이 문제였는가? 생각대로 경기가 잘 풀리지 않았다면, 왜 그런가?' 등 전반전의 문제를 철저히 점검하고 쉬면서 후반전을 준비하는 것입니다.

2002년 월드컵 때 있었던 한국과 미국전을 기억하고 있습니까? 전반전에 우리나라는 미국에 1:0으로 지고 있었습니다. 그나마 페널티 킥을 찰 기회가 있었지만, 그것마저 들어가지 않았습니다. 상승세를 타던 한국 축구가 미국에 의해 무너질 위기를 맞이했습니다. 전반전이 끝나고 하프타임이 되었습니다. 히딩크Hiddink 감독은 전반전을 분석했습니다. 그리고 선수들을 쉬게 한 다음, 후반전에 무조건 이길 수 있다는 믿음을 심어 주었습니다. 다시 후반전이 시작되었습니다. 선수들은 전반전보다 더 힘내서 열심히 뛰었습니다. 그리고 후반 33분, 이을용 선수가 센터링한 것을 안정환 선수가 멋지게 헤딩을 했습니다. 골이었습니다. 1:1로 만든 귀한 동점 골이었습니다. 그 장면은 지금 보아도 신납니다. 동점 골을 넣은 안정환 선수와 같이 뛴 선수들이 달려와 그 유명한 오노 세리머니를 했던 것도 눈에 선합니다. 후반전이 얼마 남지 않은 상황에서 이기고 있던 미국 관중석은 찬물을 끼얹은 듯 조용했고, 패색이 짙던 한국은 붉은 악마들과 함께 목이 터져라 대한민국을 외쳤습니다. 결국 1:1, 한국과 미국전은 그렇게 동점으로 마무리가 되었습니다. 그리고 한국은 이것을 발판으로 8강, 4강을 차지하는 기회를 얻게 되었습니다. 만일 그날 동점을 만들지 못했다면, 만일 그날 하프타임이 없었다면 우리는 어떻게 되었을까요? 아마 미국에 져서 4강까지 갈 기회도 없었을 것입니다. 그날의 하프타임은 한국에 자신감을 심어 주었고, 기쁨을 가져다주었습니다.

이렇게 중요한 시간인 '하프타임'이라는 단어가 유명해진 것은 미국의 밥 버포드Bob Buford가 쓴 『하프타임』(서울: 국제제자훈련원, 2009) 때문입니다. 이 사람은 어머니로부터 물려받은 TV 방송을 발전시켜 사업으로 크게 성공한 사람이었습니다. 그는 나이가 60세가 되었지만 대단한 추진력과 열정으로 사업을 발전시켜 나갔습니다. 그러던 어느 날, 그에게 예상치 못한 사고가 일어났습니다. 그에게는 아주 똑똑하고 장래가 촉망받는 로스Ross라는 아들이 있었습니다. 그런데 그가 텍사스와 멕시코의 경계에 있는 리

오그란데 강에서 수영하다 그만 익사하고 말았던 것입니다. 밥은 아들의 시신이라도 찾으려고 강으로 갔지만 찾기가 쉽지 않았습니다.

미친 듯 강가를 헤매던 그에게 어느 날 '하프타임'이라는 단어가 생각났습니다. 정말 눈코 뜰 새 없이 살아온 인생이었습니다. 사업하느라 아들과 제대로 대화도 못 하고, 성공에만 정신을 쏟느라 신앙생활은 생각도 하지 못했으며, 심지어 자신도 돌보지 않고 앞만 보고 달려왔습니다. 그런데 갑자기 아들이 죽은 것입니다. 그 순간 그의 인생도 멈추었습니다. 거기서 돌아보니 인생이 너무 허무했습니다. 바쁘게만 살았지 아무것도 한 것이 없었습니다. 그제야 그는 자신을 돌아보기 시작했습니다. 축구로 말하면, 인생의 전반전이 끝난 것입니다. 이제 후반전이 시작되었습니다. 그러면 이제 어떻게 살아야 할까요? 후반전은 전반전처럼 살면 안 되었습니다. 그래서 그는 인생의 큰 그림을 아래와 같이 그렸습니다.

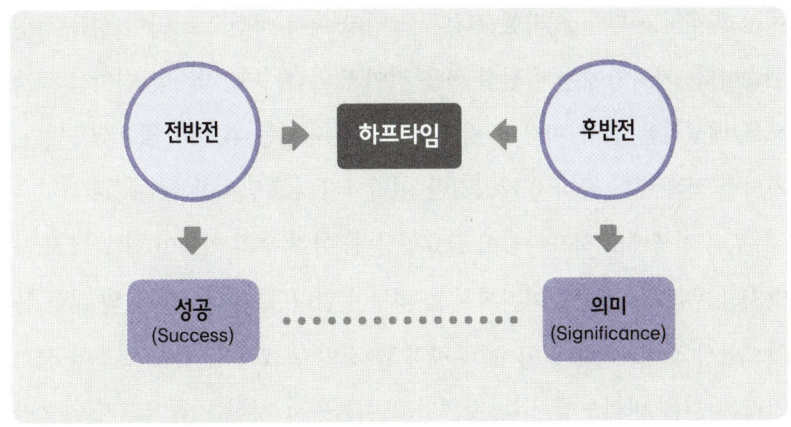

| 하프타임 |

그의 인생을 크게 전반전과 후반전으로 나누면, 전반전의 목표는 '성공'이었습니다. 물불을 가리지 않고 성공하는 것이었습니다. 그러나 후반전은 다르게 살아야 했습니다. 그는 고심 끝에 후반전의 목표를 '의미'에 두기로 했습니다. 그는 이제 '성공'Success 중심의 인생에서 '의미'Significance 중심의 인생으로 바꾸어 살게 된 것입니다. 그리고 그 사이에 '하프타임'을 만들어 두었습니다. 후반전을 준비하기 위함이었습니다. 그에게는 아들이 죽은 지금이 인생의 하프타임이었습니다. 그는 이것을 전환기로 삼아 의미가 중심인 삶으로 목표를 바꾸었습니다. 이후 그의 삶은 돈 버는 데에만 집중했던 생활에서, 섬기고 베풀며 가족과 함께 하나님을 더 잘 섬기는 생활로 바뀌었습니다. 이것이 밥 버포드의 하프타임 이야기입니다.

여호수아 이야기도 이러한 관점에서 볼 수 있지 않을까요? 여호수아 6장에서 여호수아는 여리고 전쟁에서 승리하여, 난공불락難攻不落이었던 여리고 성을 점령했습니다. 7장에서 아간의 범죄가 드러나 힘들었지만, 8장에서 회개하고 다시 시작했습니다. 그리고 매복 작전으로 아이 성을 점령했습니다. 가나안에는 여전히 싸울 적이 많았습니다. 하지만 연이은 전쟁으로 백성들은 몸과 마음이 지쳐갔습니다. 이제는 휴식이 필요했습니다. 가나안 정복이 다 끝나지 않았지만 '여기까지'라고 말해야 했습니다.

우리 인생에도 하프타임이 필요합니다. 아직 우리 인생이 다 끝나지 않았지만 우리는 수시로 '여기까지'를 외쳐야 합니다. 지금 여러분의 삶을 돌아보십시오. 해야 할 일이 많고 가야 할 길이 멀겠지만, 잠시 멈추어 서서 지나온 길을 바라보십시오. 바쁘다고 서둘면서 자신을 돌아보지 않으면 전쟁에서, 그리고 여러분의 삶에서 이길 수 없습니다.

그래서 여호수아는 백성들을 이끌고 에발 산으로 들어갔습니다. 그곳에서 백성들과 함께 쉬며 영적 하프타임을 가졌습니다. 그리고 하프타임이 끝난 후 다시 나와 최후에 승리를 이루어 냈습니다.

어떻습니까? 여러분에게도 하프타임이 필요하지 않습니까? 여러분의 인생이 레이스라면, 지금 끝까지 다 달렸기 때문에 하프타임이 필요한 것이 아닙니다. 아직도 해야 할 일이 많고, 아직도 가야 할 길이 남았기 때문에 하프타임이 필요한 것입니다. 어떻습니까? 여러분에게도 하프타임이 필요하다는 사실을 인정합니까?

인생에도 하프타임이 필요하다

여호수아가 백성과 함께 에발 산으로 들어간 것은 가나안 정복의 전반전과 후반전을 가르는 전환점이었습니다. 우리에게도 여러 종류의 하프타임이 필요합니다. 가장 대표적인 하프타임은 '은퇴'입니다. 은퇴는 인생의 전반전과 후반전을 가르는 중요한 전환점입니다. 혹시 정년이 되어 직장에서 은퇴한 분이 있습니까? 그렇다면 정말 중요한 전환점을 맞이한 것입니다. 은퇴한 사람들 대부분은 바쁘게 살다가 갑자기 시간이 많이 생기면서 어찌할 바를 모르게 됩니다. 소속감도 사라져 우울감과 허탈감, 무기력증 등이 나타나게 됩니다. 이 때문에 은퇴 전에는 건강했다가도 은퇴한 후에 아프기 시작하는 사람들이 많습니다. 사람들이 은퇴를 왜 이리도 힘들어하는 걸까요? 은퇴를 인생의 과정이 아닌 종착점으로 생각하기 때문입니다. 이제 100세 시대입니다. 60대에 은퇴했어도 30년은 더 살아야 합니다. 은퇴하면 경기가 끝난 것이 아닙니다. 전반전이 끝난 것이지 후반전은 시작도 안 했습니다. 말하자면, 은퇴는 인생의 하프타임인 것입니다. 은퇴를 생의 전환점으로 삼는다면, 은퇴에 대한 생각은 완전히 달라질 것입니다.

'켄터키 프라이드 치킨'이라는 가게를 알고 있습니까? 그곳에 가면 항상 하얀 정장과 검은색 나비넥타이 그리고 지팡이를 짚고 있는 인자한 모습의 할아버지를 만납니다. 미국, 한국 등 어느 거리에서나 볼 수 있는 할아버지입니다. 이 할아버지가 켄터키 프라이드 치킨 창업자 커넬 할랜드 샌더스Colonel Harland Sanders입니다. 이 가게는 오늘날 세계 최대 체인점으로 남녀노소 누구나 좋아합니다. 그렇다면, 이 가게의 창업자는 굉장히 젊은 나이에 이 사업을 시작했을까요? 아닙니다. 그의 나이 65세 때 시작했습니다. 그 전까지 그는 누구보다도 많은 실패와 좌절을 겪었습니다. 그러나 이 절망 속에서 그는 포기하지 않고 마침내 65세에 이 치킨 가게를 창업하여 큰 성공을 거두었습니다. 인생의 전반전에서 실패한 것처럼 보였지만 결국 후반전에서 성공한 것입니다.

우리 인생의 전반전이 어떻든 우리에게 인생의 후반전이 있다는 것을 알아야 합니다. 밥 버포드는 은퇴 이후 인생의 후반전을 준비하는 사람들에게 10가지 삶의 자세를 말했습니다.[23]

첫째, 일을 줄이고 권한을 위임하라.
둘째, 당신이 가장 잘할 수 있는 일만 하라.

셋째, '아니요'라는 말을 자주 하라.

넷째, 자신의 한계를 분명히 하라.

다섯째, 의미 있는 시간을 달력에 표시하고 그 시간을 꼭 지키라.

여섯째, 무슨 일을 하든 당신이 좋아하는 사람과 함께 일을 하라.

일곱째, 자신만의 시간표를 만들라.

여덟째, 생활 규모를 줄이고 작은 일에 만족하라.

아홉째, 꼭 일해야 하거든 쉬면서 하라.

열째, 전화 수화기를 내려놓으라.

이것이 인생 후반전으로 가는 준비입니다. 그러나 하프타임이 꼭 은퇴한 사람들만을 위한 것은 아닙니다. 인생의 굽이굽이마다 하프타임이 있습니다. 다음은 인생의 주요 질문과 사건을 정리한 것입니다.

세대	주요 질문	주요 사건
10-20대	나는 누구인가?	사춘기, 진학, 연애, 군대
30대	내 삶의 우선순위는 무엇인가?	결혼, 취업, 육아
40대	나는 지금 어떻게 살고 있는가?	직장, 양육, 성공
50대	나는 무엇을 위해 열심히 사는가?	직장, 성공, 물질
60대	나는 누구와 함께 살 것인가?	은퇴, 건강
70대	나의 미래는 어떻게 될 것인가?	노약, 죽음

| 인생의 주요 질문과 사건 |

앞의 표를 보면, 은퇴 전의 어느 순간도 위기가 없는 순간이 없습니다. 10대 사춘기부터 인생의 위기는 시작됩니다. 중·고등학교, 대학을 졸업하고 결혼하면 위기는 가족 단위로 찾아옵니다. 사회 초년생으로 30대를 시작하여, 40-50대에 이르면 인생은 눈코 뜰 새 없이 바쁩니다. 가족이 있기 때문에 물불을 가리지 않고 살기 때문입니다. 그런데 이렇게 매 시기마다 정신없이 살다 보니 미래가 없습니다. 그때마다 우리에게는 하프타임이 필요합니다. 누가 하프타임을 주는 것이 아닙니다. 자기 스스로 가져야 합니다. 바쁜 일상에서 물러나 자신을 돌아보아야 합니다. 유엔 사무총장이었던 다그 함마르셸드Dag Hammarskjold의 말입니다.

"내면의 소리에 귀를 기울일수록 외부의 소리를 더 잘 듣게 된다."

하프타임은 앞만 보며 걸어가던 걸음을 멈추고 내면의 소리를 듣는 것입니다. 그 내면의 소리가 곧 하나님의 소리입니다. 제가 정말 좋아하는 말이 있습니다. 미국의 앤디 스탠리Andy Stanley의 말입니다.

"지금 넘어진 자리가 인생의 전환점이다."

그렇습니다. 위기가 올 때마다 그 위기를 하프타임으로 삼으십시오. 인생은 아직 끝나지 않았습니다. 하프타임을 가지고 후반전으로 들어가십시오. 그리고 하프타임이 올 때마다 다음 3가지 질문을 하며 준비하기를 바랍니다.

첫째, 나는 이 위기를 어떻게 인생의 전환점으로 삼을 수 있을까?

둘째, 나는 어떻게 나만 위해 살지 않고 남을 위해 살 수 있을까?

셋째, 나는 이 위기에서 어떻게 하나님의 뜻을 깨닫고 그 뜻을 실천하며 살 수 있을까?

이 하프타임을 우리의 일상으로 끌어오면, 행복과 승리의 놀라운 비결을 깨닫게 됩니다. 먼저, 일주일 단위로 봅시다. 엿새 동안 열심히 일했습니다. 그다음 주일은 거룩한 하프타임인 안식일입니다. 하프타임이 없다면, 우리의 삶은 영적으로 침체되어 하나님 중심의 신앙생활을 영위하기가 어려워집니다. 또한 몸과 마음이 모두 지쳐 삶의 질이 많이 떨어지게 되고, 경제적으로도 영향을 끼치게 됩니다. 실제로 대부분의 나라에서 주일에 쉬고 있으며, 이로 인해 노동생산성이 올라간 것은 자명한 일입니다.

'안식일'은 히브리어로 '샤밧'Shabbat이며, '일을 멈춘다'라는 뜻을 가지고 있습니다. 구약 성경에는 안식일에 하지 말아야 할 4가지가 나오는데, 노동과 여행과 오락과 상행위입니다사 58:13. 유대인들은 지금까지도 '안식일에 일하지 말라'는 하나님의 말씀에 순종하며 이것들을 지키고 있습니다. 때문에 생긴 일화들 몇 가지가 있습니다. 우선 제가 예루살렘에 살 때 있었던 일입니다. 앞집에 사는 유대인 친구가 도움을 요청해서 나가 보니, 현관 등에 스위치를 올려 달라는 것이었습니다. 안식일에는 노동할 수 없다는 것이 이유였습니다. 뿐만 아니라 안식일 때문에 유대인들이 목숨까지 아끼지 않았던 큰 사건도 있었습니다. 1967년 6월 6일, 이스라엘은 아랍연맹과 전쟁 중이었습니다. 하지만 그날이 안식일이었기 때문에 이스라엘은 아랍연맹의 공격에도 일절 대응하지 않았습니다. 그러다가 6일 만에 아랍연맹을 이겼던 적이 있습니다. 안식일을 지키고자 하는 그들의 신념과 의지를 엿보게 됩니다.

다시 우리의 일상으로 돌아와 하루 단위로 가 봅시다. 하루의 하프타임은 언제입니까? 새벽입니다. 새벽은 어젯밤과 오늘을 잇는 시간입니다. 이 시간에 하나님께 나와 기도한다면 그날의 후반전은 승리할 수밖에 없습니다. 아침에 출근했습니다. 오전에 일하고 점심시간이 되었습니다. 식사하고 잠시 옥상을 거닐거나 휴게소에서 차 한잔한다면 좋은 하프타임을 보내는 것입니다. 박성수 장로님이 회장으로 있는 이랜드에 가 보면 회사 곳곳마다 쉬는 장소와 기도실이 있습니다. 하프타임의 중요성을 알기 때문입니다. 시간이 흘러 일주일이 끝나고 토요일이 되었습니다. 어떻습니까? 저녁에 가족들이 조금 일찍 들어와 함께 식탁에 앉아 도란도란 이야기한다면 얼마나 멋진 하프타임입니까? 거기에다 간단한 가정예배까지 드릴 수 있다면, 아름다운 한 주간의 하프타임이 되는 것입니다.

영적 하프타임을 가져야 한다

하프타임을 가지며 하루하루를 살려면, 조금 느리게 사는 법을 배워야 합니다. 느리게 살겠다는 것은 게으르게 살겠다는 것이 아니라, 시간에 쫓겨 허둥대며 살지 않겠다는 것입니다. 느리게 살겠다는 것은 세상을 따라 사는 것이 아니라, 세상을 이끌고 가겠다는 것입니다. 시인 고은의 「그 꽃」 이라는 시를 보겠습니다.[24]

> 내려갈 때 보았네
>
> 올라갈 때 보지 못한
>
> 그 꽃

산에 올라갈 때는 목표가 있고 바쁘니까 꽃을 못 봅니다. 그러나 내려올 때는 여유가 있으니까 봅니다. 꽃의 문제가 아니라 마음의 문제입니다. 하프타임은 이러한 마음의 여유를 가지게 도와줍니다. 그렇다면, 하프타임을 가지기 위해 에발 산에 들어간 여호수아는 무슨 일을 했을까요?

> 그 때에 여호수아가 이스라엘의 하나님 여호와를 위하여 에발 산에 한 제단을 쌓았으니_수 8:30

여호수아는 가장 먼저 단을 쌓았습니다. 단을 쌓았다는 말은 하나님께 예배했다는 것입니다. 당시 예배는 양이나 소를 잡아 하는 것이었습니다. 그러기 위해서는 단을 쌓아야 했습니다. 그래서 요즘도 교회를 '제단'이라고 부르고, 예배 드리는 것을 '단을 쌓는다'라고 말합니다. 여기에 여호수아가 보여 준 하프타임의 본질이 나타납니다. 하프타임은 그저 쉬는 시간이 아닙니다. 하나님 앞에 우리 자신을 내려놓고 예배하는 것입니다. 그렇다면, 여호수아가 쌓았다는 '단'은 무엇입니까?

> 이는 여호와의 종 모세가 이스라엘 자손에게 명령한 것과 모세의 율법책에 기록된 대로 쇠 연장으로 다듬지 아니한 새 돌로 만든 제단이라 무리가 여호와께 번제물과 화목제물을 그 위에 드렸으며_수 8:31

여호수아가 하나님께 단을 쌓았는데 다듬지 않은 자연 그대로의 돌로 쌓았다고 말합니다. 신명기에서도 하나님은 이스라엘 백성이 가나안에 들어가면 반드시 하나님을 예배할 때 쇠로 다듬지 않은 자연석으로 예배하라고 말씀하십니다.

> 또 거기서 네 하나님 여호와를 위하여 제단 곧 돌단을 쌓되 그것에 쇠 연장을 대지 말지니라_신 27:5

하나님은 왜 쇠를 대지 않은 돌로 단을 쌓으라고 하셨을까요? 쇠를 대지 않은 돌이란 자연 그대로의 돌을 말합니다. 쇠로 잘 다듬어 반듯한 돌을 놓고 그 위에 하나님께 단을 쌓으면 얼마나 정갈하겠습니까? 그런데 쇠를 대지 않았으니 단은 투박해 보였을 것입니다. 하지만 하나님은 쇠를 대서 아름답게 보이는 것이 아닌, 자연 그대로의 모습을 원하셨습니다.

우리는 우리 자신을 잘 보이기 위해 칼을 대고 싶을 때가 많습니다. 외면뿐만 아니라 우리의 내면도 칼을 대서 아름답게 꾸미고 싶을 때가 있습니다. 그러나 그것은 하나님께서 원하시는 모습이 아닙니다. 내 모습 그대로 하나님 앞에 서야 합니다. 내 모습 그대로 드리는 예배만이 우리 자신을 드리는 예배입니다.

그러므로 형제들아 내가 하나님의 모든 자비하심으로 너희를 권하노니 너
희 몸을 하나님이 기뻐하시는 거룩한 산 제물로 드리라 이는 너희가 드릴
영적 예배니라_롬 12:1

단을 쌓은 여호수아는 에발 산에서 예배만 드리는 것이 아니라 말씀도 들었습니다. 다음 말씀을 살펴보고 여호수아가 무엇을 했는지 보겠습니다.

여호수아가 거기서 모세가 기록한 율법을 이스라엘 자손의 목전에서 그
돌에 기록하매_수 8:32

여호수아가 에발 산에서 한 것은 하나님의 말씀을 돌에 기록하는 것이었습니다. 그다음 여호수아가 무엇을 했는지 살펴보겠습니다.

그 후에 여호수아가 율법책에 기록된 모든 것 대로 축복과 저주하는 율법
의 모든 말씀을 낭독하였으니_수 8:34

여호수아가 백성들 앞에서 읽었던 말씀은 하나님의 '모든 말씀'이었습니다. '축복과 저주하는 율법의 모든 말씀'이었습니다. 이것이 우리가 하나님의 말씀을 읽을 때 중요하게 생각해야 할 부분입니다. 사람의 특성상 좋아하는 것만 듣기를 원합니다. 그래서 하나님의 말씀을 들을 때도 우리는 좋아하는 것만 골라 듣습니다. 하지만 성경은 축복과 저주하는 모든 말씀을 들어야 한다고 되어 있습니다. 내가 듣고 싶은 말씀만 듣는 것은 말

듣는 자세가 아닙니다. 나를 찌르는 말씀이 있을 때 감사하고 아멘 하는 것이 말씀 듣는 바른 자세입니다.

하나님의 말씀을 낭독하고, 하나님의 말씀을 듣고, 하나님의 말씀을 돌에 기록한 이스라엘 백성들은 이제 그 말씀에 따라 살기로 다짐합니다. 예배가 이들에게 하프타임의 본질이었다면, 말씀은 하프타임의 능력입니다. 칼을 대지 않은 순수한 돌에 제단을 쌓고 자신을 드리는 예배가 본질이라면, 온 마음을 다하여 순종할 영혼의 규례와 말씀은 그 능력입니다. 그리고 이것을 통해 얻는 것은 하나님과 함께 거하는 삶입니다. 즉, '예배'는 자신을 드리는 것이고, 하나님 앞에서 자기를 비우는 것입니다. '말씀'은 하나님의 은혜가 임하는 것이고, 성령의 능력으로 자기를 채우는 것입니다. 이 2가지가 모두 충족된다면, 우리가 얻는 것은 하나님과 동행하는 것입니다. 이것이 여호수아가 에발 산에서 가졌던 하프타임입니다.

하프타임이 필요합니다. 인생의 길에서 하나님과 만나는 시간을 늘려 가십시오. 바쁠 때 에발 산으로 들어가십시오. 하나님은 우리에게 영적 하프타임을 통해 다시 힘을 주실 것입니다.

당신은 모든 휴식의 근원[25]

주 예수 그리스도시여,
당신은 가장 어두운 밤을 지키시는
온유한 달이요 기쁨으로 반짝이는 별들입니다.
당신은 온 우주를 아버지 하나님과 화해시키시는
평화의 근원이십니다.
괴로워하는 가슴을 가라앉히고
고단한 몸에 잠을 주시는,
당신은 모든 휴식의 근원이십니다.
당신은 고요한 기쁨으로
우리 마음을 채우는 달콤함이요,
끔찍한 악몽을
하늘나라의 꿈으로 바꿀 수 있으십니다.
주님, 간구하오니,
제가 당신 품에 안겨 당신의 달콤함을 꿈꾸게 하시고,
당신의 아버지와 하나 되게 하시며,
언제나 당신이 저를 지켜보신다는 걸
깨달아 위로받게 하소서.

_데시데리위스 에라스뮈스

| 데시데리위스 에라스뮈스(Desiderius Erasmus, 1466?–1536)
네덜란드의 인문학자이며, 수도사로서 서원했다. 그는 교회의 타락을 매섭게 비판하며 성서의 복음 정신으로의 복귀를 역설했다. 따라서 그의 제자들 가운데 많은 종교개혁자가 나왔다. 하지만 그는 마틴 루터의 지나치게 정열적인 반역에는 동의하지 않았다.

"무리가 그들의 양식을 취하고는 어떻게 할지를 여호와께 묻지 아니하고
여호수아가 곧 그들과 화친하여 그들을 살리리라는 조약을 맺고
회중 족장들이 그들에게 맹세하였더라"

여호수아 9:14-15

12

영적 분별력을 주소서

여호수아 9:1-27

내향적인 한 남자가 자기 성격과는 다른 외향적인 일을 선택해 사업을 크게 열었습니다. 자기가 잘할 수 있는 분야가 아니었는데 왜 그걸 선택했을까요? 판단력이 없었기 때문입니다. 그나마 그 사업을 계속 이어갔다면 좋았을 텐데 얼마 가지 않아 그만두었습니다. 인내력이 없었기 때문입니다. 그리고 얼마 후, 실패한 일을 또다시 시작했습니다. 기억력이 없어서 그랬습니다.

우리가 어떤 일을 선택할 때 필요한 것은 '판단력, 인내력, 기억력'입니다. 한 가지를 더 추가한다면 '분별력'을 넣을 수 있습니다. 여성들은 다른 여성들의 핸드백이 명품인지 짝퉁인지 바로 알 수 있다고 합니다. 우선은 애인이 사다 준 것이면 명품 중의 명품이고, 남편이 사다 준 것이면 틀림없이 짝퉁이라고 합니다. 둘째는 노처녀나 젊은 부인이 들고 다니면 명품일 가능성이 높지만, 아이를 둔 중년 부인이 들고 다니면 짝퉁이 의심된다고 합니다. 셋째는 비가 올 때 핸드백을 가슴에 안았다면 틀림없이 명품이고, 머리 위에 올려 비를 피한다면 100% 짝퉁이라고 합니다. 넷째는 커피숍에 앉아 있을 때 무릎 위에 다소곳이 올려놓으면 명품이지만, 바닥에 내팽개쳐 놓았다면 짝퉁일 가능성이 높다고 합니다. 여기서 다섯 번째가 중요합니다. 주일 낮 예배 때 들고 나오면 거의 명품이지만, 새벽기도 때 들고 나오면 짝퉁이라고 합니다. 이 이야기는 하나의 유머지만, 분별력이란 무엇인지 알게 해 줍니다.

11장에서 우리는 '하프타임' 동안 쉬면서 많은 은혜를 받는 것을 보았습니다. 그렇다면, 하프타임 후에는 모든 일이 잘되어야 하지 않겠습니까? 그런데 여호수아 9장을 보면 그렇지가 않습니다.

> ¹이 일 후에 요단 서쪽 산지와 평지와 레바논 앞 대해 연안에 있는 헷 사람과 아모리 사람과 가나안 사람과 브리스 사람과 히위 사람과 여부스 사람의 모든 왕들이 이 일을 듣고 ²모여서 일심으로 여호수아와 이스라엘에 맞서서 싸우려 하더라_수 9:1-2

에발 산에서 그렇게 영적인 충전을 하고 내려왔으면 전쟁도 그치고 적들도 항복해야 할 텐데, 이상하게도 여호수아에게 더 험난한 일이 생겼습니다. 적들이 떼로 몰려온 것입니다. 한 족속과 싸우기도 힘든데 여러 족속이 연합전선을 펴니 이스라엘은 당황할 수밖에 없었습니다. 하나님의 뜻대로 살겠다고 기도하며 다짐했는데 하나님은 왜 도와주시지 않는 것일까요? 우리가 예배하고 기도해도 별 소용이 없는 것일까요? 그때 이러한

질문들이 떠오릅니다. '하나님은 정말 살아 계시는가? 하나님은 정말 나를 사랑하시는가?'

기도해도 시련은 찾아온다

언제나 시련은 일이 잘될 때 오는 경향이 있습니다. '이만하면 됐다'라고 생각할 때 시련이 찾아옵니다. 『A Burden Shared』(DiscoveryHouse Publishers, 2001)라는 책을 쓴 데이빗 로퍼David Roper는 인간에게 시련이 오는 때를 다음처럼 분류했습니다. 첫째, 시련은 '시련이 없었으면' 할 때 온다. 둘째, 시련은 시련받을 만한 일이 없을 때 온다. 셋째, 시련은 대개 시련을 줄 자격이 없는 사람에게서 온다.

엘리야가 이세벨의 추격을 받을 때를 생각해 보십시오. 그게 언제였습니까? 간절하게 기도하던 갈멜 산 위가 아닌, 갈멜 산 밑에서 승리의 단잠에 취해 있을 때였습니다. 다윗이 시험 들었던 때는 언제였습니까? 사울에게 쫓겼을 때가 아니었습니다. 나라가 태평성대太平聖代하여 왕궁에서 늦게 일어나 한가롭게 옥상을 거닐 때 일어났습니다. 그래서 우리는 늘 긴장해야 합니다. 갈멜 산 위보다 갈멜 산 아래 있을 때 더 긴장해야 합니다. 쫓겨 다닐 때보다 왕궁에 있을 때 더 조심해야 합니다. 그래서 바울이 이렇게 말했습니다.

그런즉 선 줄로 생각하는 자는 넘어질까 조심하라_고전 10:12

또한 창세기에서 늘 묵상해야 할 말씀이 있습니다. 노아 홍수 후에 하나님께서 하신 말씀입니다.

땅이 있을 동안에는 심음과 거둠과 추위와 더위와 여름과 겨울과 낮과 밤이 쉬지 아니하리라_창 8:22

홍수 후에 아무런 고난이 없기를 바라는 노아에게 너희가 땅에 사는 한 심음과 거둠과 추위와 더위와 여름과 겨울과 낮과 밤이 쉴 새 없이 반복될 것이라는 하나님의 말씀입니다. 그렇습니다. 우리가 가나안에 사는 한 싸움은 피할 수 없습니다.

기브온이 거짓으로 항복하다

그러한 상황에서 여호수아에게 뜻밖에 좋은 일이 일어났습니다. 기브온 족속이 갑자기 항복해 온 것이었습니다.

기브온은 오늘날의 예루살렘 북쪽에 위치한 곳으로, 당시 남부 지역의 가나안 족속이 살았던 곳입니다. 지금 이스라엘을 향해 적들이 생사를 걸고 도전해 오는 마당에, 그중 한 족속이 손들고 항복해 왔으니 얼마나 다

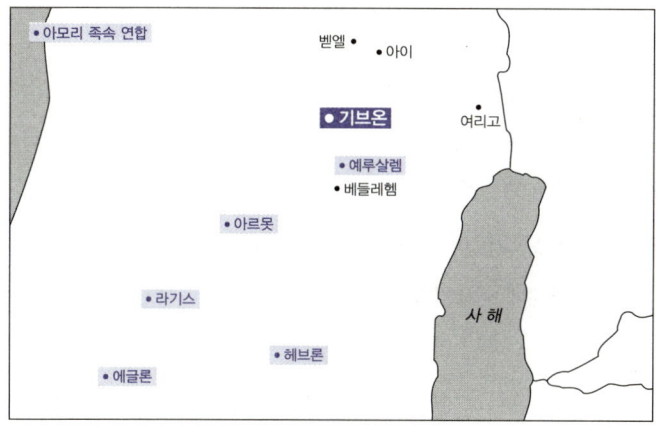

|기브온|

행입니까? 먼저 여호수아가 물었습니다.

"너희는 누구냐?"

이에 그들은 자신들을 이렇게 소개합니다.

"우리는 이곳에 오래 살아온 가나안 원주민들로 당신들의 소식을 들었습니다. 당신들이 어떻게 애굽에서 나왔으며, 어떻게 광야에서 40년 동안 살았으며, 전쟁에서 어떻게 승리했는지 모두 알고 있습니다. 그래서 우리는 당신들에게 항복하기로 하고 이렇게 멀리서 왔습니다. 보시지요. 멀리서 오는 바람에 우리 떡이 곰팡이가 났고, 의복이 낡아져 버렸습니다."

이 말을 들은 여호수아와 백성들의 반응은 어떠했습니까? 하나님께 묻지 않고 그들과 조약을 맺었습니다.

14무리가 그들의 양식을 취하고는 어떻게 할지를 여호와께 묻지 아니하고 **15**여호수아가 곧 그들과 화친하여 그들을 살리리라는 조약을 맺고 회중 족장들이 그들에게 맹세하였더라_수 9:14-15

이스라엘의 분별력이 문제가 된 시점이었습니다. 기브온 족속은 여호수아의 칼날을 피하려고 거짓으로 자작극을 꾸민 자들이었습니다. 하지만 여호수아와 백성들은 항복해 온 기브온 족속의 이야기만 듣고 깊이 생각하거나 기도하지 않고 그들을 바로 받아들였습니다. 물론 이렇게 속은 데는 이유가 있었습니다.

첫째, 그들의 행색이 초라하여 멀리서 온 것처럼 보였기 때문입니다.

4꾀를 내어 사신의 모양을 꾸미되 해어진 전대와 해어지고 찢어져서 기운 가죽 포도주 부대를 나귀에 싣고 **5**그 발에는 낡아서 기운 신을 신고 낡은 옷을 입고 다 마르고 곰팡이가 난 떡을 준비하고_수 9:4-5

둘째, 그들의 말이 매우 신앙적이었기 때문입니다.

그들이 여호수아에게 대답하되 종들은 당신의 하나님 여호와의 이름으로 말미암아 심히 먼 나라에서 왔사오니 이는 우리가 그의 소문과 그가 애굽

에서 행하신 모든 일을 들으며_수 9:9

'하나님 여호와'라는 말만 안 했어도 믿지 않을 뻔했습니다. 그러나 그들이 하나님께서 행하신 일까지 말하자 안 믿을 수가 없었습니다. 여러분도 누군가 하나님에 대한 말을 많이 한다고 믿음 있는 사람이라 생각하지 마십시오. 이단도 하나님에 대해 말을 많이 합니다.
마지막으로 그들이 양식을 선물로 가져왔기 때문입니다.

무리가 그들의 양식을 취하고는_수 9:14上

지금 여호수아는 전쟁 중입니다. 먹을 양식이 필요한 것은 당연했습니다. 그래서 기브온 족속이 가져온 양식을 하나님의 뜻이라 생각하고 덥석 받았습니다. 그래서 어떻게 되었습니까? 결국 이 사건은 여호수아 군대에 두고두고 화근이 되었습니다. 적을 안방에 끌어들인 꼴이 되었기 때문입니다. 그렇다면, 왜 이러한 일이 생겼을까요?

어떻게 할지를 여호와께 묻지 아니하고_수 9:14下

하나님께 묻지 않았기 때문입니다. 즉, 기도하지 않았기 때문입니다. 하나님께 기도했다면 그들은 분별력이 생겨 어떻게 해야 할지 알았을 것입니다. 하지만 그러지 않았기에, 적과 동침하는 비참한 결과를 가져왔습니다.

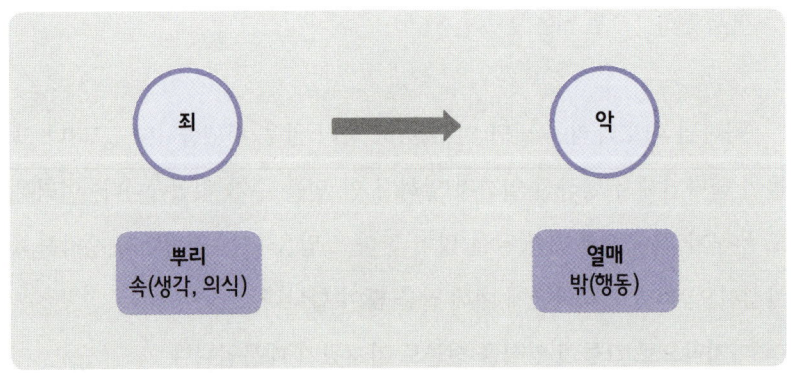

| 죄와 악의 관계 |

왜 사람들은 남을 속이고 거짓말을 하는 것일까요? 그럴 때 우리는 어떻게 대처해야 할까요? 이 문제를 살펴보기에 앞서 죄와 악의 관계를 생각해 보아야 합니다. '죄'의 사전적 정의는 '양심이나 도리에 벗어난 행위'입니다. '악'은 '인간의 도덕적 기준에 어긋나 나쁨, 또는 그런 것'입니다. 이 둘을 합쳐 '죄악'이라고도 부릅니다. 그러나 신학적으로 죄와 악은 다릅니다. '죄'는 '악의 뿌리'이고, '악'은 '죄의 결과'입니다. 죄가 속에 있다면, 악은 밖에 있습니다. 죄가 우리 의식과 생각 속에 깊이 숨어 있다면, 악은 우리 행동으로 나타납니다.

죄란 본질적으로 '교만'입니다. 교만은 삶의 중심에 '내'가 있는 상태입니다. 하나님께서 계셔야 할 자리에 '내'가 있는 것입니다. 죄의 중심에 '내'가 있기 때문에, 거기서 나타난 악도 '나'를 위한 행동입니다. 결국 모든 악은 죄의 뿌리에 있는 나를 드러내는 과정입니다. 이때 거짓이 나옵니다. 그래서 거짓의 본질에는 '자기 보호'가 있습니다.

거짓과 관련하여 추천하고 싶은 책은 기독교 정신과 의사 모건 스캇 펙 Morgan Scott Peck의 『스캇 펙의 거짓의 사람들』(서울: 비전과리더십, 2007)입니다. 이 책에서 스캇 펙은 왜 사람이 거짓말하고 남을 속이는지를 분석합니다. 그는 '거짓은 자기 보호를 위한 방어 기제'라고 말합니다. 사람들이 거짓말하는 것은 결국 자기 보호 때문이라는 것입니다. 남들에게 무엇이라고 하든지, 거짓말은 자기 속에 있는 '자기'를 보호하는 비도덕적 행위인 것입니다.

그런데 이 거짓말이 더 발전하면 비난, 험담 등이 됩니다. 거짓말이 자기를 보호하는 데 사용된다면, 비난, 험담 등은 자기 속에 있는 허물을 다른 사람에게 돌리고 심리적 만족감을 얻는 데 사용됩니다. 그래서 남의 이야기를 많이 하는 사람은 심리적으로 건강하지 못합니다. 자기 속에 문제가 많은데 그것을 스스로 풀지 못하니까 남을 괴롭히는 것으로 나타나는 것입니다. 반대로 심리적으로 건강한 사람은 절대 남을 힘들게 하지 않습니다. 오히려 착한 생각을 하고 선한 일을 합니다. 여러분은 어떻습니까? 심리적으로 건강합니까, 아니면 그렇지 않습니까? 또 다른 사람들의 마음속에 있는 참과 거짓을 잘 구별합니까, 아니면 그렇지 못합니까?

영적 분별력이 필요하다

그래서 우리에게 필요한 것이 분별력입니다. '분별력'이란 무엇일까요?

우리 안에 '죄'가 있습니다. 죄의 본질은 '나'입니다. 그 죄가 '악'을 낳습니다. 그 악에 대해 하나님의 눈으로 옳은지 그른지를 판단해야 합니다. 이것이 분별력입니다. 이 분별력은 성령의 은혜, 은사로 주어집니다. 옳고 그름은 내가 판단하는 것이 아닙니다. 우리 안에 계신 성령님이 하십니다. 그래서 영적 분별력은 성령의 은사입니다. 그렇다면, 영적 분별력은 어떻게 생기는 것일까요?

첫 번째는 '기도'입니다. 아이 성 전투와 기브온 족속과의 일을 보면, 여호수아가 보인 공통된 실패의 원인이 있습니다. 기도하지 않았다는 점입니다. 여리고 성을 공격할 때는 모든 백성이 합심으로 기도했습니다. 그러나 아이 성에서는 아니었습니다. 그래서 실패했습니다. 기브온의 항복 때도 기도하지 않았습니다. 그래서 속았습니다. 따라서 우리에게는 기도가 필요합니다. 신앙인의 삶에서 기도를 안 해도 되는 문제는 없습니다. 우리에게 다가오는 모든 시험은 크든 작든 기도를 요구합니다.

엘리사 시대에 엘리사의 종 게하시가 나아만을 좇아가서 선물을 받았습니다. 성경은 그 사건을 이렇게 기록합니다.

> 엘리사가 이르되 한 사람이 수레에서 내려 너를 맞이할 때에 내 마음이 함께 가지 아니하였느냐_왕하 5:26上

엘리사는 그 현장에 없었으면서도 성령의 감동으로 게하시의 행위를 알았습니다. 이것이 영적 분별력입니다. 분별력은 기도하는 사람에게 주시는 성령의 은혜입니다.

이와 같이 하나님의 일도 하나님의 영 외에는 아무도 알지 못하느니라_고전 2:11下

영적인 일은 영적인 것으로 분별하느니라_고전 2:13下

이처럼 영적 분별력은 성도 안에 계신 성령님께서 성도들을 보호하기 위해 주신 거룩한 판단력입니다. 초대 교회에 아나니아와 삽비라 부부가 땅 값을 감추었을 때 이것을 알고 있던 베드로는 이렇게 말했습니다.

베드로가 이르되 아나니아야 어찌하여 사탄이 네 마음에 가득하여 네가 성령을 속이고 땅 값 얼마를 감추었느냐_행 5:3

아나니아가 땅값을 감춘 것을 아는 사람은 아무도 없었습니다. 베드로는 성령님께서 주신 감동으로 알았습니다. '옳다, 그르다'의 판단 기준은 하나님께서 하십니다.

두 번째는 '침묵'입니다. 여호수아 9장의 후반부에 가면, 이스라엘은 기브온 사람들의 거짓말을 알게 됩니다수 9:16-17. 기브온 사람들의 행동에 이들은 매우 당황하고 놀랐을 것입니다. 하지만 기브온 사람들의 잘못을 꾸짖을 수 없었습니다. 하나님께 묻지 않고 결정한 것은 자신들이었기 때문입니다. '내가 기도하지 않아서 이러한 일이 일어났구나. 책임은 나한테 있는 거야' 하고 깨달았을 것입니다. 그리고 '그때 기브온 사람들이 와서 어떤 말을 하고 어떤 모습을 보이든 생각해 보고 결정할 걸'이라는 마음도 들었을 것입니다.

우리를 괴롭히고 거짓말하는 사람이 있을 때, 우리가 즉각적인 반응을 보이지 않기만 해도 불행을 줄일 수 있습니다. 이것이 침묵입니다. 침묵할 때 모든 것을 천천히 살펴볼 수 있습니다. 그래서 영적 분별력은 침묵을 통해 훈련되고 자랍니다.

수도원 운동(교회가 타락하고 영적으로 세속화되었을 때 이를 개혁하고자 일어난 운동-편집자 주)에서 가르치는 영적 훈련 중 가장 중요시하는 것이 침묵입니다. 그래서 누군가에게 어떤 어려움을 당했을 때, 바로 반응하지 않는 것이 좋습니다.

어떤 수도원에서 한 형제가 은둔자에게 물었습니다. "겸손이란 무엇입니까?" 은둔자가 대답했습니다. "겸손은 하나님의 일이오. 육체노동을 쉬지 않는 것이며, 자신을 늘 죄인으로 여기는 것이며, 자신을 모든 사람의 종으로 여기는 것입니다." 형제가 또 물었습니다. "모든 사람의 종이 된다는 것은 무슨 의미입니까?" 은둔자가 대답했습니다. "그것은 다른 사람의 죄를 보지 않고 언제나 자신의 죄를 본다는 것이며, 쉬지 않고 기도한다는 것이며, 하늘의 밝은 빛으로 나와 세상을 본다는 것입니다."

어떤 어려움을 당하면, 우리에게 잘못한 사람을 먼저 보지 말고 자신을 보십시오. 영적 분별력은 다른 사람의 죄를 바라볼 때 오지 않습니다. 자신을 죄인으로 여기면서 성령으로 자신을 살필 때 옵니다. 영적 분별의 처음이자 마지막 대상은 자기 자신입니다. 자기를 제대로 분별하지 못하니까 나쁜 일이 생기는 것입니다.

또 형제가 은둔자에게 물었습니다. "이웃의 형제가 찾아와 세상의 헛된 공론을 전하고 저에게 잘못된 소문을 전하면 어떻게 해야 합니까?" 은둔자가 대답했습니다. "우리도 같은 행동을 반복하지 않습니까? 이웃에게 어떤 것을 하지 말라고 말한 뒤에 우리도 똑같은 일을 저지르지 않습니까?" 형제가 물었습니다. "그럼 무엇이 최선입니까?" 은둔자가 대답했습니다. "계속 침묵할 수만 있다면, 그것이 우리와 이웃을 위해 가장 좋은 행동일 것입니다."

침묵이란, 말이 없는 것이 아니라 '나도 당신과 똑같은 죄인입니다. 당신이 오늘 나에게 했던 일을 나 역시 똑같이 저지르고 있습니다'라는 뜻입니다. 영적 분별력의 출발은 자기성찰입니다. 자기도 성찰하지 못하면서 어떻게 남을 분별할 수 있겠습니까? 바울은 이렇게 말합니다.

> 내 사랑하는 자들아 너희가 친히 원수를 갚지 말고 하나님의 진노하심에 맡기라 기록되었으되 원수 갚는 것이 내게 있으니 내가 갚으리라고 주께서 말씀하시니라_롬 12:19

내가 침묵하면 하나님께서 친히 원수를 갚아 주십니다. 다행히 하나님께서 원수 갚으시기 전에 그가 잘못을 시인하고 회개한다면 좋은 일입니다. 그래서 침묵은 상대방에게 기회를 주는 것과 같습니다.

어떤 수도원에 아주 못된 사람이 하나 있었습니다. 어느 날, 사람들이 그를 세워 놓고 그에게 수도원을 떠나라고 말했습니다. 그때 그중에 가장 나이 많은 수도사 베사리온Bessarion이 주섬주섬 짐을 싸면서 말했습니다. "나는 그보다 더 큰 죄인이기 때문에 나도 그와 함께 떠나겠소."

어떻습니까? 여러분이 다른 사람에게 속거나 비난을 당할 때 '나도 같은 사람입니다'라고 침묵하겠습니까? 자기를 바라보는 침묵, 이것이 영적 분별력입니다.

세 번째는 '불쌍히 여기는 것'입니다. 여호수아가 기브온 사람들에게 속고 나서 무슨 생각을 했을까요? 속은 상했지만 그 사람들이 불쌍했을 것입니다. 우리가 누군가에게 이러한 일을 당하면 우선 침묵하고 그를 불쌍히 여겨야 합니다. 불쌍히 여긴다는 말은 그 사람 입장에 서 보는 것입니다. 여호수아는 이렇게 생각했을지도 모릅니다. '아, 저렇게라도 해서 살고 싶었구나. 오죽하면 저렇게 했을까? 안 됐다. 불쌍하다.'

열왕기하 8장에도 이러한 장면이 나옵니다. 아람의 왕 벤하닷이 병들었습니다. 마침 엘리사가 그곳을 지나가게 되자, 왕의 신하 하사엘이 엘리사를 찾아갔습니다. 그리고 왕의 병이 나을지를 물었습니다. 그때 엘리사가 하사엘의 얼굴을 쏘아보다가 갑자기 눈물을 흘립니다.

[11]하나님의 사람이 그가 부끄러워하기까지 그의 얼굴을 쏘아보다가 우니 [12]하사엘이 이르되 내 주여 어찌하여 우시나이까 하는지라 대답하되 네가 이스라엘 자손에게 행할 모든 악을 내가 앎이라 네가 그들의 성에 불을 지

르며 장정을 칼로 죽이며 어린 아이를 메치며 아이 밴 부녀를 가르리라 하니_왕하 8:11-12

엘리사는 왜 하사엘의 얼굴을 쏘아보았을까요? 그의 미래가 눈에 보였기 때문입니다. 그리고 앞으로 그가 이스라엘에게 저지를 악행이 얼굴에 나타났기 때문에 불쌍히 여기며 울었습니다.

네 번째는 거짓의 사주자인 '마귀와 싸우는 것'입니다. 영적 분별의 기준은 크게 3가지입니다. '하나님에게서 나왔는가, 마귀에게서 나왔는가, 사람에게서 나왔는가'입니다. 이에 대해 야고보는 이렇게 말합니다.

7그런즉 너희는 하나님께 복종할지어다 마귀를 대적하라 그리하면 너희를 피하리라 8하나님을 가까이하라 그리하면 너희를 가까이하시리라 죄인들아 손을 깨끗이 하라 두 마음을 품은 자들아 마음을 성결하게 하라_약 4:7-8

이를 정리하면, '하나님께 복종하고, 마귀를 대적하고, 손을 깨끗이 하라'는 것입니다. 하나님에게서 나왔으면 즉각 순종하면 됩니다. 마귀에게서 나왔으면 즉시 물리치면 됩니다.

종종 하나님은 우리를 시험하곤 하십니다. 아브라함에게 이삭을 바치라고 하셨던 것이 가장 대표적입니다. 이것은 영적 훈련을 위해서 주시는 시험입니다. 그러므로 즉각 순종해야 합니다. 또 마귀에게서 나오는 경우가 있습니다. 마귀가 사람을 통해 시험하는 경우입니다. 이때는 즉각 대적

해야 합니다. 다만, 마귀는 대적하되 사주를 받은 그 사람은 불쌍히 여겨 회개시켜야 합니다. 가룟 유다가 예수님을 배신했을 때 그는 마귀의 사주를 받았습니다요 13:2. 하지만 그는 불행하게도 회개하지 않고 자살로 생을 마감했습니다마 27:5; 행 1:18. 가장 불행한 것은 자기도 모르게 마귀의 사주를 받아 다른 사람을 괴롭히는 것입니다. 그래서 영적 분별이 필요합니다. '내가 지금 마귀의 사주를 받아 남을 괴롭히는가? 저 사람이 지금 마귀의 사주를 받아 나를 시험하는가?' 우리가 항상 기도해야 할 이유가 바로 여기에 있습니다.

우리가 어떤 일을 위해 계속 기도하면 하나님께서 기쁜 마음과 함께 확신을 주십니다. 말씀을 듣거나 읽을 때 주기도 하십니다. 때로는 환경을 열어 주십니다. 그러면 즉시 행하면 됩니다. 그런데 마음에 은혜가 오지 않는다면, 기다려야 합니다. 처음에 감동이 왔다가 어느 날 감동이 사라졌다면, 또 기다려야 합니다. 하나님께서 우리에게 기도를 통해 주시는 이러한 영적 분별의 은혜는 우리가 평생 누릴 복입니다. 이를 위해, 우리 모두 이렇게 기도합시다.

"주여, 우리에게 영적 분별력을 주소서. 기브온 족속의 거짓 항복, 산발랏의 숨은 흉계, 아나니아와 삽비라의 숨은 죄악을 보게 하소서."

할 만한 것을 하게 하소서[26]

오, 주여.
제가 알아야 할 것을 알게 하시고
제가 사랑해야 할 것을 사랑하게 하시며
당신을 가장 기쁘게 하는 일을 찬양하게 하시고
당신이 보시기에 값진 것을 가치 있게 생각하게 하시고
당신께 거슬리는 일을 미워하게 하소서.
제 눈에 보이는 대로 판단하게 하지 마시고
무지한 인간의 귀에 들리는 대로 말하지 말게 하시고
눈에 보이는 것과 영적인 것 사이에서
참된 판단을 분별 있게 내리도록 하시며
무엇보다도 항상 당신의 뜻에
무엇이 정말로 즐거운 것인가 묻게 하소서.

_토마스 아 켐피스

| 토마스 아 켐피스(Thomas a Kempis, 1380-1471)

1413년 사제 서품을 받은 후, 평생 필사본을 만들고 수련 수사를 지도하는 일에 전념했다. 수도원에 들어간 후에는 한 번도 외출하지 않고 수도 생활을 실천했다. 그는 특별히 후진을 지도하기 위해 책을 몇 권 썼는데, 그 중 하나가 바로 『그리스도를 본받아』이다.

"여호와께서 아모리 사람을 이스라엘 자손에게 넘겨 주시던 날에
여호수아가 여호와께 아뢰어 이스라엘의 목전에서 이르되
태양아 너는 기브온 위에 머무르라
달아 너도 아얄론 골짜기에서 그리할지어다 하매"

여호수아 10:12

13

태양아 멈추어라

여호수아 10:6-15

여러분은 기적을 믿습니까? 어떤 분은 이렇게 말합니다. "글쎄요. 성경이 쓰인 때는 기적이 있었겠지만 오늘날에는 어떤지 모르겠네요." 이 사람은 과거의 기적은 믿지만 오늘날의 기적은 못 믿겠다는 것입니다. 만일 우리가 기적을 믿지 않는다면, 어떻게 될까요? 성경은 필요 없는 책이 됩니다. 말씀 한마디로 천지가 만들어졌던 창조의 기적, 지팡이 하나로 홍해를 가른 모세의 기적, 하나님께서 인간이 되신 성육신의 기적, 수많은 병자를 고치신 치유의 기적, 죽은 지 삼 일 만에 다시 사신 부활의 기적 등 성경은 온갖 기적으로 가득 차 있습니다. 미국의 토머스 제퍼슨Thomas Jefferson은 기적을 믿지 않아서 기적만 빼고 신약 성경을 다시 쓴 적이 있습니다. 그러나 기적을 빼면 성경이 될 수 없습니다. 그래서 성경을 믿는 것은 곧 기적을 믿는 것과 같습니다. 그렇다면, 성경에서 기적은 왜 일어나며, 어떻게 일어날까요?

12장에서 우리는 기브온 족속이 여호수아에게 예루살렘 가까이에 살면서 아주 멀리 사는 것처럼 거짓말하는 것을 보았습니다. 또 이때 여호수아가 하나님께 묻지도 않고 그러한 기브온 족속을 받아들여 두고두고 이스라엘의 화근이 된 이야기를 했습니다. 그리고 마침내 이 일로 인해 큰 사건이 일어났습니다. 기브온 족속이 항복해서 이스라엘 편이 되었다는 소식을 듣고, 다른 가나안 족속들이 이스라엘을 떼로 공격해 온 것입니다.

> 예루살렘 왕 아도니세덱이 헤브론 왕 호함과 야르뭇 왕 비람과 라기스 왕 야비아와 에글론 왕 드빌에게 보내어 이르되_수 10:3

모두 다섯 왕입니다. 이들은 왜 이스라엘을 공격했을까요? 기브온의 배신 때문입니다. 본래 이들은 기브온과 동맹관계에 있었는데, 기브온이 이스라엘에 항복하자 응징하기 위해 공격에 나섰던 것입니다.

> 내게로 올라와 나를 도우라 우리가 기브온을 치자 이는 기브온이 여호수아와 이스라엘 자손과 더불어 화친하였음이니라 하매_수 10:4

여기서 '화친'을 '배신'으로 바꾸면 이렇게 말하는 것과 같습니다.

> "배신자 기브온을 응징하자. 우리와 동맹했다가 말 한마디 없이 배신하고 도망간 기브온을 쳐부수자."

이로써 다급해진 것은 기브온 족속이었습니다. 어쩌다 거짓 항복이 성공해서 목숨은 구했지만, 이제는 옛 동맹 부족들로부터 공격을 받아 꼼짝없이 죽게 되었기 때문입니다. 위기 상황에서 기브온 족속은 여호수아에게 호소했습니다.

> 기브온 사람들이 길갈 진영에 사람을 보내어 여호수아에게 전하되 당신의 종들 돕기를 더디게 하지 마시고 속히 우리에게 올라와 우리를 구하소서 산지에 거주하는 아모리 사람의 왕들이 다 모여 우리를 치나이다 하매
> _수 10:6

결국 여호수아와 가나안 족속들은 기브온에서 전쟁을 시작합니다. 전투가 벌어진 기브온은 예루살렘에서 약 3-4km 떨어진 곳으로, 산 하나만 넘으면 되는 가까운 곳이었습니다. 전쟁은 바로 이곳에 있는 아얄론이라는 골짜기에서 일어났습니다.

하나님은 신실하시다

전쟁이 시작되기 직전, 여호수아는 하나님께 기도했습니다.

"하나님, 어떻게 할까요? 지금 가나안 족속들이 물밀듯 쳐들어오는데 전쟁에 나가야 합니까, 아니면 말아야 합니까? 하나님, 어떻게 해야

합니까? 저를 도와주세요."

이때 하나님은 무슨 말씀을 하십니까?

> 그 때에 여호와께서 여호수아에게 이르시되 그들을 두려워하지 말라 내가 그들을 네 손에 넘겨 주었으니 그들 중에서 한 사람도 너를 당할 자 없으리라 하신지라_수 10:8

이 사건을 통해, 우리는 신실하신 하나님을 볼 수 있습니다. 사실 이 전쟁은 하나님께서 책임지실 일이 전혀 아니었습니다. 이 전쟁은 순전히 여호수아의 실수로 일어난 것이었기 때문입니다. 여호수아가 기도하지 않아서 기브온 족속을 받아들였고, 이로 인해 전쟁이 일어났기 때문입니다. 그러나 하나님은 여호수아를 도와주겠다고 말씀하십니다.

우리는 이 말씀을 통해, 인간의 연약함과 하나님의 위대하심을 동시에 보게 됩니다. 자기가 잘못해 놓고 급하니까 하나님께 도와 달라고 애원하는 여호수아와 그럼에도 불구하고 그 간청을 외면하지 않으시는 신실하신 하나님의 모습은 우리와 하나님 관계의 핵심이 무엇인지를 잘 나타내 주고 있습니다. 하나님께서 여호수아에게 어떠한 말씀을 하시는지 들어 보십시오.

"비록 네가 실수했지만 나는 너를 버리지 않을 것이다. 너의 실수에도 불구하고 나의 약속은 절대 파기되지 않을 것이다. 네가 저지른 한 번의 실수로 너와 나의 관계가 끝나지 않는다. 나는 너를 사랑하기 때문이다."

하나님의 신실하심은 다음 순간에 더 빛을 발합니다. 하나님은 여호수아의 실수로 생긴 위기를 역전의 기회로 바꾸어 주십니다. 기브온의 거짓 항복과 여호수아의 실수를 이스라엘이 승리하게 하는 도구로 삼으신 것입니다. 여호수아의 실수는 명백한 인간의 실수였지만, 그것 역시 하나님의 큰 계획 안에 있었던 것입니다. 그렇다고 여호수아처럼 실수하라는 말은 아닙니다. 어차피 여호수아는 가나안을 정복하기 위해 그 땅에 들어가지 않았습니까? 여리고와 아이 성이 있는 중앙 지역을 정복했으니, 어차피 남쪽으로 내려갈 차례였습니다. 그런데 남쪽에 있던 족속들이 감사하게도 먼저 전쟁을 걸어 왔습니다. 전쟁의 명분을 그들이 제기한 것입니다. 이것이 하나님께서 우리의 실수조차도 선으로 바꾸어 주시는 신실한 모습인 것입니다.

오래전, 서울의 한 교회에서 있었던 일입니다. 사업하는 집사님이 같은 구역에 있는 권사님에게 재정 보증을 부탁했습니다. 권사님은 집사님을 믿고 보증을 서 주었는데 그만 잘못되어서 부도가 났습니다. 규모가 워낙 컸던지라 권사님은 결국 모든 재산을 잃게 되었습니다. 그래도 기도하며 '내가 약속했으니 지켜야지' 하면서 자신의 전 재산을 팔아 집사님 빚을 다 갚아 주었습니다. 이후 권사님은 조금 남은 돈으로 땅 몇천 평을 샀다고 합니다. 당시 샀던 땅은 모래땅이어서 별로 가치가 없었는데, 얼마 뒤 개발되면서 땅값이 천정부지로 오르기 시작했습니다. 그곳이 지금의 강남 리베라 호텔 부근입니다. 결국 권사님은 다른 사람의 빚을 다 갚아 주느라

잃어 버렸던 재산을 그 이상으로 받게 된 것입니다. 하나님은 이처럼 신실한 분이십니다. 우리를 실망시키지 않는 분이십니다.

기적은 언제나 일어난다

드디어 전쟁이 일어났습니다. 여호수아는 길갈에 있는 군대를 기브온으로 불러 전투를 시작했습니다. 전쟁을 오래 끌면 불리하다고 생각한 여호수아는 어두워지기 전에 전쟁을 마치는 것이 좋다고 판단하고 기습 작전을 펼칩니다.

> 9여호수아가 길갈에서 밤새도록 올라가 갑자기 그들에게 이르니 10여호와께서 그들을 이스라엘 앞에서 패하게 하시므로 여호수아가 그들을 기브온에서 크게 살륙하고 벧호론에 올라가는 비탈에서 추격하여 아세가와 막게다까지 이르니라_수 10:9-10

전세는 예상대로 이스라엘에 유리하게 전개되었습니다. 적의 방어선이 무너지고 적군은 골짜기로 도망치기 시작했습니다. 여호수아의 군대는 추격을 시작했고 하나님도 직접 개입하셨습니다.

> 그들이 이스라엘 앞에서 도망하여… 내려갈 때에 여호와께서 하늘에서 큰

> 우박 덩이를… 내리시매 그들이 죽었으니 이스라엘 자손의 칼에 죽은 자
> 보다 우박에 죽은 자가 더 많았더라_수 10:11

이 장면을 상상해 보십시오. 얼마나 통쾌합니까? 그런데 문제가 생겼습니다. 적들이 도망치면서 어디론가 숨기 시작한 것입니다. 생각해 보니, 이들은 가나안 원주민이기 때문에 그 지역을 잘 알고 있었습니다. 이스라엘 지형이 대략 비슷하지만 이 지역에는 특히나 큰 동굴들이 많았습니다. 그 예로 다윗이 사울을 피하여 이스라엘 백성과 함께 숨었던 곳 중의 하나인 아둘람 동굴이 있었습니다삼상 22:1. 동굴 입구는 좁아 기어 들어가야 하지만 속에는 수백 명이 먹고 잘 수 있는 공간이 나옵니다. 실제로 다윗은 이곳에서 400명과 함께 숨어 지냈습니다.

이러한 도피처를 누구보다도 잘 알고 있던 가나안 족속들에 대해 여호수아는 순간 위기를 느꼈습니다. 전쟁의 승기를 잡았는데 여기서 적들을 놓칠 수 없었습니다. 이때 여호수아 앞에 2가지 선택이 있었습니다. 전쟁을 멈추고 후일을 도모하느냐, 아니면 도망가는 적을 끝까지 따라가느냐였습니다. 문제는 날이 어두워지고 있다는 점이었습니다. 조금만 지나면 아무것도 보이지 않게 될 것입니다. 마침내 여호수아가 큰 소리로 이렇게 외쳤습니다.

> 태양아 너는 기브온 위에 머무르라 달아 너도 아얄론 골짜기에서 그리할
> 지어다 하매_수 10:12下

그러자 놀라운 일이 일어났습니다. 여호수아의 말대로 태양이 멈춘 것입니다.

> ¹³태양이 머물고 달이 멈추기를 백성이 그 대적에게 원수를 갚기까지 하였느니라… ¹⁴여호와께서 사람의 목소리를 들으신 이같은 날은 전에도 없었고 후에도 없었나니 이는 여호와께서 이스라엘을 위하여 싸우셨음이니라_수 10:13-14

인류 역사에 태양이 멈추었다는 이야기를 들어 본 적이 있습니까? 미국 항공우주국NASA에서 일하던 해럴드 힐Harold Hill이라는 과학자가 하나님을 믿게 된 간증이 있습니다. 그가 NASA의 슈퍼컴퓨터로 우주 천체의 시간을 추적해 나가는데, 희한하게도 천체의 시간이 사라져 버린 적이 2번 있었다는 것을 발견했습니다. 한 번은 30분, 또 한 번은 40분 정도의 시간이 사라져 있었습니다. 시간이 사라졌다는 것은 지구가 멈추었거나 태양이 멈추었다는 것을 뜻하는 것인데 그 진실을 찾을 수가 없었습니다. 그러다가 우연히 성경에서 태양이 멈춘 2번의 사건을 읽게 됩니다. 한 번은 여호수아 시대에 멈춘 사건수 10:12-13이었고, 또 한 번은 히스기야 왕이 15년 목숨을 연장할 때 해시계가 10도 뒤로 돌아간 사건왕하 20:10-11이었습니다. 이것을 컴퓨터에 넣고 계산해 보니까 여호수아 시대에 30분, 히스기야 때는 40분의 시간 차이가 났습니다.

성경의 기적은 단 한 가지 목적 때문에 일어납니다. 하나님 당신을 보여 주시기 위함입니다. 이것을 '하나님의 자기 계시'self-revelation of God라고 합니다. 하나님 당신이 어떤 분인지 스스로 보여 주시려는 것을 뜻합니다. 하나님은 당신이 창조주임을 보여 주시려고 말씀 한마디로 천지를 창조하셨습니다. 당신이 구원자임을 보여 주시려고 지팡이 하나로 홍해를 가르셨습니다. 하나님은 당신이 살아 계시다는 것을 보여 주시려고 계속해서 산 기적을 보이십니다.

이때 인간이 하나님의 기적을 체험하기 위해서는 '믿음'이 필요합니다. 기적은 하나님 쪽에서 당신을 나타내시는 신적 자기 계시의 방법입니다. 믿음은 기적을 만드는 능력이 아니라, 기적이 일어나게 하는 능력입니다. 태양을 멈춘 것은 하나님 당신의 능력이었지만, 그 기적이 일어나도록 한 것은 여호수아의 믿음이었습니다.

이러한 기적을 체험하기 위해 우리는 구체적인 2가지 믿음이 필요합니다. 첫째는 '하나님은 선하시다는 것'입니다. 둘째는 '하나님은 나를 사랑하신다는 것'입니다. 하나님의 선하심은 하나님의 본성적 성품이고, 하나님께서 나를 사랑하심은 하나님의 관계적 성품입니다.

"하나님은 선하시고, 나를 사랑하신다"(God is good, and he loves me).

이 2가지 믿음에서 기적이 생깁니다.

결국 믿음의 원리는 이렇습니다. '우리가 하나님께서 말씀하신 것을 선포하면 하나님은 우리를 통해 일하신다.' 이것을 '예언적 선포'라고 합니다. 하나님의 말씀을 우리 입에 올리는 순간, 우리는 하나님의 대언자가 되고 하나님의 기적은 우리를 통하여 일어납니다. 믿음으로 선포합시다.

"태양아 멈추어라. 달아 너도 그리할지어다."

오소서[27]

주님이여 오소서.
저희를 흔드소서.
저희를 부르소서.
저희에게 불을 붙이시고
사로잡으소서.
저희의 불이 되시고
저희의 행복이 되소서.
저희로 사랑하게 하소서.
뛰게 하소서.

_아우렐리우스 아우구스티누스

| 아우렐리우스 아우구스티누스(Aurelius Augustinus, 354-430)

'어거스틴'이라고도 불린다. 히포의 주교이며 서방교회 교부이자 대표적 신학자다. 초대 교회의 가장 사랑받는 교부였고, 교부 신학과 중세 신학의 체계를 세우는 업적을 남겼다. 또한 『참회록』을 비롯한 눈물로 쓴 회심의 글은 많은 사람에게 감명을 주었다.

담대한 믿음,
여호수아

Be strong and courageous. Do not be terrified, do not be discouraged.

| Chapter 3 |

우리, 믿음을 따르다

우리 속에 약간 남은 것 | 우리에게 주신 하나님의 기업 | 믿음으로 이룰 하나님의 꿈 | 아직도 문이 열리지 않을 때 | 주는 나의 피난처 | 오직 하나님을 선택하라

"이스라엘 자손의 땅에는 아낙 사람들이 하나도 남지 아니하였고 가사와 가드와 아스돗에만 남았더라"

여호수아 11:22

14

우리 속에 약간 남은 것

여호수아 11:21-22

어느 날, 신부에게 두 사람이 찾아와서 고해성사를 했습니다. 한 명은 자기가 너무 큰 죄를 범했다고 고백했고, 다른 한 명은 자기가 죄를 지은 것은 맞지만 무슨 죄를 지었는지 잘 모르겠다고 했습니다. 이에 신부는 큰 죄를 범했다는 사람에게 가장 큰 돌 하나를 가져오라 했고, 무슨 죄를 지었는지 잘 모르겠다는 사람에게는 작은 돌을 많이 가져오라고 했습니다. 그들이 돌을 가져오자 신부가 말했습니다. "지금 가져온 돌들을 원래 자리에 도로 갖다 놓으세요." 큰 돌을 가져온 사람은 즉시 제자리에 갖다 놓았습니다. 그러나 작은 돌을 가득 가져온 사람은 어디서 가져왔는지 기억할 수 없어 우왕좌왕했습니다. 이 모습을 본 신부가 말했습니다. "큰 죄를 지은 사람은 자기 죄를 기억하지만 작은 죄를 지은 사람은 기억하지 못하는 법입니다."

톨스토이Tolstoy의 작품에 나오는 이 이야기는 우리가 작은 죄들에 대해 어떻게 생각하는지 돌아보게 합니다. 사람들은 자신이 지은 작은 죄들을 다 기억하지 못해, '나는 죄가 없다. 나는 큰 잘못이 없다'고 생각합니다. 그러나 우리가 실패하고 넘어지는 것은 대부분 이 작은 죄들 때문입니다.

우리는 지금 여호수아가 가나안을 정복하고 있는 모습을 보고 있습니다. 6장 말씀부터 시작된 가나안 정복이 이번 말씀에서 마칩니다. 그런데 이 정복은 과연 완전무결하게 끝날까요? 우선 다음의 표를 보겠습니다.

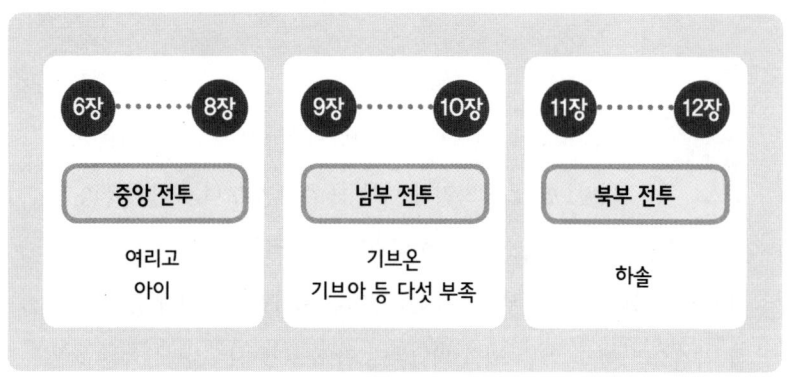

| 여호수아의 가나안 정복 |

여호수아 6장에서 가나안 정복이 시작되었습니다. 이스라엘의 중앙 지역에 있는 여리고와 아이가 그 중심 도시였습니다. 9-10장은 남부 지역 전투였습니다. 기브온 족속이 거짓으로 항복하고 그것으로 인해 여호수아가 남부 다섯 부족과 싸웠습니다. 이때 태양이 멈춘 사건이 일어났습니다. 11장에서는 가나안 정복의 마지막 장면으로, 북부 지역의 중심인 하솔과의 전투 내용이 나옵니다.

하솔은 본래 그 모든 나라의 머리였더니 그 때에 여호수아가 돌아와서 하솔을 취하고 그 왕을 칼날로 쳐죽이고_수 11:10

하솔은 북부 지역의 맹주였습니다. 하지만 이곳도 여호수아의 칼로 곧 정복되었습니다. 훗날 이 지역은 솔로몬이 북부 지역의 전략적 요충지로 삼으며 중요한 지역으로 자리 잡게 되었습니다. 오늘날에도 솔로몬 시대의 병거성과 마구간의 모습이 그대로 남아 있어, 당시 위용을 추측할 수 있습니다.

이렇게 차근차근 가나안을 정복하고 있던 이때, 문제가 있었습니다. 여호수아가 미처 정복하지 못한 땅이 남아 있었던 것입니다. 여호수아 11:21-22을 살펴보겠습니다.

²¹그 때에 여호수아가 가서 산지와 헤브론과 드빌과 아납과 유다 온 산지와 이스라엘의 온 산지에서 아낙 사람들을 멸절하고 그가 또 그들의 성읍들을 진멸하여 바쳤으므로 ²²이스라엘 자손의 땅에는 아낙 사람들이 하나도 남지 아니하였고 가사와 가드와 아스돗에만 남았더라_수 11:21-22

여호수아는 22절에 나오는 '가사, 가드, 아스돗', 이 세 지역을 정복하지 않았습니다. 결국 이 지역까지 정복하지 않은 것은 이스라엘에 두고두고 화근이 되었습니다. 과연 이스라엘이 이 지역 때문에 겪은 고통은 무엇일까요? 핵심을 정리하면 이렇습니다.

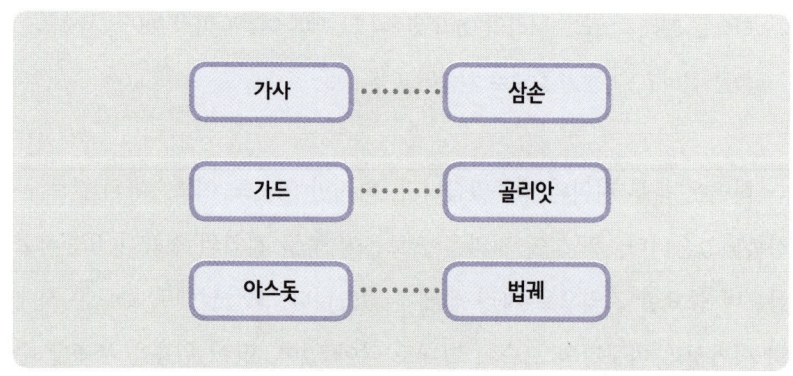

| 가사, 가드, 아스돗의 남아 있는 고통 |

가사를 정복하라

이스라엘이 정복하지 않은 곳 중 첫 번째는 가사입니다. 가사는 지중해 해안 지역에 있으며, 지금의 이스라엘 가자지구입니다. 현재 그곳은 팔레스타인 아랍 사람의 주요 본거지입니다. 이 지역에서 일어났던 유명한 사건은 사사 시대 때 삼손과 그 지역의 여자들 문제입니다.

삼손이 가사에 가서 거기서 한 기생을 보고 그에게로 들어갔더니_삿 16:1

삼손은 이스라엘의 마지막 사사였습니다. 그의 부모는 그를 낳자마자 나실인으로 키웠습니다.

> 그가 내게 이르기를 보라 네가 임신하여 아들을 낳으리니 이제 포도주와 독주를 마시지 말며 어떤 부정한 것도 먹지 말라 이 아이는 태에서부터 그가 죽는 날까지 하나님께 바쳐진 나실인이 됨이라 하더이다 하니라_삿 13:7

'나실인'은 '구별된 자'였습니다. 그래서 그는 포도주와 독주를 안 마셨고, 머리를 안 깎았으며, 시체를 만지지도 않았습니다민 6:3-7. 이처럼 삼손은 어릴 때부터 엄격히 구별된 자로 자랐습니다. 그러나 무엇인가를 하지 않는다고 충분히 거룩해질 수 있는 것은 아닙니다. 안 해야 한다는 의지가 있어야만 거룩해짐에 충족될 수 있는 것입니다.

다윗도 안 하는 것이 많았습니다. 악인의 꾀를 따르지 않았고, 죄인의 길에 서지 않았습니다. 또한 오만한 자의 자리에 앉지도 않았습니다. 그런데 삼손과 무엇이 달랐을까요?

> 오직 여호와의 율법을 즐거워하여 그의 율법을 주야로 묵상하는도다_시 1:2

다윗은 여호와의 율법을 주야로 묵상했습니다. 아무것도 안 하는 것으로는 충분하지 않습니다. 즉, 구별하는 것으로 충분하지 않다는 것입니다. 구별할 능력도 갖추어야 한다는 뜻입니다.

성적인 유혹도 마찬가지입니다. 인간의 성적 본성은 죄가 아닙니다. 하나님께서 허락하신 성은 우리에게 본성이요, 복입니다. 문제는 '음욕'입니다. 성적 본성과 음욕은 다릅니다. 건강한 성적 본성은 가정의 울타리 안에서 지켜지고 자라납니다. 그러나 음욕은 그 울타리를 넘어 밖으로 나가 사람들에게 상처를 주고 세상을 병들게 합니다.

가을이 되면, 붉은 감이 나무에 주렁주렁 매달려 있는 것을 봅니다. 이 때 예쁘다고 생각하는 것은 욕심이 아닙니다. 그러나 막대기를 들고 올라가 감을 따는 것은 욕심입니다. 새로 나온 차를 보고 성능이 좋다고 생각하는 것은 욕심이 아닙니다. 그러나 그것을 실제로 훔친다면 욕심입니다. 지나가는 예쁜 여자와 잘생긴 남자를 이 비유에 적용해 보십시오. 생각하는 것은 음욕이 아니지만 실제로 행한다면 음욕입니다. 건강한 성적 본성이 음욕이 되지 않기 위해서는 하지 말아야 할 일을 하지 않을 뿐만 아니라, 자제할 힘도 갖추어야 합니다. 그런데 삼손은 이 모든 것을 반대로 했습니다.

왜 우리에게 성적인 문제가 생기는지 알고 있습니까? 하지 말아야 할 일을 하기 때문입니다. 자제할 힘을 키우지 않기 때문입니다. 사람은 누구나 나쁜 것을 자꾸 보면 따라 하게 되어 있습니다. 불량 사이트, 불량 비디오 등 이러한 것들을 계속 보면 성자도 타락하게 됩니다. 다윗을 보십시오. 다윗이 언제 범죄했습니까? 사울 때가 아니고 밧세바 때였습니다. 이유는 딱 하나입니다. 옥상을 거닐다가 밧세바가 목욕하는 것을 보았기 때문입니다삼하 11:2. 무슨 수로 이기겠습니까? 자꾸 보이는데 무슨 능력으로 이기겠습니까?

삼손도 그랬습니다. 사사기 14-16장을 보면, '삼손이 내려가니라', '삼손이 여자를 보고'라는 말이 많이 나옵니다. '가고, 보고, 가고, 보고'를 반복했다면, 아무리 힘센 삼손이라도 성적 본성을 이길 수 없었을 것입니다.

그런데 이 성적 본성을 이긴 사람이 성경에 있습니다. 요셉입니다. 그의 승리 비결은 무엇이었습니까?

> 여인이 날마다 요셉에게 청하였으나 요셉이 듣지 아니하여 동침하지 아니할 뿐더러 함께 있지도 아니하니라_창 39:10

성경에는 그가 여인과 함께 있지도 않았다고 기록되어 있습니다. 요셉이라고 감정이 없었겠습니까? 요셉은 당시 17세 소년이었습니다. 피 끓는 소년에게 유혹을 이기기란 분명 쉽지 않았을 것입니다. 그러나 요셉은 그 유혹을 이기고 방에서 뛰쳐나왔습니다. 그리고 그는 살았습니다.

언제나 한 번의 유혹을 조심해야 합니다. 최근에는 연예인 스캔들이 많이 나옵니다. 그중 좋지 못한 사건으로 나오는 스캔들에는 꼭 증거물로 SNS 내용이 캡처되어 나옵니다. 그 안에 나오는 대화 내용을 보면 대개 '한 번만 해 볼까? 한 번인데 어때?'라는 생각이 밑바탕에 깔려 있음을 보게 됩니다. 하지만 이러한 생각과 행동이 반복되면 결국 좋지 못한 결과를 만들어 낼 뿐입니다. 작은 것을 조심하십시오. 특히 우리의 눈과 손을 경계해야 합니다.

> 내 눈을 돌이켜 허탄한 것을 보지 말게 하시고 주의 길에서 나를 살아나게 하소서_시 119:37

이것이 첫 번째로 다스려야 할 우리 안에 있는 가사입니다.

가드를 정복하라

두 번째 남은 것은 가드입니다.

이스라엘 자손의 땅에는 아낙 사람들이 하나도 남지 아니하였고 가사와 가드와 아스돗에만 남았더라_수 11:22

가드 역시 지중해 해안 지역에 있는 블레셋 도시입니다. 이 지역에서 가장 유명한 사건은 골리앗입니다. 다윗과 골리앗의 싸움은 우리가 주일학교 때부터 들었던 재미있는 이야기입니다. 기독교인이 아니어도 이 이야기는 매우 유명합니다. 특히 다윗이 물맷돌을 던져 골리앗이 쓰러지는 장면은 모두에게 명장면으로 기억되지 않나 싶습니다. 그런데 골리앗이 쓰러진 후에도 블레셋이 계속 이스라엘을 위협한 것을 알고 있습니까?

블레셋은 오늘날 그리스의 여러 섬에 살던 해양민족이었습니다. 주전 14세기경, 그들은 자신들의 정치적 격변기에 생존을 위해 배를 타고 집단으로 이주했습니다. 그래서 일부는 시리아와 이집트로 가고, 일부는 이스라엘 바닷가로 상륙했습니다. 그때 가게 된 이스라엘 도시가 가사, 갓, 아스돗, 아스글론, 에글론입니다. 이를 '블레셋 펜타곤', '블레셋 5도시'라고 부릅니다.

이들이 성경에 처음 나타난 때는 사사 시대이고, 마지막으로 나타난 때는 다윗 시대입니다. 그러나 역사적으로 블레셋은 히스기야 시대까지 끈질기게 살아남아 이스라엘을 위협했습니다. 블레셋이 위협적이었던 이유는 그들이 철제무기를 사용했기 때문입니다. 아직 철기문화가 도입되지 못한 이스라엘에게는 그 병력의 차이가 너무나 컸습니다. 그래서 우리는 물맷돌을 가지고 나온 다윗과 창칼로 무장한 골리앗의 싸움을 석기문화와 철기문화의 대결로 다시 볼 수 있습니다. 골리앗이 얼마나 강한 철제무기로 무장하고 나왔는지 한번 살펴보겠습니다.

> ⁴블레셋 사람들의 진영에서 싸움을 돋우는 자가 왔는데 그의 이름은 골리앗이요 가드 사람이라 그의 키는 여섯 규빗 한 뼘이요 ⁵머리에는 놋 투구를 썼고 몸에는 비늘 갑옷을 입었으니 그 갑옷의 무게가 놋 오천 세겔이며 ⁶그의 다리에는 놋 각반을 쳤고 어깨 사이에는 놋 단창을 메었으니 ⁷그 창 자루는 베틀 채 같고 창 날은 철 육백 세겔이며 방패 든 자가 앞서 행하더라_삼상 17:4-7

골리앗의 키 "여섯 규빗 한 뼘"을 오늘날의 단위로 계산하면, 대략 280cm쯤 됩니다. 키가 약 3m 정도인 건장한 남자를 떠올려 보십시오. 그가 든 창 날이 철 600세겔이라 했으니 그 무게는 약 90kg입니다. 성인 남성의 무게가 창 무게인 것입니다. 심지어 그 창은 철로 만든 것이었습니다.

골리앗이 보인 문제의 본질은 힘입니다. 사람은 누구나 힘을 추구하며 살아갑니다. 가장 대표적인 힘이 권력입니다. 이 힘으로 약한 백성들을 누르는 자도 있습니다. 예를 들어, 히틀러Hitler나 김정은입니다. 그런데 재미있게도 사람들은 힘 있는 자를 싫어하면서 자신은 그 힘을 가지기 원합니다.

성공했다는 것도 곧 힘을 가졌다는 뜻입니다. 대표적인 힘이 돈입니다. 얼마 전, 롯데가家의 싸움을 보았습니까? 왜 싸웁니까? 돈 때문입니다. 살아 계신 아버지 앞에서 형제끼리 돈 때문에 목숨 걸고 싸웁니다. 그 돈을 가진 자가 곧 힘 있는 자라고 생각하기 때문입니다. 돈에는 신적인 속성이 있습니다. 실제 돈을 의미하는 '맘몬'이라는 이름의 신이 아람 나라에 있었습니다. 돈은 우리의 좋은 하인이면서 나쁜 주인입니다. 돈을 좋은 하인처럼 부리느냐 나쁜 주인처럼 섬기느냐는 우리에게 달려 있습니다.

돈만 힘이 아니고 지식도 힘이고 학위도 힘입니다. 과학도 힘이고 정보도 힘입니다. 우리가 사는 세상은 모든 것이 힘의 논리로 개발되고 힘으로 지탱됩니다. 이 세상은 오직 힘 있는 자만이 살아남습니다. 가드 출신 골리앗이 보여 준 메시지는 바로 우리 안에 숨어 있는 이 힘의 유혹입니다.

성경에서 힘의 유혹을 이기지 못한 대표적인 사람은 바로 사울입니다. 그는 힘을 가지면 모든 것이 가능하다고 생각했습니다. 처음에 사울은 매우 겸손한 사람이었습니다. 아버지가 잃어버린 나귀를 찾는 착한 아들이었고삼상 9:3-4, 사무엘이 하나님의 계시를 받고 그에게 기름 부으려 했을 때 짐보따리에 숨을 정도로 순수한 사람이었습니다삼상 10:22. 하지만 사울은 기름 부음을 받자마자 변합니다. 그가 기름 부음을 받고 했던 첫 번째가 블레셋 전쟁을 앞두고 하나님께 제사 드리는 일이었습니다. 그때 사무엘이 늦게 오자, 사울은 그를 대신하여 번제를 드립니다. 사무엘이 와서 왜 그랬는지 묻자, 사울은 "부득이해서 했다"고 얼버무렸습니다. 이 말에 사무엘은 "네 나라가 오래 가지 못하리라. 여호와께서 이제 새 사람을 세워 이스라엘의 지도자로 삼으리라"는 말을 하고 떠납니다삼상 13:8-14.

또 사울은 자신 외의 다른 사람이 힘을 가져서는 안 된다고 생각했습니다. 그래서 그는 여러 번 다윗에게 창을 던졌고삼상 18:10-11, 19:9-10, 그 좁은 엔게디 골짜기에서 다윗을 잡으려고 군대 3,000명을 동원했습니다삼상 24:2. 그렇게 20여 년 동안 다윗을 죽이려고 쫓아다닌 사울은 결국 블레셋 사람에 의해 두 아들과 함께 비참한 죽음을 맞이합니다삼상 31장.

사울이 이렇게 변한 이유는 무엇일까요? 힘에 대한 유혹 때문입니다. 착하고 순수했던 사울은 자신이 감히 왕이 될 자격이 없다며 짐보따리 뒤에 숨은 자였습니다. 그런데 기름 부음을 받자마자 변했습니다. 힘이 생기자마자 변했습니다. 영적 아버지였던 하나님의 종 사무엘을 자기와 동등시했고, 다윗을 향한 두려움과 질투에 눈이 멀어 그를 죽이려 했습니다. 얼마나 악하게 변했습니까?

이러한 일은 지금도 비일비재하게 벌어지고 있습니다. 그래서 우리는 지도자가 된 경우, 이 힘의 유혹을 조심해야 합니다. 언제나 처음의 모습을 그대로 유지할 수는 없습니다. 하지만 늘 '내가 잘하고 있는가? 지금 하는 이 일을 하나님의 은혜로 하고 있는가? 백성을 섬기며 일하고 있는가? 백성 위에서 하나님이 아닌 나를 드러내고 있지는 않은가?' 등을 살펴보아야 합니다. 사람들이 원하는 지도자는 능력도 있지만, 처음이나 지금이나 변함없는 사람입니다. 대통령도 그렇고 국회의원도 그렇고 교회 지도자도 그렇습니다.

이처럼 우리 속에 있는 힘에 대한 유혹을 다스려야 합니다. 우리 안에 도사리고 있는 골리앗을 경계해야 합니다. 이것이 두 번째로 다스려야 할 우리 안에 있는 가드입니다.

아스돗을 정복하라

마지막 세 번째로 남은 것이 아스돗입니다. 아스돗도 가사, 가드와 함께 지중해에 위치한 블레셋 도시입니다. 이곳에서 일어난 유명한 사건은 이스라엘이 블레셋에게 법궤를 빼앗겼던 사건입니다.

> ¹블레셋 사람들이 하나님의 궤를 빼앗아 가지고 에벤에셀에서부터 아스돗에 이르니라 ²블레셋 사람들이 하나님의 궤를 가지고 다곤의 신전에 들어가서 다곤 곁에 두었더니_삼상 5:1-2

블레셋 사람들은 자기들이 가진 최신 철제무기로 이스라엘의 법궤를 빼앗았습니다. 그리고 그것을 자기들의 신당인 다곤 신전에 가져다 놓았습니다. '다곤'Dagon은 히브리어로 물고기를 뜻하는 '다간'Dagan에서 왔습니다. 블레셋은 해양민족이라 물고기를 신으로 믿고 있었는데, 다곤 신전은 바로 이 신을 섬기던 곳이었습니다. 당시 사람들은 다른 나라의 신을 빼앗아 자기 신전에 가져다 놓으면 전쟁에서 승리한다고 믿었습니다. 그래서 블레셋도 법궤를 가져다 놓았던 것입니다. 그런데 다음 날, 자신들의 신이 법궤 앞에 쓰러져 있는 것을 보았습니다. 다시 세우고 다음 날 보니, 또다시 쓰러져 있었는데 이번에는 머리와 두 손목이 끊어져 있는 상태였습니다. 이를 본 블레셋 사람들은 '이 신이 우리 신보다 강한가 보다'라고 생각하며 법궤를 두려워하기 시작했습니다_삼상 5:3-7.

이 이야기에서 볼 수 있는 우리 안에 숨은 유혹은 무엇일까요? 우상 숭배의 유혹입니다. 사람은 끊임없이 무엇인가 숭배하고 싶어 합니다. 우상은 눈에 보이는 조각만이 아닙니다. 더 큰 우상은 눈에 보이지 않는 우상입니다. 우상은 다른 말로 하나님 대용품입니다. 곧 짝퉁 하나님입니다. 하나님이 아닌 것을 하나님처럼 섬기는 것입니다. 김정은은 북한 주민이 하나님보다 더 섬기기 때문에 우상입니다. 땅 투기를 하나님보다 사랑한다면 그것도 우상입니다. 인터넷도 우상입니다. 이 밖에 우리 안에는 하나님을 대신하는 참 많은 우상이 있습니다. 칼빈Calvin이 말한 대로 우리는 근본적으로 우상 제조기입니다.

이제 지금까지 나온 유혹들을 정리해 보겠습니다.

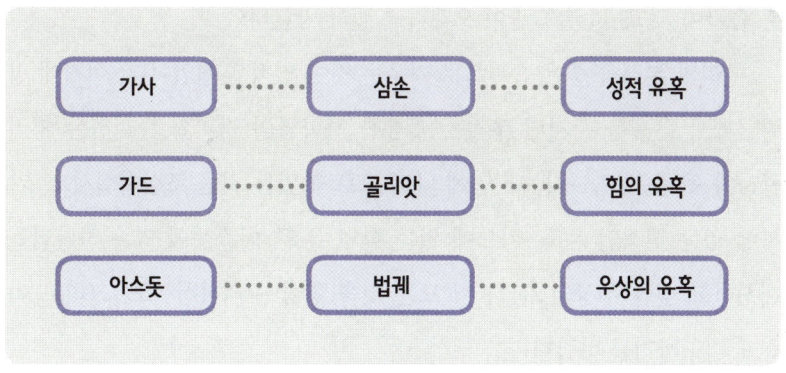

| 3가지 유혹들 |

이 유혹들은 누구에게나 다 있습니다. 그래서 우리는 참된 신앙생활을 하기 위해 끊임없이 우리 안에 있는 것을 살펴보아야 합니다. 제일 좋은 방법은 평소에 내가 무엇 때문에 자주 실수하는지를 보는 것입니다. 평

소에 자주 넘어지는 것이 내 안에 있는 것입니다. 내가 실수하고 넘어지는 것은 모든 것이 잘못되어서가 아니라, 어느 한 가지가 지나치게 많기 때문입니다. 삼손은 이성 문제로 넘어졌습니다. 사울은 권력 때문에 넘어졌습니다. 블레셋은 우상 때문에 넘어졌습니다. 누구나 약점은 있습니다. 하지만 평소에 이것들과 싸우지 않는다면 실패한 인생이나 다름없게 됩니다.

저는 제 약점을 너무 잘 압니다. 이성에 약합니다. 돈에 약합니다. 명예에 약합니다. 힘에 대한 유혹에도 약합니다. 틈만 있으면 다른 것을 섬깁니다. 중요한 것은 이것입니다. '본성과 부패한 습관은 다르다.' 본성은 하나님께서 주신 것입니다. 그러나 부패한 습관은 우리가 본성을 주의하지 않고 잘못 키워서 나쁜 열매로 맺은 것입니다. 나쁜 것을 반복하면 나쁜 습관이 되고, 나쁜 습관이 오래가면 결국 망합니다.

우리의 본성을 좋은 습관으로 키우는 것이 영적 훈련입니다. 여기에 성령님께서 은혜를 주시면 우리는 훌륭한 하나님의 자녀요 승리하는 영적 군사가 될 수 있습니다. 내 안에 나도 모르게 있는 것을 조심하십시오. 가사에 있는 성적인 유혹, 가드에 있는 힘의 유혹, 아스돗에 있는 하나님을 대신하고 싶은 우상의 유혹, 이 모든 것을 항상 주의하십시오. 그리고 이렇게 기도하기를 바랍니다.

"주여, 우리에게 성령을 부으사 날마다 여호수아처럼 싸우게 하셔서 마침내 우리 모두가 하나님에 의해 완전히 지배되게 하소서."

용서하소서[28]

오 하나님, 저를 용서하소서.
제 차가운 마음을, 비겁함을, 시간 낭비한 것을,
교만을, 제 고집을 더 좋아하는 것을,
제 연약함과 성실치 못함을,
제 생각의 혼란을, 주님의 임재를 자주 잊는 것을!
용서하소서. 저의 죄를 용서하소서.
제가 범한 모든 허물을, 특별히 주님을 믿은 이후에 범한 죄들을!
주님께서 주신 많은 은혜를 감사드립니다.
나의 주, 나의 하나님, 오셔서 저를 도와주소서.
저를 믿게 하기 위해 주님은 제게 은혜를 비처럼 부어 주셨습니다.
지금도 주시는 주님의 은혜를 사용하여 제게 기대하시는 일을 이루게 하소서.
주님은 자격 없는 저를 한없는 사랑으로 부르시어 일을 맡기십니다.
나의 하나님, 우리 주님 예수 그리스도를 위해 제 마음을 당신께 돌려주소서.
하나님은 "이 돌들로도 아브라함의 자손을 일으키시는" 분입니다.
하나님은 피조물에 전능하신 분이며, 저를 통해 모든 일을 하실 수 있습니다.
하오니 제게 바른 마음을 주시고,
구하는 자에게 약속하신 그 지혜를 제게 주소서.
제 마음을 바꾸시어 숨이 다하는 날까지
그리고 영원히 하나님께 영광 돌리게 하소서.

_샤를 드 푸코

| 샤를 드 푸코(Charles de Foucauld, 1858-1916)

가톨릭 선교사로서 '사하라의 은자'(隱者)라 불렸다. 1882년 군에서 퇴역한 후, 1988년까지 모로코를 탐험하고, 1889년까지 성지를 순례했다. 1901년 사제가 되어 아프리카 오지 타만라세트에서 원주민을 돌보아 주며 존경을 받았으나, 제1차 세계대전 중 원주민 반란으로 살해됐다.

"이스라엘 자손이 여호와께서 모세에게 명령하신 것과 같이
행하여 그 땅을 나누었더라"

여호수아 14:5

15

우리에게 주신 하나님의 기업

여호수아 14:1-5

저희 아버지는 아직도 까만 머리가 많으십니다. 반대로 어머니는 30대부터 흰머리가 많으셨습니다. 저는 한동안 흰머리가 없어 아버지를 닮은 줄 알았습니다. 그런데 한 10여 년 전부터 흰머리가 나기 시작했습니다. 한번은 어머니가 말씀하셨습니다. "이 목사, 흰머리가 보기 안 좋아. 내가 살아 있을 때만이라도 염색해." 저는 효도하는 차원에서 염색을 시작했습니다. 그러다 지난주에 어머니께 전화를 드렸습니다. "어머니, 이제 머리 그대로 둘래요. 자연스러운 것이 좋은 것 같아요. 그냥 두도록 허락해 주세요." 그렇게 허락받고 염색을 안 하기 시작했습니다. 제가 흰머리를 그대로 두려고 하는 것은 염색하기 귀찮아서가 아닙니다. 흰머리도 제가 부모로부터 받았고 제 안에 이미 있는 것이기 때문입니다. 이것을 감춘다고 없어지는 것도 아니고 나쁜 것도 아닙니다. 그저 나이가 들어 생긴 자연스러운 현상입니다. 사람은 나이에 맞게 사는 것이 가장 좋습니다. 나이도 흰머리도 하나님께서 주신 것이기 때문입니다.

여러분은 행복의 비결이 무엇이라고 생각합니까? 톨스토이Tolstoy는 이렇게 말했습니다.

"세상에서 가장 중요한 때는 바로 지금이고, 가장 중요한 사람은 지금 함께 있는 사람이며, 가장 중요한 일은 지금 내가 하는 일이다."

거기에 저는 한 가지 덧붙이고 싶습니다.

"세상에서 가장 소중한 것은 지금 내가 가지고 있는 것이다."

대부분의 사람은 자신이 가지고 있는 것이 무엇인지 잘 모릅니다. 잘 모를 뿐 아니라 알아도 감사하지 않습니다. 그러면서 항상 나는 없다고 생각합니다. 부족하다고 생각합니다. 정말 나는 다른 사람보다 적게 가졌을까요? 실제로 내가 적게 가졌기 때문에 불행한 걸까요? 미국의 시인 에머슨Emerson은 말했습니다.

"내 안에 있는 것이 내 밖에 있는 것보다 크다."

우리는 그동안 여호수아와 함께 가나안 정복에 참여했습니다. 이제는 땅 분배에 관한 주제로 옮겨 가겠습니다. 땅 분배는 여호수아 13장부터 시작합니다. 그런데 왜 땅 분배가 필요할까요? 왜 이것이 중요할까요?
이스라엘 백성은 홍해를 건너 40년 광야를 지났습니다. 가나안 땅에 살기 위해서였습니다. 가나안 족속과 생사를 건 전쟁을 했습니다. 그 땅에 살기 위해서였습니다. 그것이 땅 분배입니다. 이스라엘 백성은 오직 이 목적으로 살아왔습니다. 여호수아 말씀 안에서도 그 분량이 가장 많습니다. 가나안 전쟁 준비가 1-5장까지 총 5장이고, 전쟁이 6-12장으로 총 6장이지만, 땅 분배는 13-21장까지 총 9장입니다. 왜 이렇게 많은지 알고 있습니까? 약속의 땅에 사는 것이 하나님의 뜻이기 때문입니다. 그렇다면, 하나님은 이스라엘 백성에게 그 땅을 어떻게 허락하셨을까요?

모두 받았다

땅 분배의 첫 번째 원칙은 이스라엘 백성이 모두 다 받았다는 것입니다. 말씀을 보면, 땅 분배 과정에서 이스라엘 백성이라면 누구나 예외 없이 땅을 받았습니다. 어른도, 아이도, 남자도, 여자도, 전쟁에 나가 싸운 군인도, 전쟁에 나가지 않은 노인도 다 땅을 받았습니다. 각 지파가 받은 땅의 위치나 크기는 다르지만 모두 받았습니다. 이중 레위 지파만 받지 않았습니다. 하나님을 예배하고 율법을 가르치는 것이 그들의 일이었기에, 레위 지파의 기업은 하나님이었습니다. 그 외의 지파는 다 땅을 받았습니다.

우선 유다 지파는 가장 가운데 있는 땅을 받았습니다. 그 중심에 예루살렘이 있습니다. 단 지파는 바닷가에 위치한 땅을 받았습니다. 그래서 주로 블레셋과 상대해야 하는 역할을 했습니다. 베냐민 지파는 예루살렘 근처의 땅을 받았습니다. 작지만 예루살렘과 가까웠습니다. 납달리, 아셀, 스불론, 잇사갈, 이 네 지파는 갈릴리 호수 주변의 땅을 받았습니다. 이들이 받은 땅은 당시 북쪽에 있던 소외된 지역이었지만 비옥할 뿐 아니라 훗날 예수님께서 활동하셨던 곳입니다. 요셉의 아들, 에브라임과 므낫세는 북쪽의 사마리아 지역에 나란히 분배받았습니다. 이곳은 북부의 중심 지역으로 이후 북왕국 이스라엘을 이루었습니다. 시므온 지파는 이스라엘 남부에 있는 광야 지역을 받았습니다. 환경은 나빴지만 가장 넓은 땅으로 오늘날 이스라엘 정부가 개간해서 지금은 사막의 샘이 흐르고 있습니다.

심지어 민수기 27장에 보면, 슬로브핫의 딸들도 땅을 분배받았습니다. 이스라엘의 계보는 아들에서 아들로 이어집니다. 그런데 슬로브핫에게는 아들이 없고 딸만 있었습니다. 그래서 자칫 땅을 못 받을 수도 있었습니다. 그때 모세가 듣고 그들에게도 땅을 분배해 주었습니다. 땅은 남자에게만 아니라 모든 이스라엘 백성의 것이었기 때문입니다.

여기서 아주 중요한 원칙이 있습니다. '땅은 이스라엘 백성이기 때문에 받는다'입니다. 땅을 받은 사람들의 공통점은 그들이 이스라엘 백성이라는 것이었습니다. 그들 중에 위험을 무릅쓰고 전쟁에 나간 사람도 있고, 전쟁이 무서워 방 안에 있던 노인도 있었습니다. 그러나 전쟁에 안 나갔다고 땅을 못 받은 사람은 아무도 없었습니다. 전쟁에 나가 크게 공을 세운 군인도 있었지만, 그렇다고 남들보다 더 많은 땅을 받은 사람은 없었습니다. 전쟁에 나갔든 못 나갔든, 전쟁에 기여했든 못 했든 그들은 단 한 가지 이유로 땅을 받았습니다. 이스라엘 백성이라는 이유였습니다.

왜 이 사실이 중요합니까? 여러분은 세상의 모든 자녀가 부모의 사회적 신분과 동일시된다는 사실을 알고 있습니까? 예를 들어, 아버지가 대통령이면 딸도 대통령의 딸이 되고, 아버지가 기업 회장이면 아들도 기업 회장의 아들이 됩니다. 그래서 신분이 있는 사람의 자녀라면, 아버지가 가진 특권에 동참하게 됩니다. 그들에게 능력이 있어서가 아니라, 신분을 가진 사람의 자녀이기 때문에 그렇습니다.

저와 여러분도 똑같습니다. 살아가면서 많은 은혜와 축복을 받습니다. 그 이유가 무엇입니까? 딱 하나입니다. 하나님의 자녀이기 때문입니다. 우리가 하나님께 속해 있기 때문입니다. 물론 자녀 간에는 상대적 불평등이 있을 수 있습니다. 장가가는 큰아들에게는 아버지가 집을 줍니다. 초등학생이 된 막내에게는 인형을 사 줍니다. 집과 인형은 비교할 수 없지만 아버지와 아들과의 관계에서는 똑같습니다. 막내에게 준 인형이 큰아들에게 준 집보다 작지 않고, 큰아들에게 준 집이 막내에게 준 인형보다 크지 않은 것은 자녀에 대한 아버지의 사랑이 동일하기 때문입니다. 마태복음 25장에 나오는 달란트 비유가 그것입니다. 이 이야기에는 주인에게 5달란트 받은 사람, 2달란트 받은 사람, 1달란트 받은 사람이 나옵니다. 액수는 물론 차이가 있습니다. 그러나 주인과 종의 관계에서는 모두 동일합니다.

언젠가 슈퍼마켓에서 2개의 소고기를 놓고 실험한 적이 있었습니다. 하나는 '99% 무지방'이라고 쓰고, 다른 하나는 '1% 지방 포함'이라고 적었습니다. 그 자리에 여러분이 있었다면 무엇을 선택하겠습니까? 자세히 보면, '99% 무지방'이나 '1% 지방 포함'은 같은 내용입니다. 즉, 같은 소고기입니다. 그런데 사람들은 '99% 무지방'을 더 많이 선택했다고 합니다. 우리가 서로 비교하고 사는 것도 결국 이와 같습니다. 알고 보면 별 차이가 없는데 우리는 남과 비교하며 치열하게 살아갑니다. 50만 원짜리 옷은 비싸다고 생각하면서, 100만 원짜리를 50만 원에 사면 싸다고 생각합니다. 얼음물에 손을 담갔다가 미지근한 물로 옮기면 뜨겁다고 느끼고, 뜨거운 물에 손을 담갔다가 얼음을 만지면 시원하다고 느낍니다. 문제는 사실이 아니라 느낌입니다. 우리가 속는 것은 이 느낌이고, 우리를 불행하게 하는 것은 비교하는 감정입니다. 그래서 우리는 행복하기 위해 하나님 안에서 누군가와 비교하지 말고 하나님만 바라보아야 합니다. 하나님은 언제나 우리에게 풍성하게 베푸시고 공평하게 대하시기 때문입니다.

> 또한 어떤 사람에게든지 하나님이 재물과 부요를 그에게 주사 능히 누리게 하시며 제 몫을 받아 수고함으로 즐거워하게 하신 것은 하나님의 선물이라_전 5:19

대상에 제한은 없습니다. 하나님은 누구에게나 주십니다. 날 때부터 부자는 없습니다. "어떤 사람에게든지 하나님이 재물과 부요를 그에게 주사 능히 누리게 하시며"라는 말씀처럼 하나님께서 주십니다. 하나님은 그 자녀에게 풍성하게 그리고 공평하게 은혜를 내리십니다.

> 땅과 거기에 충만한 것과 세계와 그 가운데에 사는 자들은 다 여호와의 것이로다_시 24:1

> 여호와는 나의 목자시니 내게 부족함이 없으리로다_시 23:1

> 우리 가운데서 역사하시는 능력대로 우리가 구하거나 생각하는 모든 것에
> 더 넘치도록 능히 하실 이에게_엡 3:20

하나님은 풍성하고 공평하게 우리를 대하십니다. 남과 비교하면 차이가 있지만 하나님 앞에서는 누구나 동일합니다. 가나안에 땅을 분배받은 열두 지파를 보십시오. 어떤 지파는 산악 지역에, 어떤 지파는 들에, 어떤 지파는 물도 없는 사막에 분배받았습니다. 그런데 누구도 비교하거나 불평하지 않았습니다. 하나님께서 꼭 맞게 주셨다고 믿었기 때문입니다. 유목민에게는 광야를 주시고, 농사하는 사람에게는 들을 주시고, 인구가 많으면 넓은 땅을, 인구가 적으면 좁은 땅을 주셨습니다. 누구에게나 똑같지는 않았지만 알맞게 주셨습니다. 나에게 맞고 내가 할 수 있는 것이 좋은 것이고 알맞은 것입니다. 하나님은 자녀인 우리에게도 가장 좋고 알맞은 것을 주십니다.

행한 대로 받았다

땅 분배의 두 번째 원칙은 행한 대로 받았다는 것입니다. 앞에서 상대적 불평등과 절대적 평등 이야기를 했지만, 우리가 하나님께 받은 것은 하나님의 마음으로 보면 다 똑같습니다. 그러나 실제로 보면 많은 차이가 있습니다. 어디에서 그 차이가 나오는 것일까요? 먼저 하나님께서 감추신 경

룬에서 왔을 것입니다. 그리고 또 하나가 있다면 우리의 행동에 있을 것입니다.

다음에 나오는 지도를 보면, 넓고 좋은 땅에 분배받은 지파가 눈에 띌 것입니다. 가운데 있는 유다 지파와 북쪽에 있는 에브라임, 므낫세 지파입니다.

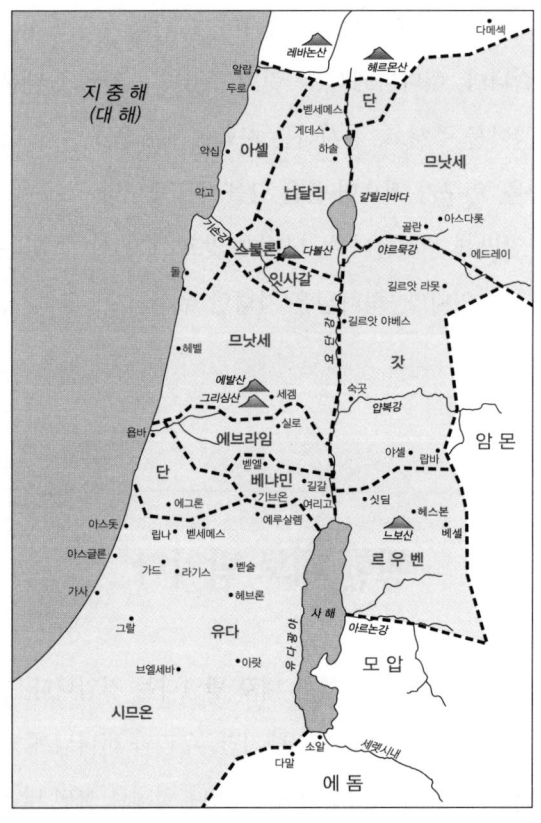

| 땅 분배 |

먼저 유다 지파를 보겠습니다. 유다는 야곱의 넷째 아들입니다. 그는 광야에서 요셉을 죽이지 않고 애굽에 팔아 훗날 이스라엘이 구원받도록 준비한 자였습니다. 물론 그도 잘못한 것이 많았습니다. 그러나 결정적인 때 장자의 역할을 하며 리더십을 발휘하여 이스라엘을 살려 냈습니다. 이 공로로 그는 후손 중에 이스라엘의 왕이 나오는 축복을 받게 되는데, 다윗과 솔로몬 등 40명의 왕이 그 허리에서 나왔습니다. 그래서 그가 받은 땅이 헤브론, 예루살렘, 베들레헴 등 왕도입니다. 헤브론에서는 다윗이 기름 부음을 받았고, 예루살렘에서는 다윗이 왕이 된 후 다윗 왕국이 350년 동안 지속되었고, 베들레헴에서는 다윗의 후손인 예수님께서 태어나셨습니다. 이것은 분명 유다의 행동에 대한 하나님의 보상이었습니다.

다시 지도를 보면, 이스라엘 북쪽에 에브라임, 므낫세 지파가 있습니다. 이들은 요셉의 두 아들입니다. 이들이 받은 복을 이야기하려면 먼저 요셉의 때로 거슬러 올라가야 합니다. 요셉은 형들에게 미움을 받아 애굽으로 팔려 갔습니다. 하지만 이후 애굽 총리가 되어 형들을 용서하고 아버지와 형제들을 데리고 와 고센 땅에서 살았습니다. 또한 아버지가 죽은 후에도 후손들을 먹이고 책임졌습니다. 이러한 요셉의 선한 행동은 이후 그의 두 아들에게까지 미쳐 복이 이어집니다. 특히 다른 지파는 모두 하나인데 요셉만이 두 지파입니다. 그중 므낫세 지파의 반절이 요단 강 동편에 정착한 것을 생각하면 요셉은 결국 세 지파의 몫을 받은 것입니다. 왜 그렇습니까? 요셉의 아름다운 행동에 대한 하나님의 복이었습니다.

그래서인지 하나님의 돌보심이 느껴지는 사람을 보면, 그 부모나 선조 중 훌륭한 분이 많습니다. 6·25 때, 순교한 유계준 장로님을 알고 있습니까? 이분은 평양 산정현교회 장로로, 주기철 목사님이 감옥에 계실 때 5년 6개월을 옥바라지하고 주 목사님이 순교하신 후에도 그 유족을 돌보았습니다. 이후 해방이 되어 모두가 공산당을 피해 남으로 내려갔을 때, 유 장로님만이 홀로 교회를 지켰습니다. 얼마 뒤, 공산당이 교회를 가마니 공장으로 만들겠다며 막무가내로 쳐들어왔습니다. 이때 유 장로님은 교회 기둥을 붙든 채 온몸으로 막았고, 결국 공산당이 쏜 총에 맞아 순교하게 되었습니다.

유 장로님의 이 희생은 다시 생각해도 너무 안타깝습니다. 하지만 장로님의 이 용감한 행동은 큰 복이 되어 그분의 자녀들에게 돌아갔습니다. 그들을 살펴보면, 장남 유기원 장로는 국립의료원장, 2남 유기형 장로는 부산의대 교수, 3남 유시천 장로는 서울법대 학장, 4남 유기천 장로는 서울대 총장, 5남 유기진 장로는 부산에서 장기려 박사와 함께 근무한 안과 의사였습니다. 6남도 미국에서 의사입니다. 장녀 유기옥 권사님은 서울 누가 의료원 원장, 차녀 유기숙 권사는 전 부총리였던 이한빈 씨 아내이며 숭실대 총장이었습니다. 유계준 장로님의 후손이 모두 106명인데 지금까지 사회 각계에서 유명인사로 활동하고 있습니다. 그들의 선조는 오직 교회를 사랑하고 목사님을 섬기면서 가난하게 살다가 교회 기둥을 붙들고 순교했지만, 그가 받을 복을 그 자녀들이 받은 것입니다. 하나님은 반드시 심는 대로 거두시고 행한 대로 갚으십니다.

혹시 여러분 가운데 하나님께서 돌보아 주심을 느끼고 있다면, 그것은 여러분의 선조와 부모가 희생해서 그런 것이라고 생각해야 합니다. 부모는 눈물로 심고 그 열매를 보지 못할 수 있습니다. 하지만 자신의 후손들이 그 열매를 먹는다고 생각하면 그 희생은 아무것도 아니게 됩니다.

목회도 부모님이 기도하면 더 힘을 받는 것 같습니다. 저도 평생 부모님의 기도로 목회를 합니다. 얼마 전, 어머니에게서 급한 전화가 왔습니다. 첫마디가 "별일 없냐?"였습니다. 별일 없다고 했더니 "내가 꿈을 꾸었는데 네가 저 밑바닥에 쓰러져 있더라. 그 꿈을 2번이나 꾸었어"라고 하시는 것입니다. 저는 깜짝 놀랄 수밖에 없었습니다. 사실 그때가 영적 시련으로 힘든 상황이었기 때문입니다. 다른 것은 속여도 기도하는 분을 속일 수는 없었습니다. 그래서 이런저런 일이 있었다고 말씀드리니, "목회자는 가끔 바닥에 있어 보아야 한단다. 바닥에 있어야 바닥에 있는 사람을 이해하지 않겠니?"라고 하셨습니다. 어머니의 이야기를 듣고 난 후부터 저는 바닥에 있는 것이 편해졌습니다. 바닥에 있으면 그 의미를 묵상할 수 있고, 그와 관련한 많은 은혜를 받을 수 있다는 것을 알았기 때문입니다. 그래서 저는 기도하는 부모님 덕분에 제가 여기 있다고 생각합니다. 저뿐만 아니라 우리 모두가 그럴 것입니다. 우리도 만일 그렇게 기도한다면 우리 자녀들도 복을 받지 않을까요?

그런데 유다 지파와 요셉 지파가 하나님의 복을 받은 반면, 심판을 받은 지파도 있습니다. 르우벤 지파와 시므온 지파입니다. 르우벤은 야곱의 장자입니다. 장자는 다른 자녀보다 더 많은 복을 받아야 마땅하지만 르우벤은 그렇지 못했습니다. 그 이유는 그가 서모, 곧 아버지의 다른 부인을 겁탈했기 때문입니다. 그의 성격 또한 끓는 물과 같았습니다창 49:4. 성급한 그는 이스라엘 백성이 요단 강을 건너기 전에 지금의 요르단 지역을 자신의 땅으로 분배해 달라고 요청했습니다. 그래서 땅을 받았지만, 시간이 지난 지금은 그가 거기 살았다는 아무런 흔적도 찾아볼 수가 없습니다.

시므온은 매우 포악했습니다. 창세기 34장에 보면, 그는 세겜 족속이 여동생 디나를 욕보이자 분개해서 레위와 함께 세겜 주민들을 대량 살육합니다. 이후 그들은 이 일 때문에 남쪽으로 이주해야만 했습니다. 또한 창세기 37장에서 그는 요셉을 구덩이에 던져 죽일 계획도 세웁니다창 37:20. 요셉이 애굽 총리일 때, 그가 볼모로 잡은 유일한 인물도 시므온이었습니다창 42-43장. 시므온은 회개가 없었습니다. 그래서 그는 야곱이 아들들을 축복할 때 "시므온과 레위는 형제요 그들의 칼은 폭력의 도구로다"창 49:5 라는 말을 들었고, 그의 지파는 모세가 죽기 전에 모든 지파를 축복할 때 아무 말도 듣지 못했습니다신 33:1-29. 그리고 오늘 하나님은 그 책임을 물어 시므온 지파를 고통스러운 지금의 네게브 사막으로 보내십니다. 이것은 분명한 하나님의 심판이었습니다.

어떻습니까? 혹시 하나님께서 은혜로우시니까 내가 아무렇게나 해도 된다고 생각합니까? 여호수아의 땅 분배 지도를 다시 보십시오. 남쪽에서 아말렉 같은 사막 족속을 방어하는 시므온 족속과 서쪽에서 블레셋 족속을 방어하는 단 지파 사이에 유다 지파가 있습니다. 그리고 북쪽의 여러 지파도 에브라임, 므낫세 지파를 지키는 형태로 되어 있습니다. 즉, 유다 지파와 에브라임, 므낫세 지파가 중심에 있고, 나머지 지파들이 이들을 감싸고 있는 모습으로 형성되어 있습니다. 이것을 통해, 우리가 믿음으로 살고 의롭게 살고 말씀대로 살면 하나님은 언제나 우리를 지켜 주신다는 것을 깨닫게 됩니다. 하나님은 우리가 행한 대로 갚아 주십니다.

제비뽑아 받았다

마지막 땅 분배의 원칙은 제비뽑기였습니다. 하나님은 모든 이스라엘 백성에게 땅을 다 주셨으나 그들의 행위에 따라 주셨습니다. 그러면 질문이 하나 나옵니다. 하나님께서 우리의 행위에 따라 주신다면, 잘못한 사람들에게는 아무것도 안 주신다는 것일까요? 그렇다면, 죄인에게는 아무런 희망이 없는 것일까요? 그래서 하나님께서 쓰신 방법이 제비뽑기입니다.

> 여호와께서 모세에게 명령하신 대로 그들의 기업을 제비 뽑아 아홉 지파와 반 지파에게 주었으니_수 14:2

여기에 '아홉 지파'와 '반 지파'라는 말이 나옵니다. 요단 강을 건너기 전에 르우벤, 갓, 므낫세 반 지파는 이미 땅을 분배받았습니다. 그래서 요단 강을 넘은 이후, 여호수아가 전쟁을 마치고 보니 이제 아홉 지파 반이 남아 있었습니다. 그래서 이들을 모아 놓고 제비뽑기를 통해 땅을 결정한 것입니다. 제비뽑기는 제사장의 가슴 안에 우림과 둠밈이라는 두 돌을 두고 기도한 후에 돌을 꺼내서 흰 돌이 나오면 하나님의 응답으로 보고, 검은 돌이 나오면 아닌 것으로 보는 하나님의 뜻을 묻는 방식입니다. 성경은 이 제비뽑기에 대해 '뽑기는 사람이 뽑으나 결정은 하나님께서 하신다'라고 말합니다_잠 16:33. 다시 말해, 제사장이 두 돌 중의 하나를 꺼내지만 그 결정은 하나님께서 하신다는 것입니다.

이처럼 여러분은 삶의 모든 결정을 하나님께 맡기고 있습니까? 눈으로 볼 때는 당회와 목회자가 결정하지만 모든 것은 하나님께서 하신다고 믿습니까? 회사 업무를 사장과 이사회가 결정하고, 나랏일을 국회와 대통령이 결정하지만 결국 모든 일은 하나님께서 결정하신다는 것을 믿습니까?

여호와께서 사람의 걸음을 정하시고 그의 길을 기뻐하시나니_시 37:23

모든 걸음은 하나님께서 정하십니다. 하나님의 결정은 언제나 옳고 은혜롭습니다. 죄인이라고 안 들어 주시는 것도 아니고, 약하다고 일부러 망하게 하지도 않으십니다. 그래서 우리는 매사에 염려할 필요가 없습니다. 이와 관련해 우리에게 익숙한 말씀 하나를 보겠습니다.

그러므로 내가 너희에게 이르노니 목숨을 위하여 무엇을 먹을까 무엇을 마실까 몸을 위하여 무엇을 입을까 염려하지 말라 목숨이 음식보다 중하지 아니하며 몸이 의복보다 중하지 아니하냐_마 6:25

우리가 주로 염려하는 것은 솔직히 영적인 문제가 아닙니다. '무엇을 먹을까 무엇을 마실까' 하는 육신적인 문제를 염려합니다. '염려'라는 영어 단어 'worry'는 '목 조르다'라는 뜻을 가진 고대 영어 'wyrgan'에서 나왔다고 합니다. 염려는 우리를 목 졸라 죽이는 치명적인 것입니다. 마태복음 5-6장에서도 예수님은 3가지 이유에서 염려하지 말라고 말씀하십니다. 첫째, 염려의 비생산성입니다. '염려한다고 키가 한 자나 더 크겠느냐?'마 6:27. 둘째, 염려의 불필요성입니다. '공중의 새를 보라. 너희의 하늘 아버지께서 기르시나니'마 6:26. 셋째, 염려의 비신앙성입니다. '내일 아궁이에 던져지는 들풀도 하나님께서 입히시거든 하물며 너희일까 보냐. 믿음이 작은 자들아'마 6:30. 염려하는 우리에게 예수님께서 끊임없이 하신 말씀은 '하늘 아버지'입니다. 하늘 아버지가 입히시고, 하늘 아버지가 먹이십니다. 그러므로 믿음을 가진 자들은 염려할 것이 없습니다.

너희 염려를 다 주께 맡기라 이는 그가 너희를 돌보심이라_벧전 5:7

하나님께서 돌보시기 때문에 염려하지 말아야 합니다.

아무 것도 염려하지 말고 다만 모든 일에 기도와 간구로, 너희 구할 것을 감사함으로 하나님께 아뢰라_빌 4:6

우리가 하나님께 기도하면 염려할 필요가 없습니다. 아우슈비츠 수용소에서 살아남은 루마니아의 코리 텐 붐Corrie ten Boom이 말했습니다.

"염려는 내일의 슬픔을 덜어 주는 것이 아니라 오늘의 힘을 빼앗아 가는 것이다."

하나님을 믿고 그 아들을 믿는 자에게 모든 것이 다 주어집니다. 예수님 안에 모든 것이 있습니다.

바론 피츠제럴드Baron Fitzgerald라는 유럽의 갑부가 있었습니다. 그는 대단한 부자로 유명한 그림을 많이 소장하고 있었습니다. 그에게는 아들이 하나 있었는데 어느 날 사고로 죽고 말았습니다. 너무 큰 상처를 받은 아버지는 오랫동안 슬퍼하다가 죽었습니다. 그가 죽은 후, 그가 남긴 유언장이 공개되었습니다. 유언장에는 자기가 소장한 모든 그림을 판매하라고 적혀 있었습니다. 경매하는 날, 많은 사람이 모였습니다. 변호사가 피츠제럴드의 유언장을 읽었습니다. 유언장은 모든 그림을 팔되 제일 먼저 「내 사랑하는 아들」이란 그림을 팔라고 했습니다. 이 그림은 무명 화가가 그린 피츠제럴드 아들의 초상화였습니다. 그러다 보니 아무도 그 그림을 사지 않았습니다. 그런데 얼마 후, 입찰자가 나타났습니다. 평소 피츠제럴드의 아들을 예뻐했던 늙은 하인이었습니다. 그는 1파운드도 안 되는 값으로 그 그림을 샀습니다. 그때 변호사가 유언장을 마저 읽었습니다. "누구든지 「내 사랑하는 아들」 그림을 사는 사람에게 모든 그림을 준다."

저는 이 이야기를 듣고 생각했습니다. '그렇다. 사랑하는 아들을 가지는 사람이 모든 것을 얻는다.' 사랑하는 하나님의 아들을 소유한 사람이 모든 것을 소유합니다. 아들이 있는 자에게는 모든 것이 있습니다. 복이 있습니다. 은혜가 있습니다. 부와 지혜가 있습니다. 구원과 생명이 있습니다. 천국이 있습니다. 누구든지 아들을 가지는 자에게 모든 것이 있습니다. 하나님은 그 아들을 통해 무한한 기업을 우리에게 주십니다.

참으로 구할 것[29]

위험에서 보호해 달라고 기도하기보다는
오히려 두려움 없이 그것을 직면하게 해 달라고 기도하게 하소서.

고통을 잠재워 달라고 간청하기보다는
그것을 정복할 수 있는 마음을 구하게 하소서.

안절부절못하면서 구원해 달라고 간청하기보다는
자유를 얻기까지 참을 수 있는 인내심을 구하게 하소서.

성공할 때만 주님의 자비를 느끼는 겁쟁이가 되지 않게 하시고
실패할 때도 주님의 손길을 느낄 수 있게 하소서   _라빈드라나드 타고르

| 라빈드라나드 타고르(Rabindranath Tagore, 1861-1941)

아시아 최초의 노벨 문학상 수상자로 인도의 문화와 정신을 세계에 알린 작가이자 열성적인 교육자다. 산티니케탄에 교육촌을 만들고, 비스바 바라티 대학교를 설립하여 작품 활동으로 번 돈을 모두 기부했다.

"그 날에 여호와께서 말씀하신 이 산지를 지금 내게 주소서
당신도 그 날에 들으셨거니와 그 곳에는 아낙 사람이 있고
그 성읍들은 크고 견고할지라도 여호와께서 나와 함께 하시면
내가 여호와께서 말씀하신 대로 그들을 쫓아내리이다 하니"

여호수아 14:12

16
믿음으로 이룰 하나님의 꿈

여호수아 14:6-15

 어느 날, 한 성도와 이야기를 나누던 중 이러한 질문을 받았습니다. "목사님, 그럴 리는 없겠지만, 만일 목사님이 오늘 천국에 부름 받아 하나님 앞에 선다면 하나님께 어떠한 말을 하겠습니까?" 한 번도 생각해 본 적이 없는 질문이라 당황했습니다. 그래서 곰곰이 생각해 보았는데 도대체 어떠한 말을 해야 할지 잘 떠오르지 않았습니다. 그런데 미국의 풍자 칼럼니스트 봄베크Bombeck가 말한 것이 생각났습니다.

"만일 천국에 갔는데 하나님께서 '네가 땅에서 무엇하다 왔느냐'라고 물으시면 나는 '하나님께서 제게 주신 것을 땅에서 다 쓰고 왔습니다'라고 대답할 것이다."

동시에 저는 이러한 질문이 떠올랐습니다. '그렇다면, 사람들은 하나님께서 주신 것을 다 쓰지 않는 것인가?' 그때 '그렇다'는 생각이 들었습니다.

15장에서 우리는 하나님께서 이스라엘 열두 지파에 가나안 땅을 분배하신 것을 보았습니다. 그리고 이같이 우리에게도 가장 좋은 것을 주신다는 것도 확인했습니다. 그런데 우리는 그것들을 다 쓰고 있을까요? 우리는 모두 하나님의 보석 창고입니다. 우리 안에는 우리가 생각하는 것보다 훨씬 많은 것들이 있습니다. 문제는 그것들을 우리가 다 쓰지 못하고 있다는 것입니다.

그렇다면, 여러분은 지금까지 여러분 안에 있는 자원의 몇 %나 개발한 것 같습니까? 하나님께서 여러분에게 주신 무한한 가능성, 위대한 잠재력, 다양한 은사, 충분한 생의 에너지의 몇 %나 사용한 것 같습니까? 한 가지 분명한 것은 우리가 얼마를 썼든지 우리에게는 아직도 쓸 것이 많이 남아 있다는 것입니다. 다 쓰지 못한 생의 에너지, 이것을 우리는 '꿈'이라고 부릅니다. 그래서 꿈은 밖에서 오는 것이 아니라, 안에서 오는 것입니다. 사람은 이 꿈 때문에 살다가 이 꿈이 사라지면 결국 죽습니다.

우리에게 이 '꿈'의 중요성을 가르쳐 준 사람이 갈렙입니다. 우리는 이미 여호수아를 통해 가나안 땅을 정복하는 것을 보았습니다. 그런데 아직도 정복하지 못한 곳이 있었습니다. 헤브론이었습니다. 헤브론은 높은 산악 지역에 위치해 있었으며, 거인족이라 불린 아낙 자손이 버티고 있어서 쉽게 정복할 수 있는 곳이 아니었습니다. 모두가 어떻게 해야 할지 모르는 상황에서 한 사람이 선뜻 앞으로 나왔습니다. 갈렙이었습니다. 갈렙이 여호수아에게 말했습니다.

그 날에 여호와께서 말씀하신 이 산지를 지금 내게 주소서 당신도 그 날에

> 들으셨거니와 그 곳에는 아낙 사람이 있고 그 성읍들은 크고 견고할지라
> 도 여호와께서 나와 함께 하시면 내가 여호와께서 말씀하신 대로 그들을
> 쫓아내리이다 하니_수 14:12

갈렙이 여호수아에게 달라고 한 산지는 헤브론이었습니다. 헤브론은 아브라함, 이삭, 야곱, 요셉 네 족장의 무덤이 있는 땅이었습니다. 아브라함이 아내 사라를 장사한 막벨라도 여기에 있었습니다. 이곳은 그야말로 이스라엘 역사에서 굉장히 중요한 땅이었습니다. 또한 이곳은 지리적으로도 중요했습니다. 헤브론은 '족장들의 길'의 한복판으로, 이곳을 통과하지 않고서는 예루살렘으로 올라갈 수 없었습니다. 이스라엘 백성은 이처럼 조상들의 숨결이 담긴 땅, 지리적으로 중요한 이 땅을 이방인의 손에 맡겨 둘 수 없었습니다. 그래서 갈렙은 이 땅을 얻고 이 땅을 지키는 데 목숨을 걸었습니다. 갈렙에게 평생의 꿈이 된 것입니다. 그렇다면, 갈렙의 꿈은 어떻게 이루어져 갔을까요?

꿈은 포기하지 않을 때 이루어진다

먼저 갈렙의 상황을 보면, 그가 꿈을 이루기에는 조건들이 좋지 않았습니다. 그에게는 특히 치명적인 3가지 약점이 있었습니다. **첫째, 나이가 너무 많았습니다.** 그는 당시 85세였습니다. 65세부터 노인이라고 한다면 이

미 20년이나 지났습니다. 청년도 아닌 노인이 어떻게 헤브론 산지에 올라 아낙 자손과 싸울 수 있을까요?

둘째, 그는 이스라엘 사람이 아닌, 에돔 사람이었습니다. 이스라엘 민족의 지도자는 이스라엘 사람이어야 합니다. 그런데 그는 에돔 사람이었습니다.

> 그 때에 유다 자손이 길갈에 있는 여호수아에게 나아오고 그니스 사람 여분네의 아들 갈렙이 여호수아에게 말하되_수 14:6上

여기서 갈렙은 '그니스 사람'이라고 소개됩니다. 그니스 사람은 에돔의 후손입니다. 뿌리를 추적해 가면, 야곱이 아니라 에서와 닿습니다. 에서가 누구입니까? 팥죽 한 그릇으로 야곱에게 장자권을 판 자이며창 25:30-34, 야곱에게 장자의 복을 빼앗긴 자입니다창 27:33-35. 이 일로 에서는 야곱과 등을 지게 됩니다. 그리고 몇 년 후, 그는 야곱과 재회한 다음에 가족들을 이끌고 세일 산으로 거처를 옮깁니다창 36:6-8. 그곳에서 에서의 후손 에돔 인들은 큰 민족을 이루었습니다. 하지만 에돔인들은 성경 곳곳에서 이스라엘을 괴롭히는 족속으로 나옵니다. 우선 이스라엘이 광야를 통과할 때 못 가게 막았습니다민 20:14-18. 또 페르시아에서 유대인 왕후 에스더를 괴롭힌 하만도 에돔 사람이었습니다. 예수님께서 태어나셨을 때, 2세 미만의 어린아이를 학살한 악명 높은 헤롯 대왕도 에돔 사람이었습니다. 이 정도면 갈렙이 이스라엘 민족의 지도자가 되기는커녕 꿈을 가지는 것조차 부자연스러워 보입니다.

마지막으로 갈렙의 약점은 그에게 상처가 많았다는 것입니다. 대표적인 상처가 모세의 후계자 경쟁에서 여호수아에게 진 것입니다. 이것은 아마도 갈렙의 혈통이 그 이유였을 것입니다. 갈렙은 모세가 가나안 정탐을 위해 12명을 선발할 때도 있었고민 13:30-14:10, 모세가 느보 산에 오를 때까지 모세 곁에 있었습니다민 32:12. 그러나 최종 선발 과정에서 여호수아에게 패했습니다. 사람이 그렇지 않습니까? 내가 누구에게 질 수 있고 또 진다는 것을 알아도 막상 지면 상처가 되지 않습니까? 그런데 지금 갈렙이 헤브론을 달라고 여호수아에게 부탁하고 있습니다. 한때 경쟁 관계에 있던 사람한테 말입니다. 자존심 상하지 않겠습니까? 보통 사람이라면 여호수아 앞에 나타나고 싶지 않았을지도 모릅니다. 그런데 갈렙은 그 상처를 극복하고 이스라엘 전체의 유익을 위하여 자기 한 몸 희생하겠다고 나섰습니다.

갈렙의 꿈이 위대하고 아름다운 이유가 여기 있습니다. 충분히 낙심하고 포기할 수 있는 상황에서 그는 포기하지 않았습니다. 사실 우리가 꿈을 가지는 상황은 대개 이러한 상황입니다. 꿈을 꾸려고 하면 누군가에게 방해를 받거나 기회가 없어져 버립니다. 아무리 마음껏 꿈을 펼칠 수 있는 좋은 상황을 달라고 기도해도 쉽지 않습니다. 그래도 갈렙처럼 우리는 꿈을 가져야 합니다. 좋은 상황이 좋은 꿈을 만들어 내는 것이 아니라, 좋은 꿈이 좋은 상황을 만들어 내는 것이기 때문입니다.

사실 우리의 꿈을 막는 것은 환경이 아니라, 우리 안에 있는 결격사유들입니다. "나는 가난해서 틀렸다", "나는 못 배워서 틀렸다", "나는 좋은 집안 출신이 아니다", "나는 머리가 나쁘다" 등 우리의 꿈을 방해하고 발목을 잡는 것은 이러한 내면의 생각들입니다. '머피의 법칙'이란 것이 있습니다. 뭘 좀 잘해 보려고 하면 더 안 되는 불행의 법칙입니다. 현대판 머피의 법칙에는 이러한 것들이 있습니다.

> 정류장의 법칙: 자주 오던 버스도 타려고 기다리기만 하면 잘 안 온다.
> 세차의 법칙: 큰마음 먹고 세차를 하면 그날따라 비가 온다.
> 택시의 법칙: 급해서 택시를 잡으려 하면 항상 반대편에 택시가 온다. 그래서 반대편으로 건너가면 또 반대편에 택시가 온다.
> 미팅의 법칙: 미팅 자리에서 '저 애만 안 걸렸으면' 하면 꼭 그 애가 파트너가 된다.
> 보험의 법칙: 불안해서 보험에 들면 사고가 안 난다. 그래서 보험을 해지하면 사고가 난다.
> 화장실의 법칙: 화장실에서 제일 짧은 줄에 서면 제일 오래 기다린다.

현대판 머피의 법칙은 사실 욕심을 버리고 포기하면 마음이 편해지는 것들입니다. 그래서 이러한 경우에는 포기하는 것이 오히려 유익합니다. 그러나 꿈을 가진 사람은 포기하지 말아야 합니다. 우리 인생에서 좋은 환경에서 아무런 방해도 받지 않은 채 꿈을 이룰 수 있는 때는 오지 않기 때문입니다.

모세는 하나님의 부르심을 받았을 때 살인자였고, 막달라 마리아는 창녀였습니다. 다윗은 가난한 목동이었고, 엘리야는 집도 절도 없는 노숙자였습니다. 마틴 루터Martin Luther는 종교 개혁할 때 교회로부터 파문을 당했고, 요한 칼빈John Calvin은 제네바에서 종교 개혁을 하다가 실패하여 야반도주했습니다. 요한 웨슬리John Wesley는 미국 선교사로 갔다가 스캔들로 쫓겨났습니다. 에이브러햄 링컨Abraham Lincoln은 통나무집에서 태어났고, 스티브 잡스Steve Jobs는 가난한 어머니에게서 태어나 다른 가정으로 입양되었습니다. 이들의 공통점은 무엇입니까? 불우한 상황에서 꿈을 가졌고, 불리한 상황에서 꿈을 이루었다는 것입니다. 이처럼 꿈을 가진 사람들은 결격사유가 많은 사람들입니다.

꿈은 믿음을 통해 이루어진다

그러면 갈렙은 무슨 능력으로 그의 꿈을 이루었습니까? 믿음입니다. 믿음이 그의 꿈을 이루게 했습니다. 오늘 말씀에서 많이 나오는 말이 '여호와 하나님'이라는 말입니다.

나는 내 하나님 여호와께 충성하였으므로_수 14:8下

그 날에 여호와께서 말씀하신 이 산지를 지금 내게 주소서… 여호와께서 나와 함께 하시면 내가 여호와께서 말씀하신 대로 그들을 쫓아내리이다 하니_수 14:12

헤브론이 그니스 사람 여분네의 아들 갈렙의 기업이 되어 오늘까지 이르렀으니 이는 그가 이스라엘의 하나님 여호와를 온전히 좇았음이라_수 14:14

갈렙이 그 많은 결격사유에도 불구하고 끝까지 꿈을 이루어 낸 힘은 하나님에 대한 믿음이었습니다. 그렇다면, 믿음이란 무엇일까요? 우리에게 문제가 생겼을 때, 우리가 문제를 바라본다고 해서 해결되는 것은 없습니다. 믿음은 부족한 자신을 바라보는 것이 아닙니다. 믿음은 자기 성찰이 아닙니다. 자기반성이 아닙니다. 심지어 회개도 아닙니다. 이것들은 부족한 자기 자신을 바라본다는 공통점이 있지만, 문제를 일으킨 자기 자신을 바라보았다고 해서 상황이 달라지는 것은 없습니다. 물론 자기를 돌아보는 것이 믿음으로 가는 과정이지만, 그것 자체가 믿음은 아닙니다. 믿음은 못난 나를 바라보는 것이 아니라, 능력 있으신 하나님을 바라보는 것입니다. 믿음은 여호와 하나님을 온전히 따르는 것입니다.

카일 아이들먼Kyle Idleman 목사님이 쓴 『나의 끝, 예수의 시작』(서울: 두란노, 2016)이라는 책이 있습니다.[30] 이 책에 한 남자 이야기가 나옵니다. 이 남자가 어느 날 큰 실수를 저질렀습니다. 자동차로 후진하다가 사람을 친 것입니다. 그리고 차에 치인 사람이 죽었습니다. 문제는 그 사람이 자기 아들이었다는 것입니다. 자기 아들을 죽인 아버지. 여러분, 상상이나 갑니까? 졸지에 살인자가 된 아버지, 그가 매일 한 일은 '내가 왜 그랬을까' 하고 가슴을 치는 일이었습니다. '내가 그때 조금만 늦게 운전했어도', '내가 그때 조금만 빨리 운전했어도', '내가 그날 아들이 어디 있는지 확인만 했어도', '내가 그날 회사에서 늦게만 왔어도' 등 뼈를 깎는 자기반성과 살을 도려내는 자기 성찰이 이어졌습니다. 탄식과 함께 눈물도 흘렸습니다. 그러나 그에게는 아무 일도 일어나지 않았습니다. 죽은 아들이 돌아오는 것도 아니었고, 시계가 거꾸로 돌아가 사고가 없던 일이 되는 것도 아니었습니다. 자책과 함께 그가 가진 절실한 생각은 제발 이 고통이 자기에게서 빨리 사라졌으면 하는 것이었습니다. 그렇게 속절없이 시간이 흐르던 어느 날, 그가 문득 깨달은 것이 있었습니다. '내가 나를 바라보는 것으로 충분치 않구나. 하나님을 바라보아야 희망이 있구나.' 그리고 고통의 의미도 문득 깨달았습니다. '고통이 빨리 사라지기만을 기다리면 안 되는구나. 고통당할 때 내가 잘 깨지는 것이 중요하구나.' 이 사실을 발견한 그는 그제야 이렇게 말했습니다. "내가 모든 걸 잃은 순간, 나는 처음으로 예수님을 만났습니다. 이해하기 어렵겠지만 사실이에요." 이 고백에서 아이들면 목사님은 이 책의 제목을 찾았습니다. "The end of me, the beginning of Jesus"(나의 끝, 예수의 시작). "내가 끝나는 그곳에서 예수님은 새로 시작하신다."

제가 요즘 씨름하고 있는 주제가 바로 이것입니다. 저는 평소에도 많은 실수를 저지릅니다. 제가 저지른 실수를 다 합치면 아마 큰 책으로 내도 부족할 것입니다. 인간적으로도 실수하고 목회적으로도 실수합니다. 실수할 때마다 얼마나 자책하고 괴로워하는지 모릅니다. 또 고통이 올 것 같으면, 고통이 빨리 사라지게 해 달라고 기도합니다. 그러면서 '왜 이러한 고통이 나에게 옵니까?'라고 하나님께 묻고 또 묻습니다. 그러던 어느 날 우연히 시골에 계시는 아버지와 통화하게 되었는데, 아버지가 제 꿈을 꾸셨다고 하셨습니다. 아버지는 그 꿈에서 제가 신발을 벗고 서 있었다고 하셨습니다. 신발을 신고 걸어야 할 텐데 왜 벗었을지 궁금했습니다.

'신발을 벗고 있다.' 무슨 뜻일까요? 신발을 벗는다는 것은 성경에서 자기를 포기한다는 뜻입니다. 8장에서도 보았지만 여호수아가 전쟁을 앞두고 신을 벗는 장면이 있었습니다. 이것 말고도 다윗이 압살롬의 반역을 피하기 위해 감람산을 넘었을 때도 맨발이었고삼하 15:30, 예수님께서 갈보리에 오르실 때도 맨발로 걸어가셨습니다.[31] 신발을 벗었다는 것은 자기 포기요, 자기 박탈입니다. 한마디로 자기 깨뜨림입니다. 그렇습니다. 아버지가 꾸신 그 꿈은 자기를 깨뜨리라는 뜻이었던 것입니다. 고통이 온다고 괴로워하지 말고 그 고통을 통해 자기를 깨뜨려 교훈을 얻으라는 것입니다.

우리에게 고통이 올 때, 그것이 빨리 사라지기를 바라지 마십시오. 그것은 마치 수업료를 내고 수업을 받지 않는 학생과 같습니다. 자기 자신이 새롭게 변화될 좋은 기회를 버리지 말고 받아들여야 하는 것입니다.

윌리엄 맥도날드William McDonald가 쓴 『깨어짐』(서울: 전도출판사, 2013)이라는 책이 있습니다. 이 책에서 저자는 깨어짐의 중요성에 관해 이렇게 말합니다.[32]

"물질세계에서 깨어진 것은 가치가 없다. 사람들은 유리컵이든 접시든 깨어진 것은 다 버린다. 흠집이 나면 그것으로 끝이다. 그러나 영적인 세계에서는 깨어진 것이 귀하다. 깨어진 사람들은 하나님의 아름다우심과 능력을 드러낸다. 사람이 깨어지지 않으면 자기를 드러낸다. 그러나 깨어지면 하나님이 드러난다. 하나님은 깨어진 사람을 통해 자기를 드러내신다."

우리에게 주어진 고통은 피하고 없애는 것이 중요한 것이 아닙니다. 고통을 통해 내가 충분히 깨어지는 것이 중요합니다.

얼마 전, 저는 성도들과 함께 문경을 다녀왔습니다. 거기에서 뜻밖에 '수국'을 보게 되었습니다. 그런데 여러분은 이 꽃의 비밀을 알고 있습니까? 이 꽃의 진짜 꽃은 가운데 있고, 밖에 하얗게 핀 꽃은 가짜라고 합니다.

| 수국 |

왜 밖에 가짜 꽃이 있을까요? 벌이 가운데 있는 진짜 꽃을 몰라볼까 봐 벌을 끌어들이기 위해 있다고 합니다. 그러다 벌이 진짜 꽃에 앉으면 살며시 사라진다고 합니다. 이 말을 듣고, 저는 그 작은 꽃 하나에도 하늘의 신비한 진리가 담겨 있다는 것을 또 느꼈습니다. 그리고 '진짜를 위해 가짜가 죽는구나. 그래, 가짜가 죽어야 진짜가 나오지'라는 생각을 했습니다.

믿음은 우리 안에 계신 진짜 예수님을 살려 내고 우리가 죽는 것입니

16장_믿음으로 이룰 하나님의 꿈 **281**

다. 하나님은 우리가 스스로 깨지기를 바라십니다. 그래도 안 되면 고난을 통해서라도 깨뜨리십니다. 그래서 우리가 믿을 것은 우리 자신이 아니라, 우리 안에 계시는 예수님인 것입니다. 밖에 있는 꽃이 사라지고 가운데 있는 꽃만 남는 것처럼, 믿음은 우리 안에 주님만 남게 하기 위해 우리가 죽는 것이라고 할 수 있습니다. 여기서 중요한 것은 고통이 우리를 깨뜨리지만, 우리를 좌절시키기 위해 깨뜨리는 것이 아니라는 점입니다.

물론 고통이 올 때, 고통당하는 자신을 보면 슬픕니다. 하지만 하나님을 바라보면 희망이 생깁니다. 그러므로 우리는 고통 중에도 절망해서는 안 됩니다. 여기서 슬픔과 절망은 다른 것입니다. 슬픔이 인간적인 감정이라면, 절망은 영적인 감정입니다. 고통을 당할 때 우리는 인간적으로 슬퍼할 수 있습니다. 그러나 영적으로 절망해서는 안 됩니다. 왜냐하면 우리에게는 하나님이 계시기 때문입니다. 우리는 불완전하지만 완전하신 하나님을 믿기 때문에 절망하지 않습니다. 이것이 믿음입니다.

꿈을 이루기 원합니까? 꿈을 가지기 전에 먼저 믿음을 가지십시오. 자기의 연약함을 깨뜨리고 의로우신 하나님을 바라보는 믿음, 그 믿음을 통해 하나님은 여러분의 꿈을 이루어 주십니다.

꿈은 하나님의 꿈을 따를 때 이루어진다

우리가 꿈에 대하여 마지막으로 알아야 할 것이 있습니다. 그것은 하나님께서 우리의 꿈을 통해 당신의 뜻을 이루신다는 것입니다. 갈렙은 헤브론을 얻는 꿈을 꾸었습니다. 그 꿈은 결국 이루어졌습니다.

> 여호수아가 여분네의 아들 갈렙을 위하여 축복하고 헤브론을 그에게 주어 기업을 삼게 하매_수 14:13

그 꿈이 이루어진 것은 그것이 하나님의 꿈이었기 때문입니다. 갈렙이 가진 꿈이 하나님의 꿈이었다는 것을 어떻게 알까요? 12절 뒷부분을 살펴보겠습니다.

> 여호와께서 나와 함께 하시면 내가 여호와께서 말씀하신 대로 그들을 쫓아내리이다 하니_수 14:12下

하나님께서 약속하셨기 때문입니다. "여호와께서 말씀하신 대로"에서 보듯이, 하나님은 '이미' 주겠다고 약속하셨습니다. 갈렙은 이 약속을 그대로 붙잡았습니다. 하나님께서 약속하셨으니 당연히 이루어지지 않겠습니까? 그래서 우리가 꿈을 꿀 때 그 꿈이 무엇이냐가 중요한 것이 아니라, 그 꿈을 하나님께서 주셨느냐가 중요한 것입니다.

성경에서 말하는 꿈은 다양하지만 한 가지 중요한 공통점이 있습니다. 하나님의 약속, 즉 말씀에 부합한다는 것입니다. 그래서 우리의 꿈이 성경의 어느 한 부분에 나오면 좋습니다. 제 선배 중에 모나미 회사 사장님이 있습니다. 이분이 만든 볼펜이 '153모나미'입니다. 153은 갈릴리 바다에서 제자들이 잡은 고기 수입니다_요 21:11. 장로님이 펜을 만들던 중, 이 말씀을 묵상하다가 153라는 숫자를 넣게 되었다고 합니다. 결국 그 펜은 국민 펜으로 불리며 모르는 사람이 없을 정도로 유명해졌습니다. 또 제가 아는 어떤 기업은 '빌사일삼 기업'이라고 이름을 붙였습니다.

내게 능력 주시는 자 안에서 내가 모든 것을 할 수 있느니라_빌 4:13

빌립보서 4:13의 말씀을 마음에 새기며 기업을 운영하겠다는 의지를 투영한 것입니다. 이렇게 구체적인 성경 구절과 관련하여 꿈을 발견하면 좋지만, 더 중요한 것은 그것이 성경 전체에 나타난 하나님의 성품과 일치해야 한다는 것입니다. 미국의 마틴 루터 킹Martin Luther King은 "I have a dream"을 외치며 연설에서 다음과 같은 말을 했습니다.

"저에게는 꿈이 있습니다. 저의 네 자녀가 피부색이 아니라 인격에 따라 평가받는 나라에서 살게 되는 날이 언젠가 오리라는 꿈입니다."

마틴 루터 킹의 꿈은 모든 사람의 마음을 감동시켰고 그 꿈은 그때보다 지금 더 가까이 실현되고 있습니다. 그의 꿈이 위대한 것은 모든 사람을 사랑하시는 하나님의 성품에서 왔기 때문입니다.

레나 마리아Lena Maria는 1968년, 스웨덴의 한 마을에서 두 팔이 없고 한쪽 다리가 짧은 중증 장애인으로 태어났습니다. 아무것도 할 수 없을 것 같던 그녀는 이후 장애인 수영 대회에서 큰 활약을 한 수영선수로 자랐습니다. 그러나 그녀에게는 그 이상의 꿈이 있었습니다. 전 세계에서 하나님을 찬양하는 찬양 가수가 되는 것이었습니다. 그 꿈을 향해 그녀는 끊임없이 노력을 했고, 결국 여러 장의 앨범을 낸 찬양 가수가 되어 지금 전 세계 사람들에게 감동을 전하고 있습니다. 그녀에게 이 일을 하는 이유를 물으면 그녀는 항상 오로지 자신이 아닌, 하나님께서 기뻐하시기 때문에 한다고 말합니다.

어느 신학교 졸업식 때, 한 학생이 성경을 손에 들고 나와 졸업식 대표 연설을 했습니다.

"교수님, 부모님, 학생 여러분, 저희 졸업생들을 위해 기도해 주십시오. 저희는 하나님의 말씀을 붙들고 살 것입니다."

그다음 설교를 맡은 교수님이 나가 이렇게 말했습니다.

"졸업생 여러분이 말씀을 붙들고 살겠다는 것은 정말 좋은 일입니다. 꼭 그렇게 하시기 바랍니다. 그러나 저는 여러분이 하나님의 말씀을 붙드는 것보다 하나님의 말씀이 여러분을 붙잡아 주기를 기도합니다."

그렇습니다. 우리가 가진 꿈이 하나님께서 약속하신 것과 같다면, 하나님께서도 기뻐하시며 도와주실 것입니다.

여호와께서 우리를 기뻐하시면 우리를 그 땅으로 인도하여 들이시고 그

땅을 우리에게 주시리라 이는 과연 젖과 꿀이 흐르는 땅이니라_민 14:8

여러분은 어떤 꿈이 있습니까? 하나님께서 기뻐하시는 기업을 이루어 많은 나라에 복음을 전하는 꿈을 꾸고 있습니까? 열심히 공부해서 그 지식으로 많은 사람을 돕는 꿈을 꾸고 있습니까? 내게 주신 자녀들을 요셉이나 에스더같이 키워 민족의 인물을 만드는 꿈도 괜찮습니다. 무슨 꿈이든 상관없습니다. 하나님의 성품을 닮고, 하나님의 말씀과 약속에 붙들리고, 하나님을 기쁘시게 할 수 있다면 하나님께서 도와주실 것입니다. 하나님께서 갈렙의 꿈을 이루어 주신 것처럼 우리의 꿈도 이루어 주실 것입니다. 그리고 우리를 통해 하나님의 꿈을 이루실 것입니다. 그것을 위해 늘 이렇게 기도합시다.

"주여, 제 꿈을 통해 하나님의 뜻을 이루게 하시고 하나님의 꿈이 곧 제 꿈이 되게 하소서."

참된 갈망[33]

하늘 아버지,
저희 생각을 아버지께 향합니다.
이 시간 다시금 주님을 찾습니다.
길 잃은 나그네의 휘청거리는 걸음이 아니라,
둥지로 향하는 새의 날갯짓으로!
기도하오니, 아버지께 대한 저희 확신이
스쳐 가는 생각이나
순간적인 충동이나
마음과 육신을 위로하는
거짓 위안이 되지 않게 하소서.
주님 나라에 대한
저희의 열망과 주님의 영광에 대한 소망이,
유산(流産)의 진통이 되지 않게 하시고
비를 내릴 수 없는 구름이 되지 않게 하소서.
오히려, 마음 전체로 당신께 들어 올려지고
주님께서 들으심으로
아침 이슬처럼 저희 갈증을 잠재우게 하시고
하늘의 만나처럼 허기를 채우게 하소서.

_쇠렌 오뷔에 키에르케고르

| 쇠렌 오뷔에 키에르케고르(Soren Aabye Kierkegaard, 1813-1855)

19세기 덴마크의 철학자이자 신학자이며 실존주의의 선구자다. 헤겔의 관념론과 당시 루터 교회의 형식주의에 반대하여 신앙의 본질과 신(神)을 탐구했으며, 개인이 직면하는 감정과 감각의 문제 등 종교적 실존에 관한 문제를 주로 다루었다.

"여호수아가 이스라엘 자손에게 이르되
너희가 너희 조상의 하나님 여호와께서 너희에게 주신 땅을
점령하러 가기를 어느 때까지 지체하겠느냐"

여호수아 18:3

17
아직도 문이 열리지 않을 때

여호수아 18:1-7

아들을 훌륭한 골프선수로 만들기 위해 온갖 희생을 하며 뒷바라지한 부모가 있습니다. 아직 꿈은 이루어지지 않았습니다. 아들 셋을 둔 목사님이 있습니다. 그중 하나는 반드시 목회자로 만들겠다고 평생에 걸쳐 기도했습니다. 하지만 아직도 신학교에 간 아들은 없습니다. 남의 가게에서 일하면서 평생 내 가게 하나 가지게 해 달라고 기도하는 집사님이 있습니다. 그러나 아직도 형편이 좋지 않아 남의 가게에서 일하고 있습니다. 올해는 제발 과년한 딸 시집가게 해 달라고 새벽마다 기도하는 권사님이 있습니다. 아직도 마땅한 사윗감을 만나지 못했습니다.

이처럼 사람은 자신이 꾼 꿈을 이루지 못하면 실망하고 낙심합니다. 이루고 싶은 꿈은 많은데 사방의 문들이 닫혀 있으면 원망하고 불평합니다. 어떻습니까? 여러분도 꿈이 이루어지지 않아 울고 있습니까? 이때 우리는 어떻게 해야 할까요?

오늘 말씀은 이러한 상황을 배경으로 하고 있습니다. 여호수아 13장-

22장까지 하나님은 땅을 분배하셨습니다. 전쟁에 참여한 모든 이스라엘 지파에 골고루 땅을 분배하셨습니다. 조금 더 좋고 조금 덜 좋은 땅이 있고 조금 크고 조금 적은 땅도 있었지만, 이스라엘 사람 중 땅을 받지 못한 사람은 아무도 없었습니다. 그런데 마지막까지 땅을 분배받지 못한 지파가 있었습니다.

> 그러나 이스라엘 자손 중에 그 기업의 분배를 받지 못한 자가 아직도 일곱 지파라_수 18:2

땅 분배가 거의 끝나가는데 아직도 땅을 받지 못한 지파가 일곱 지파나 되었습니다. 그 일곱 지파는 어디일까요?

우선 두 지파 반이 요단 강 동편에서 요단 강을 건너기 전에 이미 땅을 분배받았습니다. 르우벤, 갓, 므낫세 반 지파입니다. 그리고 전쟁이 끝난 후 가나안 땅에서 유다, 에브라임, 므낫세 반 지파가 땅을 분배받았습니다. 그러니까 다섯 지파가 먼저 분배받은 것입니다. 이들을 제외한 나머지 일곱 지파는 아직도 땅을 분배받지 못했습니다. 하나님께서 편애하시는 것일까요? 왜 똑같이 전쟁에 참여했는데 어떤 지파는 빨리 주시고, 어떤 지파는 안 주시는 것일까요? 인생도 마찬가지입니다. 똑같이 일을 시작했는데 어떤 사람은 빨리 끝나고, 어떤 사람은 아무리 해도 안 끝납니다. 이럴 때는 '왜 하나님은 나를 안 도와주시지? 왜 나만 이 모양일까?' 등의 생각에 빠져 버리곤 합니다. 도대체 우리는 무엇을 어떻게 해야 하는 것일까요? 과연 하나님은 우리에게 무엇을 가르치려고 그러시는 것일까요?

기다려야 한다

먼저 해야 할 것은 '기다림'입니다. 잘 안 될 때 공연히 잘된 사람과 비교하면 속만 상합니다. 왜 나만 이럴까 탄식하고 슬퍼하면 우리 몸만 상합니다. 이때 우리가 배워야 할 것은 기다림입니다. 기다림은 성경, 특히 시편에서 자주 보이는 주제입니다. 이 주제가 성경에 자주 언급되는 이유는 하나님께서 우리를 기다리게 하시는 일이 많기 때문입니다. 하나님은 가끔 하나도 급하지 않은 것처럼 행동하십니다. 우리는 시간을 다투고 있는데 하나님은 미동도 안 하실 때가 종종 있습니다. 그래서 시편에 자주 나오는 말씀이 이 말씀입니다.

> [1]여호와여 어느 때까지니이까 나를 영원히 잊으시나이까 주의 얼굴을 나에게서 어느 때까지 숨기시겠나이까 [2]나의 영혼이 번민하고 종일토록 마음에 근심하기를 어느 때까지 하오며 내 원수가 나를 치며 자랑하기를 어느 때까지 하리이까_시 13:1-2

하나님께서 일하실 때 우리 삶에 굉장히 천천히 개입하실 때가 있습니다. 어쩔 때는 하나님께서 마치 우리를 모르는 사람처럼 무관심하게 대하실 때도 있습니다. 그때 우리는 당황합니다. '나만 하나님을 사랑했나? 하나님은 나에게 관심도 없으신데 나만 짝사랑했나?' 하고 생각합니다. 하지만 성경에서는 이것을 "숨어 계시는 하나님"이라고 말씀합니다.

구원자 이스라엘의 하나님이여 진실로 주는 스스로 숨어 계시는 하나님이
시니이다_사 45:15

또 하나님께서 '얼굴을 숨겼다'라고도 말합니다.

⁷여호와여 내가 소리 내어 부르짖을 때에 들으시고 또한 나를 긍휼히 여
기사 응답하소서 ⁸너희는 내 얼굴을 찾으라 하실 때에 내가 마음으로 주
께 말하되 여호와여 내가 주의 얼굴을 찾으리이다 하였나이다 ⁹주의 얼굴
을 내게서 숨기지 마시고 주의 종을 노하여 버리지 마소서 주는 나의 도움
이 되셨나이다 나의 구원의 하나님이시여 나를 버리지 마시고 떠나지 마
소서_시 27:7-9

하나님께서 계시지 않는 것은 아닌데, 하나님의 임재가 느껴지지 않는 다는 것입니다. 이처럼 하나님께서 얼굴을 돌리실 때, 우리는 영적으로 외톨이가 되며 우리가 얼마나 연약한 존재인지를 깨닫게 됩니다.

그렇다면, 하나님은 왜 우리에게서 얼굴을 돌리실까요? 프란시스 드 살레Francis de Sales라는 프랑스 영성가는 이 이유를 다음 3가지로 정리했습니다. **하나는 우리가 영적 자만에 빠져 하나님께서 당연히 우리와 함께하신다고 생각하기 때문입니다.** 우리는 종종 '하나님은 항상 나와 함께하셔'라고 생각하면서 하나님을 잊고 살 때가 많습니다. 하지만 이러한 영적 타성주의는 조심해야 합니다. '하나님은 내가 기도하면 들어주시고, 내가 예배할 때 항상 거기 계신다'라는 믿음은 좋은 믿음입니다. 하지만 이것이 타

성이 되고 자만이 되면, 하나님은 언제나 우리를 떠날 수 있음을 보여 주려고 숨으십니다. 즉, 우리의 자만심에 경각심을 주시려는 것입니다.

또 하나는 우리의 신앙이 지나치게 자기 자신의 문제에 집중하기 때문입니다. 우리에게 어떤 문제가 생겼다고 생각해 봅시다. 우리는 온통 그 문제에 집중할 것입니다. 그 문제가 우리 삶에서 가장 심각하고 중요해 보일 것입니다. 아마 그 문제가 해결되기 전까지 우리는 아무것도 하지 않으려고 할 것입니다. 그때 하나님은 슬그머니 우리 곁을 떠나십니다. 우리가 가진 문제보다 하나님 당신이 더 크시다는 것을 보여 주려고 우리를 떠나 숨으시는 것입니다.

마지막은 우리가 하나님을 응답의 대상으로만 여기고 대화의 대상으로 여기지 않기 때문입니다. 우리는 솔직히 하나님을 문제 해결의 수단으로 생각할 때가 많습니다. 우리가 하나님께 요구하는 것은 즉각적인 응답이지만, 하나님은 우리와 긴 대화를 원하십니다. 그래서 하나님은 우리에게 즉각 응답하지 않으십니다. 그렇게 하면 대화가 단절되기 때문입니다. 만일 하나님께서 우리의 기도를 즉각 그리고 모두 들어주신다면, 우리는 아마도 그분과 많은 시간을 함께하지 않으려고 할 것입니다. 그래서 하나님은 가끔 숨으시고 우리 기도의 응답을 지연시키십니다.

중요한 것은 이때 우리가 할 수 있는 일은 아무것도 없다는 것입니다. 우리는 하나님처럼 기도를 응답할 수 없고, 전능자처럼 무엇을 결정할 수도 없습니다. 우리는 그저 기다리는 일밖에 할 일이 없습니다. 어쩌면 기다림은 기도 중에서 가장 중요한 기도일 것입니다. 그래서 잘 기도한다는 것은 잘 기다린다는 것과 같습니다.

제가 최근 마음으로 묵상하고 있는 말씀이 있습니다.

여호와 앞에 잠잠하고 참고 기다리라 자기 길이 형통하며 악한 꾀를 이루는 자 때문에 불평하지 말지어다_시 37:7

이 말씀은 저와 제 아내가 우연히 말씀 묵상을 하다가 은혜를 받게 된 구절입니다. 저희는 이 말씀에 감동을 받아 아예 식탁에 적어 붙여 놓았습니다. 우선 "잠잠하고 참고 기다리라"는 전반부 말씀의 묵상 내용입니다. 제 마음은 급한데 하나님께서 말씀하지 않으시면 기다려야 합니다. 어쩔 수 없이 기다리는 것이 아니라, 기쁘게 기다려야 합니다. 구시렁거리며 기다리는 것이 아니라, 잠잠히 기다려야 합니다. 하나님께서 숨어 계신 데는 이유가 있기 때문입니다. 다음 후반부 말씀의 묵상 내용입니다. "악한 꾀를 이루는 자 때문에 불평하지 말지어다." 모든 것이 하나님에게서 나오는 것이기 때문에 악한 자와 싸울 필요도, 미워할 필요도 없다는 것입니다. 고난당할 때 악한 자와 싸우면서 화를 내고 불평하는 것은 오히려 악을 만들 뿐입니다시 37:8. 이때는 하나님의 뜻을 기다리는 것이 중요합니다.

기다림은 우리의 삶입니다. 농부는 추수를 기다리고, 산모는 아이를 기다리고, 밤은 아침을 기다립니다. 기다림은 믿음입니다. 아브라함은 이삭을 25년 동안 기다렸고, 야곱은 하란에서 20년을 기다렸고, 모세는 호렙산에서 40년을 기다렸고, 요셉은 애굽에서 13년을 기다렸습니다. 믿음의 조상들처럼 우리는 기다려야 합니다. 만약 조바심을 내고 있다면 그치십시오. 조바심의 뿌리는 불신앙입니다. 우리가 못 기다리는 것은 성격이 급하기 때문이 아니라, 바로 믿음이 없기 때문입니다.

약속은 응답이다

두 번째로 우리가 할 일은 하나님의 '약속을 기억하는 것'입니다. 중요한 말씀이 3절에 나옵니다.

> 여호수아가 이스라엘 자손에게 이르되 너희가 너희 조상의 하나님 여호와께서 너희에게 주신 땅을 점령하러 가기를 어느 때까지 지체하겠느냐_수 18:3

여기서 중요한 것은 "여호와께서 너희에게 주신 땅"입니다. 이미 주셨다는 것입니다. 아직도 땅을 받지 못한 사람들의 문제는 그들이 받을 땅이 없다는 것이 아니라, 그들이 이미 받은 땅이 있다는 사실을 몰랐다는 것입니다. 하나님은 이미 그들에게 땅을 주셨습니다. 3절 중간을 다시 보십시오. 그냥 하나님이 아니십니다. "너희 조상의 하나님 여호와"이십니다. 오다가다 만난 신이 아닙니다. "너희 조상의 하나님 여호와"이십니다. 그러한 분이 이미 땅을 주셨다고 하는데, 이스라엘의 일곱 지파는 그 사실을 모르고 있었던 것입니다.

그들이 모르고 있던 것은 그것만이 아니었습니다. 받은 땅을 취할 줄도 몰랐습니다. 3절 중간을 다시 보겠습니다. "너희에게 주신 땅을 점령하러 가기를." 여호수아는 2개의 동사를 썼습니다. '주셨다'와 '점령하라'는 동사입니다. 그런데 두 동사의 주어와 시제가 다릅니다. '주셨다'의 주어는 하나님이시고, '점령하라'의 주어는 이스라엘 일곱 지파입니다. '주셨다'는 과거 시제의 완료형이고, '취하라'는 미래 시제의 명령형입니다. 그러니까 이렇게 말할 수 있습니다.

"하나님께서 너희 일곱 지파에도 이미 땅을 주셨다. 그러므로 너희는 빨리 가서 그 땅을 취하라."

우리가 신앙생활에서 자주 실수하는 것은 우리가 기도의 응답을 어떠한 결과물로만 인식한다는 것입니다. 그러나 열매는 뿌리에서 나오고 성취는 약속에서 나옵니다. 하나님께서 이미 약속하셨으면 내가 아직 가지지 못했어도 받은 것이나 다름없습니다. 하나님의 약속이 곧 응답입니다.

제가 신학교 때 가장 좋아했던 말씀 중 하나인 예레미야 33:3을 보겠습니다.

너는 내게 부르짖으라 내가 네게 응답하겠고 네가 알지 못하는 크고 은밀한 일을 네게 보이리라_렘 33:3

당시 저는 25세에 아무것도 없이 서울에 올라와 동대문 독서실에서 새우잠을 자면서 신학교를 준비했습니다. 저에게는 아무것도 없었습니다. 매일 장사해서 번 돈으로 독서실 화장실에서 라면 끓여 먹는 것이 전부였습니다. 그때 저에게 좌표가 된 말씀이 바로 예레미야 33:3이었습니다. 어떤 사람은 이 말씀을 가지고 천국 전화번호가 33국에 3번이라고도 합니다. 만일 이 번호로 전화를 건다면 아마 통화 중은 없을 것입니다. 언제나 걸면 걸리는 전화, 33국에 3번. 저는 이 전화번호를 통해 하나님께서 저에게 주실 많은 것을 감사해 했습니다. 비록 독서실 구석에서 쭈그리고 잠들었지만 저에게는 고래 같은 꿈이 있었기 때문입니다. 결국 신학교에 들어간 저는 누구보다도 하나님의 말씀에 더 깊이 다가갈 수 있었습니다. 약속이 응답이었습니다.

이후 이스라엘로 공부하러 갈 때도 저는 아무것도 없었습니다. 서울 한신교회에서 4년 반 동안 부목사로 일해서 받은 퇴직금 전액을 이중표 목사님께 가져다 드렸습니다. 대신 무릎을 꿇고 안수를 받았습니다. 그렇게 기도하며 지내던 어느 날, 하나님은 저에게 시편 32:8 말씀을 주셨습니다.

내가 네 갈 길을 가르쳐 보이고 너를 주목하여 훈계하리로다_시 32:8

그때 아무런 학비도, 생활비도 없었지만 약속이 곧 응답이라 믿었습니다. 저는 곧 이 말씀을 가슴에 품고 이스라엘로 갔습니다. 진짜 길은 이미 열려 있었습니다. 약속이 곧 응답이었습니다.

2005년, 저는 한신교회로 부임했습니다. 부푼 꿈을 안고 교회에 부임했으나 와서 보니 많은 문제가 기다리고 있었습니다. 제가 할 수 있는 것은 기도밖에 없었습니다. 한번은 금식하며 에스더서를 묵상했습니다. 그중 에스더 4:14 말씀이 눈에 들어왔습니다.

> 이 때에 네가 만일 잠잠하여 말이 없으면 유다인은 다른 데로 말미암아 놓임과 구원을 얻으려니와_에 4:14上

이 말씀이 가슴에 부딪혀 오면서 '아, 문제가 해결되겠구나'라고 생각했습니다. 그런데 '다른 데'가 무엇인지 알 수가 없었습니다. 분명 제가 생각하는 방법이 아닌 하나님의 방법을 말하는 것일 텐데 그것이 무엇일지 궁금했습니다.

저도 그렇지만 우리가 기도하면서 가장 어려운 것은 하나님께서 약속하실 때 아주 구체적으로 약속하지 않으신다는 점입니다. 소위 '약속의 모호성, 불확실성의 확실성'입니다. 예를 들면, 하나님께서 아브라함에게 '너는 고향과 친척과 아버지의 집을 떠나 내가 보여 줄 땅으로 가라'고 하셨습니다.

> 여호와께서 아브람에게 이르시되 너는 너의 고향과 친척과 아버지의 집을 떠나 내가 네게 보여 줄 땅으로 가라_창 12:1

아브라함에게 보여 주실 것이 있으시면 구체적으로 언제, 어디로, 어떻게 가라고 하시지 왜 그다음에 아무 말씀이 없으신 것일까요? 도대체 그 땅을 언제 보여 주시려는 것일까요? 아무도 모릅니다. 그러면 땅은 어디에 있고 어떻게 가면 되는 것일까요? 그것도 모릅니다. 다만, 보여 줄 때까지 기다렸다가 보여 주면 그때 가라고 하십니다.

하나님은 왜 이렇게 모호하게 말씀하실까요? 그 이유는 2가지입니다.

하나는 우리로 하여금 끝까지 하나님 말씀을 듣도록 긴장시키시려는 것입니다. 그래서 아브라함이 '매일' 하나님의 음성을 듣고 남으로 계속 내려가 '결국' 브엘세바에 이르지 않았습니까창 22:19? 한 번에 다 듣지 말고 매일 들으라는 것입니다. 그러면 결국 보여 주신다는 것입니다.

또 다른 하나는 우리가 로봇이 아니라 인간이기 때문입니다. 하나님은 당신의 말씀을 자율적으로 실천할 능력과 기회를 우리에게 주셨습니다. 즉, 하나님은 큰 틀만 정해 주시고 판단과 선택은 우리에게 맡기신다는 것입니다.

결국 저는 오랜 세월이 지난 뒤에야 하나님께서 저에게 말씀하신 '다른 데'를 알게 되었습니다. 하나님의 약속이 우리 삶의 일거수일투족을 결정하지 않지만 한 가지는 분명합니다.

"하나님께서 약속하시면 반드시 이루어진다. 하나님께서 약속하셨다면 이미 받은 것이다."

여러분은 아직 기도에 응답받지 못했지만, 구한 것을 이미 받았다는 것을 알고 있습니까?

그러므로 내가 너희에게 말하노니 무엇이든지 기도하고 구하는 것은 받은 줄로 믿으라 그리하면 너희에게 그대로 되리라_막 11:24

또한 여러분은 물질 때문에 고민하고 탄식하지만, 풍성하신 하나님께서 이미 우리에게 모두 주셨다는 것을 알고 있습니까?

나의 하나님이 그리스도 예수 안에서 영광 가운데 그 풍성한 대로 너희 모든 쓸 것을 채우시리라_빌 4:19

약속이 응답입니다. 우리는 약속으로 이미 받았습니다.

그림을 그려야 한다

이스라엘 일곱 지파에 이미 하나님께서 땅을 주셨다고 말한 여호수아는 또 이렇게 전합니다.

⁴너희는 각 지파에 세 사람씩 선정하라 내가 그들을 보내리니 그들은 일어나서 그 땅에 두루 다니며 그들의 기업에 따라 그 땅을 그려 가지고 내게로 돌아올 것이라 ⁵그들이 그 땅을 일곱 부분으로 나누되 유다는 남쪽 자기 지역에 있고 요셉의 족속은 북쪽에 있는 그들의 지역에 있으니 ⁶그 땅을 일곱 부분으로 그려서 이 곳 내게로 가져오라 그러면 내가 여기서 너희를 위하여 우리 하나님 여호와 앞에서 제비를 뽑으리라_수 18:4-6

하나님께서 우리에게 이미 주셨다고 믿는다면 그다음에 우리가 할 일은 그 땅을 취하는 것입니다. 그 땅을 취하기 위해 여호수아가 요구한 것은 지파별로 자신들이 살 땅의 그림을 그리는 것이었습니다. 그래서 일곱 지파는 각기 세 사람씩 택하여 그림을 그리기 시작했습니다. 그런데 왜 이미 땅을 받았는데 그림을 그려야 할까요? 독일의 문호 괴테Goethe가 말했습니다.

"중요한 것은 지금 우리가 어디에 있느냐보다 어디를 향하고 있느냐이다."

그림은 우리가 바라보는 방향입니다. '어디를 향하고 있느냐'는 지금 우리가 '어디 서 있느냐'보다 중요한 것입니다. 우리가 하나님께 무엇을 받았더라도 그것을 바라보지 않으면 우리 것이 될 수 없기 때문입니다. 그래서 하나님은 아브라함에게 가나안 땅을 주시기 전에 가나안 땅을 먼저 바라보게 하셨습니다.

¹⁴롯이 아브람을 떠난 후에 여호와께서 아브람에게 이르시되 너는 눈을 들어 너 있는 곳에서 북쪽과 남쪽 그리고 동쪽과 서쪽을 바라보라 ¹⁵보이는 땅을 내가 너와 네 자손에게 주리니 영원히 이르리라_창 13:14-15

15절 말씀처럼, 하나님은 아브라함에게 그가 바라본 땅을 주셨습니다. 그래서 우리는 이렇게 믿어야 합니다.

"하나님은 우리에게 주시기 전에 먼저 그것을 바라보게 하신다. 하나님은 우리가 바라본 것을 소유하게 하신다."

그런데 그 그림의 미래는 어떻게 이루어지는 것일까요?

성경에서 하나님은 미래의 그림을 그리게 하실 때, 가장 중요하게 생각하는 부분이 있으십니다. 그것은 바로 믿음과 순종입니다. 하나님은 준비된 사람을 쓰시는 것이 아니라, 믿음이 있고 순종하는 사람을 사용하십니다. 하나님께서 모세를 부르셨을 때 모세의 대답은 무엇이었습니까?

> 모세가 여호와께 아뢰되 오 주여 나는 본래 말을 잘 하지 못하는 자니이다… 나는 입이 뻣뻣하고 혀가 둔한 자니이다_출 4:10

모세가 말을 잘하지 못한다고 해서 하나님께서 모세를 웅변학원에 보내셨습니까? 아닙니다. 말은 다른 방법으로도 할 수 있었습니다. 모세는 하나님을 그대로 믿고 순종하면 되었습니다. 미디안 군대가 쳐들어왔을 때, 하나님께서 기드온을 부르시자 그는 무엇이라고 했습니까?

> 그러나 기드온이 그에게 대답하되 오 주여 내가 무엇으로 이스라엘을 구원하리이까 보소서 나의 집은 므낫세 중에 극히 약하고 나는 내 아버지 집에서 가장 작은 자니이다 하니_삿 6:15

이 말을 듣고 하나님께서 기드온의 집안에서 기드온의 서열을 바꾸셨습니까? 아닙니다. 예레미야를 부르셨을 때, 그는 무엇이라고 말했습니까?

> 내가 이르되 슬프도소이다 주 여호와여 보소서 나는 아이라 말할 줄을 알

지 못하나이다 하니_렘 1:6

이사야를 부르셨을 때, 그의 대답은 무엇이었습니까?

그 때에 내가 말하되 화로다 나여 망하게 되었도다 나는 입술이 부정한 사람이요 나는 입술이 부정한 백성 중에 거주하면서 만군의 여호와이신 왕을 뵈었음이로다 하였더라_사 6:5

　모세, 기드온, 예레미야, 이사야의 대답에 하나님의 반응은 어떠하셨습니까? 그들에게 잘못과 실수를 고치고 오라 하지 않으셨습니다. 그저 믿음과 순종을 원하셨습니다. 이처럼 하나님께서 부르신 사람 중 단 한 사람도 완전한 사람은 없었습니다. 100% 다 준비하고 기다렸던 사람은 아무도 없었습니다. 그들은 하나님께서 부르셨을 때, 믿고 순종했을 뿐입니다.
　우리 또한 마찬가지입니다. 준비는 하나님께서 하시고, 우리는 믿음과 순종만 있으면 됩니다. 무엇을 시작하기에 완벽한 때는 없습니다. 우리는 하나님께서 그림을 그리라고 하시면 그림을 그리면 됩니다. 그러면 하나님께서 그 그림을 이루어 주십니다.
　여름휴가를 맞아 외국에 다녀온 분이 행글라이더를 탄 이야기를 들려주었습니다. 그는 먼저 아주 높은 산 위로 올라갔다고 합니다. 강사가 벼랑 끝에서 뛰어내리기만 하면 된다고 말했는데, 막상 벼랑 끝에 서니 아래를 쳐다보지도 못하겠더랍니다. 그때 강사가 "준비되었습니까?"라고 물었지만 도저히 용기가 나지 않아서 "안 됐습니다" 하고 가만히 서 있었다고 합니다. 그런데 강사가 "당신은 아무 준비도 필요 없습니다. 나만 믿고 나를 꼭 붙들기만 하면 됩니다"라고 하자 용기가 났다고 합니다. 결국 그는 강사에게 모두 맡기고 뛰어내렸는데, 그의 눈앞에는 지금껏 보지 못한 아름다운 풍경이 펼쳐졌다고 합니다. 그 이야기를 듣는데 저도 모르게 은혜를 받았습니다. 행글라이딩 이야기가 아니라 믿음의 본질을 이야기한 것이기 때문입니다.

우리가 가질 믿음은 미래를 책임지는 믿음이 아닙니다. 어떻게 살아 보지도 않은 미래를 우리가 책임질 수 있겠습니까? 그렇다고 불확실한 세상을 향하여 용감하게 뛰어내리는 것도 위대한 믿음이 아닙니다. 우리가 가져야 할 믿음은 하나님에 대한 믿음입니다. 그리고 그에 대한 순종입니다. 팀 켈러Tim Keller 목사님이 이러한 말을 했습니다.

"우리를 구원하는 것은 우리 믿음의 수준이 아니라 우리 믿음의 표준이다."

지금도 이스라엘 일곱 지파처럼 평생에 꿈꾸던 일이 이루어지지 않았다고 탄식하고 있습니까? 여호와 앞에 잠잠히 참고 기다리십시오. 약속이 응답임을 믿으십시오. 중요한 것은 지금 우리가 어디에 있느냐가 아니라 우리가 어디로 향하느냐입니다. 하나님을 믿으면 하나님께서 모두 이루어 주실 것입니다.

당신의 나라를 기다립니다[34]

주 하나님,
커다란 곤경이 내게 임했습니다.
근심이 나를 암살하려고 합니다.
나는 할 바를 알지 못합니다.
하나님께서 은혜와 도움을 주소서.
당신이 주시는 것을 견딜 수 있는 힘을 주소서.
두려움이 나를 지배하지 말게 하시고,
아버지처럼 나의 가족과 처자를 돌보아 주소서.
자비로우신 하나님,
내가 당신에 대해서 그리고 사람들에 대해서 범한
모든 죄를 용서하여 주소서.
당신의 은총을 신뢰하고,
당신의 손 안에 나의 온 생을 맡깁니다.
당신의 뜻에 합당하고 또 나에게도 유익하게
나를 만드소서.
살든지 죽든지 나는 당신 안에 있습니다.
그리고 나의 하나님, 당신은 나와 함께 계십니다.
주여, 당신의 구원과 당신의 나라를 나는 기다립니다.

_디트리히 본회퍼

| **디트리히 본회퍼**(Dietrich Bonhoeffer, 1906-1945)

독일의 신학자로 나치 정권에 대항하는 교회저항운동에 가담했으며, 목사 후보생 교육기관의 책임자로 섬겼다. 1937년 학교가 폐쇄되자 장소를 옮겨 1940년 3월까지 목회자 양성 교육을 계속했다. 1943년 체포되어 1945년 4월 9일 나치 정권 붕괴 직전에 교수형을 당했다.

"이 성읍들 중의 하나에 도피하는 자는 그 성읍에 들어가는 문 어귀에
서서 그 성읍의 장로들의 귀에 자기의 사건을 말할 것이요
그들은 그를 성읍에 받아들여 한 곳을 주어 자기들 중에 거주하게 하고"

여호수아 20:4

18

주는 나의 피난처

여호수아 20:1-9

집이란 무엇일까요? 시인 로버트 프로스트Robert Frost는 집에 대해 이렇게 정의를 내렸습니다.

"집은 우리가 돌아가면 언제나 받아주는 곳이다."

사람은 본능적으로 가장 안전한 곳으로 피합니다. 어릴 때는 엄마 품으로 피하고, 자라서는 배우자에게 피하고, 늙어서는 자식 품에 피합니다.
성경에도 그러한 곳이 있습니다. 그중 하나가 동굴입니다. 성경을 읽으면, 이스라엘에 동굴이 많았음을 볼 수 있습니다. 그러다 보니 동굴과 관련된 이야기가 많습니다. 아브라함이 아내 사라를 묻기 위해 샀던 막벨라 동굴창 23:19, 다윗이 사울을 피하여 숨은 엔게디삼상 23:29, 하길라삼상 23:19, 아둘람 동굴삼상 22:1, 엘리야도 갈멜 산왕상 18:42과 호렙 동굴왕상 19:8-9에서 하나님의 음성을 들었습니다. 이 이야기들에서 동굴의 특징은 역시 피할 수 있고, 숨을 수 있다는 것입니다. 즉, 피난처인 것입니다. 피난처는 성경에서 동굴 이야기만큼 자주 나오는 주제입니다. 특히 시편에서는 무려 37번이나 나옵니다. 그중 몇 가지만 살펴보겠습니다.

> ¹여호와 내 하나님이여 내가 주께 피하오니 나를 쫓아오는 모든 자들에게서 나를 구원하여 내소서 ²건져낼 자가 없으면 그들이 사자 같이 나를 찢고 뜯을까 하나이다_시 7:1-2

> 하나님이여 나를 지켜 주소서 내가 주께 피하나이다_시 16:1

> 여호와여 내가 주께 피하오니 나를 영원히 부끄럽게 하지 마시고 주의 공의로 나를 건지소서_시 31:1

시편 기자는 계속해서 하나님께 적에게서 자신을 지켜 달라고 기도하며, 하나님께 피하고 있습니다. 여러분은 어떻습니까? 힘들 때, 어디론가 숨으려고 하지 않습니까? 이번 장에서는 그 부분을 다루고자 합니다.

여호수아 13장에서 시작된 땅 분배가 다 끝나자 하나님은 하나의 제도를 만드셨습니다. 그것은 살인자를 위해 특별히 세우신 성과 관련된 일이었습니다.

> 부지중에 실수로 사람을 죽인 자를 그리로 도망하게 하라 이는 너희를 위해 피의 보복자를 피할 곳이니라_수 20:3

구약에 따르면, 살인자는 반드시 죽임을 당해야 한다고 되어 있습니다 민 35:21. 하지만 하나님은 억울하게 누명 쓰거나 우발적 살인 혹은 실수에 의해 사람을 죽인 자의 경우는 달리 보셨습니다. 그 땅이 무고한 피로 더럽혀지지 않고, 피 흘리는 죄가 그 백성에게 돌아가지 않게 하기 위하여 피의 보복으로부터 이들을 보호하기 원하셨기 때문입니다 신 19:10. 그래서 하나님은 이들을 살리기 위해 '도피성'이라는 특별한 제도를 세우십니다. 그리고 6개의 도피성을 만들어 부지 중 살인한 사람들을 가까운 도피성으로 피신시켜 살 수 있게 하셨습니다. 그렇다면, 이 도피성을 통해서 우리가 받는 은혜는 무엇일까요?

살인하지 말라

사람이 어떤 경우에도 하지 말아야 할 일이 있습니다. 살인입니다. 이것은 어떤 사회, 어떤 종교, 어떤 가치에서도 동일합니다. 사람의 모든 죄와 실수는 용서해도 사람을 죽인 죄는 어떤 상황에서도 용서받을 수 없습니다. 예수님께서도 말씀하셨습니다.

옛 사람에게 말한 바 살인하지 말라 누구든지 살인하면 심판을 받게 되리라 하였다는 것을 너희가 들었으나_마 5:21

예수님께서 제자들에게 "살인하지 말라" 하셨을 때 아마도 제자들은 마음으로 안도했을 것입니다. 왜냐하면 제자 중 누구도 살인한 사람은 없었기 때문입니다. 누가 그렇게 쉽게 살인을 하겠습니까? 10만 명 중 1명이나 될까요? 그러나 예수님께서 다음 말씀을 하셨을 때, 제자들의 얼굴빛은 달라졌을 것입니다.

> 나는 너희에게 이르노니 형제에게 노하는 자마다 심판을 받게 되고 형제를 대하여 라가라 하는 자는 공회에 잡혀가게 되고 미련한 놈이라 하는 자는 지옥 불에 들어가게 되리라_마 5:22

"라가"는 '바보, 천치'라는 뜻입니다. 누구나 한 번은 다른 사람에게 '바보'라고 하지 않습니까? 왜 예수님은 살인 이야기를 하시다가 갑자기 '말'로 화제를 바꾸셨을까요?

예수님은 지금 살인의 외적 행위가 아니라 살인의 내적 동기를 말씀하고 계신 것입니다. 말은 존재의 집입니다. 마음속에 있는 것을 밖으로 표현하는 것입니다. 당시 유대인들은 행동으로 사람을 죽이지 않으면 살인한 것이 아니라고 생각했을 것입니다. 입으로는 불같이 화를 내고 마음으로는 몇 번씩 사람을 죽였으면서 '나는 죽이지 않았어. 다만 조금 심하게 말했을 뿐이야'라고 생각했을지 모릅니다. 그러나 예수님은 마음으로 미워만 해도, 사람에게 욕설만 퍼부어도 살인하는 것과 같다고 말씀하셨습니다.

죄는 먼저 마음에서 시작되어 얼굴로 표현되고, 마지막에 행동으로 나타나는 것입니다. 그렇다면, 마음에서 시작되는 죄란 무엇일까요? 바로

'분노'입니다. 예수님께서 살인에 대해 이야기하시면서, "라가"와 "미련한 놈"을 말씀하신 이유는 살인의 배후에 분노가 있다는 것을 알려 주시려고 한 것이었습니다. 심리학자이며 상담가인 미국의 헨리 브란트Henry Brandt 박사는 그가 상담한 사람들의 문제 중 80-90% 이상이 분노와 관련된 것이라고 말했습니다. 최근에는 분노조절 장애라는 말이 생겼을 정도로 화를 참지 못하고 밖으로 분출하는 일이 매일 일어나고 있습니다. '분노가 곧 살인이다.' 예수님의 이 말씀은 매우 통찰력을 가진 말씀인 것입니다.

프랑스 작가 빅토르 위고Victor Hugo의 단편 중에 『93년』(서울: 열린책들, 2011)이라는 소설이 있습니다. 이야기 중 큰 배가 항해 도중 폭풍을 만나는 장면이 있습니다. 배에는 수송용 대포가 실려 있었습니다. 모두가 우왕좌왕하던 중 대포를 묶어 놨던 쇠사슬이 풍파를 견디지 못하고 끊어졌고, 대포들이 여기저기 배 안을 굴러다니기 시작했습니다. 제 몸 하나 가누기 힘든 상황에서 선원들은 필사적으로 그 대포들을 붙잡았습니다. 잘못하다간 배 안에서 폭파될 수 있었기 때문입니다. 이 작품에서 말하려는 의도는 이것입니다. '위험은 항상 우리 안에 있다. 남에게 쏘려는 대포가 배 안에 굴러다니면 언제 폭발할지 모른다. 밖에서 들어오는 적이 무서운 것이 아니라 내 안에 있는 적이 더 무섭다.'

분노는 내 안에 있는 적입니다. 이것이 사람을 병들게 하고 죽게 합니다. 분노는 남을 괴롭게 하기 전에 자신을 괴롭게 하기 때문입니다. 그래서 성경은 말합니다.

분노가 미련한 자를 죽이고 시기가 어리석은 자를 멸하느니라_욥 5:2

저는 SNS를 통해 현대판 살인의 가능성이 있다고 봅니다. SNS는 Social Network Service의 약자로 우리 사회에 그 수요는 점점 늘어가고 있습니다. 정보통신정책연구원의 조사[35]에 따르면, 스마트폰을 통한 SNS 하루 평균 이용량은 약 48분 정도라고 합니다. 그중 20대가 1시간 20분으로 가장 많이 이용하고 있으며, 남성보다 여성이 더 많이 이용하고 있다고 합니다.

사실 SNS는 우리 생활에 많은 유용함을 줍니다. 자신이 알고 있는 정보들을 공유하며 자유롭게 자신의 개성을 표출합니다. 세계가 한 곳으로 모이는 공간이므로 이 매체는 정보화시대인 지금과 가장 알맞다고 할 수 있습니다. 그러나 반대로 이것을 잘못 사용하게 되면 치명적인 살인 무기가 될 수 있습니다. 최근 일어난 단적인 예가 '종업원 임신부 폭행' 사건입니다. 한 임신부가 충남 천안의 프랜차이즈 식당에 갔다가 불친절한 종업원에게 폭행을 당했다는 글을 올렸습니다. 네티즌들은 즉각 해당 식당의 불매 운동을 벌이며 비난전에 나섰고, 급기야 그 식당은 영업점을 폐쇄하고 공식적으로 사과했습니다. 그러나 경찰 조사 결과 종업원이 임신부의 배를 걷어차지 않았던 것으로 확인되자, 화가 난 네티즌들은 사건을 촉발한 임신부를 향해 융단 폭격을 가하기 시작했습니다.

이처럼 SNS의 가장 큰 문제는 그것이 일방적이라는 데에 있습니다. 만일 어떤 보도가 사실성을 가지기 위해서는 당사자에게 충분히 확인되어야 합니다. 하지만 '아니면 말고' 식의 정보를 올리면 사람을 죽일 수도 있는 결과가 생기게 됩니다. 혹시 SNS에 어떤 입장의 글을 정당하게 쓰겠다면 상대방에게 동일한 반론의 기회도 주어야 합니다. 또한 정당한 방법으로 글을 써야 합니다. 그러면 독자는 양자의 입장을 보고 균형 있게 판단할 것입니다. 어떤 분은 이렇게 말합니다. "인터넷에는 '인터'가 없고, 페이스북에는 '페이스'가 없다." 정말 사명감으로 했다면, 최소한 먼저 당사자와 '인터'(관계) 속에서 '페이스'(얼굴)를 보고 대화해야 합니다.

그러나 대부분은 그렇지 못합니다. 상대방에게 반론의 기회도 주지 않고 대면하여 확인도 하지 않을 뿐 아니라, 아예 확인할 생각도 없습니다. 그러면서 사명감으로 이 글을 쓴다고 말합니다. 하지만 이 사명감이 사람을 죽일 수도 있다는 것은 모릅니다.

상상해 보십시오. 어느 날, 여러분을 비난하는 글이 SNS에 올라왔습니다. 전혀 근거가 없는 이야기를 한 번도 얼굴을 본 적 없는 사람이 양해를 구하지도 않고 올렸습니다. 이를 본 사람들은 소위 '마녀사냥, 신상털기'를 할 것이고, 또는 '아니면 말고' 식의 폭로전을 펼칠 수도 있습니다.

그런데 이것이 진정한 크리스천의 행동일까요? 크리스천이라면 이러한 일을 하면 안 되고, 해서도 안 됩니다. 누군가를 비판하고자 한다면 당사자 앞에서 당당하게 말하는 것이 맞습니다. 당사자 뒤에서 몰래 비난 글을 쓰고 사실인 것처럼 유포한다면, 그것은 매우 옳지 못한 행동입니다. 이것은 미움과 적개심이 가득한 것으로, 그런 동기로는 좋은 결과를 가져올 수 없습니다. 하나님의 사람이라면 '옳은 일을 옳게 해서 옳은 일'로 만들어야 합니다.

"살인하지 말라." 이것은 구약 시대에 만들어진 행동에만 제한된 계명이 아닙니다. 지금 우리가 지켜야 할 하나님의 말씀이며, 우리의 감정까지 조절해야 하는 약속입니다.

하나님, 사람을 살리신다

성경의 하나님은 사람을 살리시는 분입니다. 사람은 끊임없이 사람을 죽이지만 하나님은 끊임없이 사람을 살리십니다. 구약에서는 살인자를 살리는 제도가 3가지 있었습니다. 희년, 대제사장의 죽음, 도피성입니다.

먼저 희년입니다. 이스라엘 절기에서 7년마다 오는 것을 안식년이라고 하고, 그 7년이 7번 반복되어(7X7=49) 오는 다음 해 50년을 희년이라고 합니다 레 25:8-13. 희년이 오면, 전쟁이나 빚 때문에 노예가 된 사람들을 해방하여 고향으로 돌아가게 했습니다. 또한 여러 가지 이유로 빼앗긴 땅을 본래 주인에게 돌려주었고, 혹시 빚을 진 것이 있으면 즉시 탕감해 주었습니다. 그리고 이날 모든 죄수도 석방되었습니다.

다음 대제사장의 죽음입니다. 대제사장이 죽으면 모든 죄수는 무조건 석방되었습니다.

> 그 살인자는 회중 앞에 서서 재판을 받기까지 또는 그 당시 대제사장이 죽기까지 그 성읍에 거주하다가 그 후에 그 살인자는 그 성읍 곧 자기가 도망하여 나온 자기 성읍 자기 집으로 돌아갈지니라 하라 하시니라_수 20:6

마지막으로 도피성입니다. 희년에 죄수를 석방하라는 말씀은 있지만, 실질적으로 50년을 기다리기는 쉽지 않습니다. 대제사장이 죽기를 기다리는 것도 쉬운 일이 아닙니다. 대제사장은 요즘 교황처럼 종신직입니다. 언제 대제사장이 죽을지 아무도 모릅니다. 그래서 하나님은 아무 때나 죄인을 살릴 수 있는 제도를 마련하셨습니다. 그것이 바로 도피성입니다. 도피성은 모두 6군데인데, 요단 강 동편에 3곳과 서편에 3곳이 있었습니다.

> ⁷이에 그들이 납달리의 산지 갈릴리 게데스와 에브라임 산지의 세겜과 유다 산지의 기럇 아르바 곧 헤브론과 ⁸여리고 동쪽 요단 저쪽 르우벤 지파 중에서 평지 광야의 베셀과 갓 지파 중에서 길르앗 라못과 므낫세 지파 중에서 바산 골란을 구별하였으니_수 20:7-8

그렇다면, 도피성은 어떤 곳일까요? 그곳은 어떤 특징이 있었을까요? **첫째, 누구나 갈 수 있었습니다.** 도피성은 부지중 살인한 자라면 누구나 갈 수 있었습니다.

> 이는 곧 이스라엘 모든 자손과 그들 중에 거류하는 거류민을 위하여 선정된 성읍들로서 누구든지 부지중에 살인한 자가 그리로 도망하여 그가 회중 앞에 설 때까지 피의 보복자의 손에 죽지 아니하게 하기 위함이라_수 20:9

그곳에 들어갈 수 있는 대상은 이스라엘 자손뿐 아니라 거기 거하는 나그네들까지 모두 해당되었습니다. 대상에는 제한이 없었습니다.

둘째, 어느 곳에서도 갈 수 있었습니다. 도피성은 요단 강 동편에 3곳과 서편에 3곳, 모두 6곳이 있었습니다. 그것도 북쪽, 중앙, 남쪽에 각각 한 군데씩 만들어 아무나 가까운 곳으로 갈 수 있게 만들어져 있었습니다.

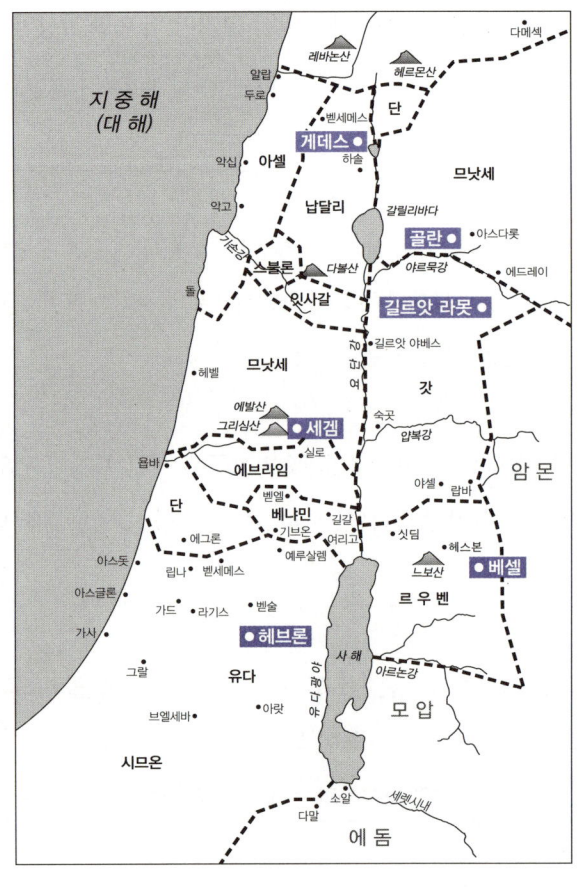

| 도피성 |

셋째, 도피성은 24시간 열려 있었습니다. 이곳은 아침, 낮, 저녁 상관없이 24시간 영업하는 편의점처럼 열려 있어, 언제나 가기만 하면 들어갈 수 있었습니다.

넷째, 그곳에 가면 먼저 자기 죄를 고백했습니다.

이 성읍들 중의 하나에 도피하는 자는 그 성읍에 들어가는 문 어귀에 서서 그 성읍의 장로들의 귀에 자기의 사건을 말할 것이요 그들은 그를 성읍에 받아들여 한 곳을 주어 자기들 중에 거주하게 하고_수 20:4

다섯째, 한번 도피성에 들어가면 석방될 때까지 나오지 말아야 했습니다. 도피성은 그곳에 거하는 자만 보호했습니다. 임의로 도피성을 떠난 자는 보호하지 않았습니다. 구약에 보면, 이 규칙을 어긴 사람이 있었습니다. 바로 다윗 왕을 저주한 시므이입니다. 당시 왕을 저주하면 사형이었습니다. 그런데 시므이는 다윗이 도망칠 때 그를 저주했습니다. 솔로몬이 왕이 된 후, 그는 시므이를 용서해 주는 대신 자기 집에서 떠나지 말 것을 명했습니다. 하지만 그는 집을 나갔고, 결국 죽임을 당했습니다 왕상 2:36-46.

이러한 도피성을 하나님께서 만드셨습니다. 그리고 죄수들을 보호해 주셨습니다. 누구든지 죄가 있어도 하나님의 은혜로 살 수 있다는 것을 보여 주신 것입니다.

예수님, 우리의 피난처가 되신다

구약에 나오는 6개의 도피성처럼, 하나님께서 지금 우리에게 주신 도피성은 무엇일까요? 예수님이십니다. 구약 성경에서 본 도피성은 예수님께서 우리에게 어떤 분이신가를 알려 줍니다.

우선 예수님에게는 누구나 갈 수 있습니다. 그분에게 가는 사람은 차별이 없습니다.

> 이는 곧 이스라엘 모든 자손과 그들 중에 거류하는 거류민을 위하여 선정된 성읍들로서_수 20:9上

도피성에는 이스라엘 자손뿐만 아니라 그들과 함께 사는 모든 나그네도 갈 수 있다고 했습니다. '나그네'는 유대인 입장에서 이방인입니다. 선택받지 못한 사람이요, 죄인입니다. 하지만 예수님께 가는 사람은 이처럼 아무 제한이 없습니다.

> 주 여호와여 내 눈이 주께 향하며 내가 주께 피하오니 내 영혼을 빈궁한 대로 버려 두지 마옵소서_시 141:8

영혼이 빈궁한 자도 갈 수 있습니다.

> 여호와여 나를 내 원수들에게서 건지소서 내가 주께 피하여 숨었나이다_시 143:9

원수에 의해 고난당하는 자도 갈 수 있습니다.

> 8나를 눈동자 같이 지키시고 주의 날개 그늘 아래에 감추사 9내 앞에서 나

를 압제하는 악인들과 나의 목숨을 노리는 원수들에게서 벗어나게 하소
서_시 17:8-9

원수들에게 압제를 당하는 자들도 갈 수 있습니다. 뿐만 아니라 마음 속에 근심 있는 자들, 죄에 눌리고 탄식하며 사는 자들, 누구나 그 앞에 갈 수 있습니다.
그렇게 예수님께 가면, 죄를 털어놓아야 합니다.

이 성읍들 중의 하나에 도피하는 자는 그 성읍에 들어가는 문 어귀에 서서 그 성읍의 장로들의 귀에 자기의 사건을 말할 것이요 그들은 그를 성읍에 받아들여 한 곳을 주어 자기들 중에 거주하게 하고_수 20:4

도피성에 들어가는 자는 거기 있는 장로들에게 모든 죄를 털어놓았습니다. 부지중에 사람을 죽였으니 분명 자기 본심은 아니었을 것입니다. 사람들은 자기 보고 살인자라고 손가락질하지만 자기의 억울하고 답답한 심정은 아무도 모를 것입니다. 그 마음을 장로들에게 털어놓는 것입니다. 그러면 그들은 그 도피성 안에서 몸과 마음의 위로를 받고 평생을 보호받으며 살 수 있었습니다. 우리도 마찬가지입니다. 우리도 주님께 나아가 자신의 마음을 토로하면, 그분 아래서 용서받고 은혜와 회복을 경험하게 됩니다.

그러나 주께 피하는 모든 사람은 다 기뻐하며 주의 보호로 말미암아 영원히 기뻐 외치고 주의 이름을 사랑하는 자들은 주를 즐거워하리이다_시 5:11

그런데 마음만 토로하면 됩니까? 그 **앞에서 떠나지 말아야 합니다.** 4절 뒷부분을 살펴보겠습니다.

> 그들은 그를 성읍에 받아들여 한 곳을 주어 자기들 중에 거주하게 하고_수 20:4下

거주해야 합니다. 그곳에 있어야 합니다. 떠나면 안 됩니다. 예수님을 믿는 것과 예수님과 함께 사는 것은 다릅니다. 우리는 예수님을 믿어서 구원받고 예수님과 함께 살아야 성화됩니다.

최근에 『주는 나의 피난처』(서울: 생명의말씀사, 2014)라는 책을 읽었습니다. 이 책은 네덜란드 출신으로 세계적인 전도자가 된 코리 텐 붐Corrie ten Boom의 이야기입니다. 이 책에서 그녀는 나치에 의해 죽을 뻔한 숱한 고비를 넘기며 예수님을 피난처로 삼고 살았던 드라마 같은 실화를 소개하고 있습니다.

코리는 네덜란드의 할렘에서 가족과 100년째 운영해 오던 시계방에서 일하며 살고 있었습니다. 제2차 세계대전이 일어난 후, 그녀의 가족은 독일에서 유대인들이 심하게 박해를 받고 있다는 소식을 듣게 되었습니다. 독실한 믿음으로 예수님과 동행하며 살던 그녀의 가족은 유대인들을 살려야 한다고 생각했습니다. 그래서 자신들의 집 침실을 개조해서 비밀의 방을 만들고 유대인들을 숨겨 주기 시작했습니다. 물론 겉으로는 표시가 잘 나지 않도록 위장했습니다. 말하자면, 이 방은 핍박받은 유대인들의 피난처였습니다.

그러다가 누군가 나치에 이 사실을 제보했습니다. 결국 코리와 그녀의 언니는 나치에 잡혀 독일 여성 집단수용소에 갇히고 맙니다. 거기서 그들은 상상을 초월하는 고통을 겪었습니다. 하루 11시간씩 노동을 해야 했고 추위와 더위, 벌레, 오물, 모욕, 구타 등에 시달리며 몇 시간씩 서서 일해야 했습니다. 언젠가 한번 언니가 작업 도중 쓰러지자, 독일군이 다가와 채찍을 내리쳤습니다. 그러나 코리는 아무것도 할 수가 없었습니다. 그때 언니가 소리쳤습니다. "코리, 나를 쳐다보지 말고 오직 예수님만 쳐다봐." 그 말이 코리의 가슴속에 새겨졌습니다.

얼마 후, 모진 학대에 언니는 수용소에서 죽었습니다. 그런데 이후 기적이 일어났습니다. 순전히 행정 착오로 코리가 석방된 것입니다. 그녀는 구사일생으로 살아서 다시 네덜란드로 돌아오게 되었습니다. 그리고 하나님께서 살려 주신 은혜를 생각하며 전도자가 되었습니다.

그러던 어느 날, 전도하고 있을 때 이러한 음성이 들려왔습니다. "너는 독일로 가라. 그들이 큰 상처를 입었다. 그들에게 내 복음을 증거하라." 그때 코리는 이렇게 말했습니다. "하나님께서 가라면 어디든지 가겠지만 독일만은 못 갑니다. 독일 사람이 우리 부모도 죽이고 언니도 죽였습니다. 제가 강제수용소에서 당한 고통은 말로 다 표현할 수 없습니다. 독일 사람에게 제가 어떻게 복음을 증거할 수 있겠습니까?" 또다시 음성이 들려왔습니다. "딸아, 너는 독일 사람을 미워하나 나는 나를 저주하고 욕한 사람들을 위하여 십자가를 졌단다. 네가 내 딸이거든 독일로 가라. 그리고 복음을 전하여라." 모든 것을 하나님께 맡기고 순종하기로 한 그녀는 결국 자신을 괴롭혔던 그들이 있는 곳, 독일로 갔습니다.

한창 독일에서 설교하던 어느 날이었습니다. 코리가 설교를 마치고 강단에서 내려오자 많은 사람이 악수하기 위해 줄을 섰습니다. 그 사이로 코리의 눈에 허름한 외투를 입은 한 남자가 보였습니다. 그를 보자 그녀는 피가 거꾸로 흐르는 것 같았습니다. 왜냐하면 그는 강제수용소에서 자기에게 무시무시한 고통을 가한 악명 높은 간수였기 때문입니다. 그는 한겨울 이른 새벽에 여자들을 나체로 바깥에 서 있게 하고 먹을 것도 주지 않고 굶겼던 악마 같은 존재였습니다. 그가 손을 내밀자 그 사람 손에 자기 사촌 언니가 수용소에서 강간당하고 끝내 자살한 일이 떠올랐습니다. 도저히 손을 내밀어 그와 악수할 수가 없어서 마음속으로 기도했습니다. "주님, 저는 하늘에서 벼락이 내리쳐도 이 사람을 용서할 수 없습니다. 저를 도와주세요. 저는 도저히 이 사람만은 용서할 수 없습니다." 그때 주님의 음성이 들렸습니다. "코리야, 너는 나를 못 박고 침 뱉고 채찍으로 때리고 조롱하며 가시관을 씌워서 나를 죽인 사람들을 내가 용서한 것을 알고 있지 않느냐? 내가 너를 용서했으니 너도 용서해라." "주님, 도저히 못 합니다." 그 순간 코리의 손이 쑥 앞으로 나가더니 그 사람의 손을 잡았습니다. 성령님께서 하신 것입니다.

그때 기적이 일어났습니다. 그가 사람들 앞에서 큰 소리로 이렇게 말했습니다. "제가 네덜란드 사람인 당신에게 얼마나 큰 죄를 지었는지 모릅니다. 그런데 저를 용서해 주고 복음까지 전해 주시니 감사합니다. 저는 죄인입니다. 오늘부터 새사람이 되겠으니 저를 위해서 기도해 주십시오." 그때 코리의 마음에 하늘 문이 열리고 주님의 사랑이 넘치게 임했습니다. 그리고 그동안 가졌던 모든 미움과 원한이 봄눈 녹듯이 사라졌습니다. 그렇게 해서 그녀가 쓴 책이 『주는 나의 피난처』입니다.

그녀는 이 책에서 몇 종류의 피난처를 말합니다. **첫 번째는 유대인들을 위해 자기 집에 만든 '비밀의 방'입니다.** 이 방은 유대인들을 위한 피난처였습니다. **두 번째는 '수용소'입니다.** 수용소는 그녀에게 엄청난 육신의 고통을 준 곳이었지만, 그녀를 살려 낸 생명의 피난처였습니다. **세 번째가 '예수님'입니다.** 예수님은 그녀에게 영원한 피난처이셨습니다. 마치 구약의 피난처가 도피성이었던 것처럼 말입니다.

주는 내가 항상 피하여 숨을 바위가 되소서 주께서 나를 구원하라 명령하셨으니 이는 주께서 나의 반석이시요 나의 요새이심이니이다_시 71:3

주님께서 여러분의 바위요, 요새이십니까? 누구나 그 안에 있으면 안전하고 그분의 뜻을 행하게 됩니다. 우리의 피난처는 예수님 뿐이십니다.

다음은 네 번째 피난처에 대해 이 책에서 가장 중요하게 이야기하는 부분입니다.36)

"주님으로 피난처를 삼은 사람은 그 안에 계신 주님 때문에 모든 사람에게 피난처가 되어야 합니다."

네 번째 피난처는 '우리'라는 것입니다. 예수님께서 우리의 피난처시라면, 우리 안에 계신 예수님 때문에 우리도 모든 사람의 피난처가 될 수 있습니다.

하나님은 우리의 피난처시요 힘이시니 환난 중에 만날 큰 도움이시라_시 46:1

주님께서 여러분의 피난처요, 힘이십니까? 환란 중에 만날 큰 도움이십니까? 그러나 예수님께서 피난처라고 말하는 것으로는 충분하지 않습니다. 우리가 피난처가 되어야 합니다. 하나님께 우리가 주님 때문에 피난처가 되어 살아가게 해 달라고 기도하기를 바랍니다.

"주님은 나의 피난처
내 영혼과 생명의 피난처입니다.
이제 내 안에 계신 주님 때문에
나도 남의 피난처가 되게 하소서.
나로 거룩한 이스라엘의 동굴
크고 따뜻한 동굴이 되게 하소서.
나도 주님 안에 피하고
남도 내 안에 계신 주님 안에 피하여
내 안에 그가 있고
그 안에 내가 있게 하소서."

주님 안에[37]

주님은 저의 영혼을 아십니다.
제 영혼에 어떤 변화가 필요한지도 아십니다.
주님의 방식대로 그 일을 행하소서.

오 나의 하나님, 주님께로 저를 이끄소서.
당신의 순수한 사랑으로만 저를 채워 주소서.
제가 주님의 사랑의 길에서 벗어나지 않도록 도우소서.
그 길을 분명하게 보여 주시고
제가 그 길에서 벗어나지 않게 도우소서.
그것으로 족합니다.

제 모든 것을 주님 손에 맡깁니다.
주님의 인도에는 실수도 없고 위험도 없습니다.
언제나 주님을 사랑하겠습니다.
저는 주님께 속해 있습니다.
저는 아무것도 두려워하지 않을 것입니다.
언제나 주님 손 안에 머물러 떠나지 않을 것이기 때문입니다.   _토머스 머튼

| 토머스 머튼(Thomas Merton, 1915-1968)

현대의 대표적인 영적 스승으로 꼽힌다. 케임브리지대학교를 졸업하고 컬럼비아대학교에서 문학박사 학위를 받은 후, 화려한 작가 생활을 했다. 1942년 고난 주간에 겟세마네 수도원에서 부르심에 순종하여 27년 동안 트라피스트 수도회의 수도승으로 살았다.

"만일 여호와를 섬기는 것이 너희에게 좋지 않게 보이거든
너희 조상들이 강 저쪽에서 섬기던 신들이든지 또는 너희가 거주하는
땅에 있는 아모리 족속의 신들이든지 너희가 섬길 자를 오늘 택하라
오직 나와 내 집은 여호와를 섬기겠노라 하니"

여호수아 24:15

19

오직 하나님을 선택하라

여호수아 24:14-24

이번 장에서는 여호수아가 고별 설교를 하는 장면이 나옵니다. '고별 설교'는 사명을 마치고 떠날 때 하는 설교입니다. 성경에서는 이 고별 설교를 했던 사람이 몇 명 있습니다. 모세, 여호수아가 있고, 예수님께서도 마가의 다락방에서 고별 설교를 하셨습니다. 고별 설교는 아니지만 자녀들에게 고별사를 했던 사람도 있었습니다. 야곱과 다윗입니다. 저는 개인적으로 이들이 부럽습니다. 고별 설교를 했다는 것은 그만큼 잘 살았다는 뜻이기 때문입니다. 그래서 저도 떠날 때는 적어도 고별 설교를 할 수 있기를 희망합니다.

여호수아도 마지막을 준비하기 위해 사람들을 모았습니다. 그 장소는 세겜이었습니다.

여호수아가 이스라엘 모든 지파를 세겜에 모으고_수 24:1上

세겜은 이스라엘 고대 도시 중 하나입니다. 역사적으로 보면, 이곳은 예루살렘보다 오래된 곳입니다. 아브라함이 이곳을 들러 브엘세바로 내려갔다는 기록창 12:6과 주전 2000년대에 세워진 '텔 엘 발라타'라는 성이 그것을 뒷받침해 주고 있습니다. 세겜의 위치는 이스라엘 전체로 볼 때 정중앙에 있어, 당시 교통의 요지이기도 했습니다. 바로 이 높은 곳에서 여호수아는 백성들 앞에 서서 설교하기 시작합니다.

하나님께서 도우셨다

여호수아가 입을 열고 시작했던 말은 하나님께서 우리를 도우셨다는 것입니다. 여호수아 24:3-5을 보면, 여호수아의 말 가운데 반복되는 단어가 보입니다. "내가"입니다.

> ³내가 너희의 조상 아브라함을 강 저쪽에서 이끌어 내어 가나안 온 땅에 두루 행하게 하고 그의 씨를 번성하게 하려고 그에게 이삭을 주었으며 ⁴… ⁵내가 모세와 아론을 보내었고 또 애굽에 재앙을 내렸나니 곧 내가 그들 가운데 행한 것과 같고 그 후에 너희를 인도하여 내었노라_수 24:3-5

여호수아 24:6-8에서도 계속 "내가"라는 단어가 반복됩니다. 이것은 무엇을 의미하는 것일까요? 지나간 순간 모두 하나님의 도움과 인도가 있었다는 뜻입니다. 애굽을 떠나 홍해를 건너게 하신 분도 하나님, 바로와 그 군대를 물리치게 하신 분도 하나님, 광야 생활 중 있었던 수많은 문제를 이기게 하신 분도 하나님, 요단 강 건너 강력한 가나안 족속, 아모리 족속 등과 싸워 그 땅을 차지하게 하신 분도 하나님, 마지막 정복을 마치고 세겜에 도착하여 온 백성과 함께 지난날을 추억하고 새날을 다짐하게 하신 분도 하나님이셨습니다. 모든 것을 하나님께서 하셨습니다. 하나님께서 인도하시고, 하나님께서 행하시고, 하나님께서 은혜 부어 주셨습니다.

여러분도 지나간 모든 순간마다 하나님께서 인도하셨다고 고백할 수 있습니까? 우리에게도 말로 다 할 수 없는 고난이 항상 있습니다. 속상하고 화나고 힘든 일도 많습니다. 그러나 이 모든 것 안에서 '하나님께서 은혜 주셨다'는 것을 잊지 말아야 합니다.

말년의 C. S. 루이스C. S. Lewis에게 어떤 기자가 물었습니다. "당신의 인생은 어떠했습니까?" 그는 한참 생각한 후에 이렇게 대답했습니다. "제 인생은 평탄하지 않았습니다. 그러나 하나님은 선하셨습니다." 그의 말을 다시 풀어 보자면, "고난이 없어서 하나님께서 선하신 것이 아닙니다. 제가 고난을 겪었지만 그럼에도 불구하고 하나님은 선하셨습니다"라는 뜻입니다.

저는 하나님의 은혜를 생각하면 성지순례 때가 생각납니다. 당시 성지순례를 하며 이것이 진짜 순례인가에 대해 생각해 보았습니다. 그때 저는 인생 자체가 순례라는 것을 깨달았고, 하나님께 돌아가기 전에는 끝나지 않는다는 것을 알았습니다. 그리고 순례를 하며 가장 필요한 것은 하나님의 도우심뿐이라고 고백했습니다. 그러면서 불렀던 찬양이 시편 92편 말씀으로 만든 「아침에 주의 인자하심을」입니다.

> 아침에 주의 인자하심을 나타내시며
> 밤마다 주의 성실하심을 베풂이 좋으나이다.

우리의 삶이 하나님께 가는 순례길이라면 아침마다, 밤마다 도우심이 필요합니다. 하나님의 은혜가 필요합니다.

미국의 무디신학교 학장이었던 조지 스위팅George Sweeting이 이러한 말을 했습니다.

"하나님은 자녀가 있을 뿐이지 손자는 없다."

이것은 하나님과 우리의 직접적인 관계성을 말합니다. 아버지와 아들의 관계는 할아버지와 손자의 관계와는 다릅니다. 이것은 하나님과 나 사이의 개인적이며 인격적인 관계의 중요성을 말합니다. 부모님에게 신앙의 유산을 받는 것은 감사한 일입니다. 그러나 부모님의 신앙으로 하나님의 자녀가 되는 것은 아닙니다. 내가 믿어야 하나님의 자녀가 됩니다. 그래서 나와 하나님의 관계는 어떠한 것보다도 가장 가까울 수밖에 없습니다. 여호수아 24장에서 '내가, 너를, 나는, 저에게'가 많이 쓰인 것을 볼 수 있는데, 이것은 2인칭 단수이신 하나님께서 나와 1인칭 단수로 관계를 맺고 계신다는 것을 보여 줍니다. 그 가까운 하나님께서 지금 우리의 하나님이신 것입니다.

나와 내 가족은 여호와만 섬기겠다

여호수아의 설교는 여기서 끝나지 않습니다. 지금까지 도우신 하나님의 은혜에 대한 감사에 이어서, 이제 앞으로 주어진 날들 동안 최선을 다해 하나님을 섬길 것을 다짐하고 있습니다.

> 그러므로 이제는 여호와를 경외하며 온전함과 진실함으로 그를 섬기라 너희의 조상들이 강 저쪽과 애굽에서 섬기던 신들을 치워 버리고 여호와만 섬기라_수 24:14

여호수아는 "그러므로"로 시작하고 있습니다. 지금까지 여호수아는 지나간 세월을 하나님께서 인도하셨다고 말했습니다. 본래 우상을 섬기던 백성을 하나님께서 아브라함을 통해 부르시고, 모세를 통해 광야로 나오게 하사, 여호수아를 통해 가나안에 이르게 하셨습니다.

하나님의 은혜를 입었으면 달라져야 합니다. 달라졌기 때문에 은혜를 입는 것이 아니라, 은혜를 입었기 때문에 달라지는 것입니다. 그래서 고린도전서 15:10에서 바울은 이렇게 말합니다.

> 그러나 내가 나 된 것은 하나님의 은혜로 된 것이니 내게 주신 그의 은혜가 헛되지 아니하여 내가 모든 사도보다 더 많이 수고하였으나 내가 한 것이 아니요 오직 나와 함께 하신 하나님의 은혜로라_고전 15:10

은혜를 받으면 수고하게 됩니다. 은혜를 받으면 달라집니다. 즉, 하나님만 섬기는 사람으로 달라지게 됩니다. 여호수아의 말입니다.

> 너희가 섬길 자를 오늘 택하라 오직 나와 내 집은 여호와를 섬기겠노라 하니_수 24:15下

여기서 중요한 말은 "택하라"입니다. 신앙은 선택입니다. 신앙은 매일의 삶에서 하나님을 선택하고 살아가는 것입니다. 행복도 선택이라고 말합니다. 행복은 우연히 다가오는 것이 아니라, 내가 행복하기로 선택하는 것입니다. 그래서 행복한 사람과 불행한 사람은 차이가 있습니다. 행복한 사람은 어떤 환경에서도 행복을 선택합니다. 하지만 불행한 사람은 불행에 떠밀려 행복하지 못한 삶을 살아갑니다. 그래서 누군가는 이렇게 전합니다.

> 얼굴은 주어지는 것입니다. 그러나 미소는 선택입니다.
> 돈은 주어지는 것입니다. 그러나 만족은 선택입니다.
> 학위는 주어지는 것입니다. 그러나 독서는 선택입니다.
> 사랑은 주어지는 것입니다. 그러나 결혼은 선택입니다.
> 영생은 주어지는 것입니다. 그러나 믿음은 선택입니다.
> 장수는 주어지는 것입니다. 그러나 건강은 선택입니다.

> 응답은 주어지는 것입니다. 그러나 기도는 선택입니다.
> 고난은 주어지는 것입니다. 그러나 승리는 선택입니다.

모든 것이 선택입니다. '바알이냐, 아니면 하나님이냐?' 신앙적 선택입니다. '금송아지냐, 아니면 시내 산이냐?' 가치관의 선택입니다. '시저냐, 아니면 그리스도냐?' 주인의 선택입니다. '행복이냐, 아니면 불행이냐?' 운명의 선택입니다. 백두산에 떨어진 빗방울 중 한 방울은 한순간에 송화강으로 흘러 중국으로 가고, 또 한 방울은 두만강으로 흘러 한반도로 흐릅니다. 순간의 선택이 평생을 좌우합니다.

다시 15절 말씀을 보십시오. 신앙은 선택이지만, "오늘" 선택하라고 하십니다.

> 너희가 섬길 자를 오늘 택하라 오직 나와 내 집은 여호와를 섬기겠노라 하니_수 24:15下

"오늘 택하라." 바로 '오늘'이 중요합니다. 지난날은 어차피 지나갔습니다. 잘했어도 지나갔고 못 했어도 지나갔습니다. 어제는 과거 속에 묻혔고 미래는 아직 오지도 않았습니다. 우리가 사는 날은 오늘이고, 우리가 사용할 수 있는 날도 오늘이며, 우리가 소유할 수 있는 날도 오늘입니다. 그래서 오늘이 중요합니다. 오늘에 열정과 정성을 쏟으십시오. 과거를 추억해도, 불확실한 미래를 기대해도 소용없습니다.

'과거는 은혜요, 미래는 약속이며, 현재는 선물이다'라는 말입니다. 그렇습니다. 현재는 선물입니다(present is present). 우리에게 주어진 최고의 선물입니다.

그런데 15절에 '오늘 선택하라'는 말씀 뒤에, 하나님을 선택하되 나 혼자 선택하지 말고 '내 가족과 함께 선택하겠다'는 말씀이 나옵니다. 신앙은 개인 단위지만, 신앙생활은 가족 단위입니다. 구원은 개인 단위로 받지만, 복은 가족 단위로 받습니다. 가족은 같이 밥 먹는 식구가 아니라, 같이 하나님을 믿고 살다가 함께 천국에 갈 사람들입니다. 가족 중 누구도 구원받지 못한 사람이 있어서는 안 됩니다. 가족의 사랑은 책임지는 사랑입니다. 부부의 사랑도 책임지는 사랑입니다. 육적으로, 경제적으로 책임져야 하고, 특히 영적으로 책임져야 합니다. 서로 책임지지 않으면 가족이 아닙니다. 어떤 분이 좋은 남편의 몇 가지 유형을 이야기했습니다.

> 박정희 유형- 나는 아내의 행복을 위해 역사적 사명을 띠고 이 땅에 태어났다.
> 햄릿 유형- 아내를 위해 죽느냐 사느냐 그것이 문제로다.
> 데카르트 유형- 나는 아내만을 생각한다. 고로 나는 존재한다.
> 제퍼슨 유형- 나에게 아내를 달라, 아니면 죽음을 달라.
> 케네디 유형- 아내가 나에게 무엇을 해 줄 것인가를 바라지 말고, 내

> 가 아내에게 무엇을 해 줄 것인가를 생각하라.
>
> 사무엘 유형 – 내가 아내 섬기는 것을 쉬는 죄를 결단코 범하지 아니하리라.
>
> 베드로 유형 – 내가 아내와 함께 죽을지언정 아내를 부인하지 않겠나이다.

이렇게 남편이 아내를 책임져야 아내도 살고 가정도 삽니다. 여러분 모두 가족과 함께 하나님을 섬기고 있습니까? 최고의 행복은 온 식구가 함께 하나님을 섬기는 것입니다.

매 순간 하나님을 선택하겠다

믿음은 매 순간 하나님을 선택하는 것입니다. 이 신앙적 선택을 다른 말로 바꾸면 거룩한 '사전의사 결정'이라 할 수 있습니다. 이것은 어떤 일에 대한 가치를 부여하고 그 일을 하기 전에 미리 결정하는 것을 말합니다. 가령 이가 안 좋은 사람이 있다고 예를 들어 보겠습니다. 그 사람은 치과에 가야 합니다. 치과에 가는 것은 가고 싶어서 가는 것이 아닙니다. 이가 안 좋기 때문에 사전에 가기로 결정한 사항입니다. 그런데 오늘은 시간이 있으니까 가고, 내일은 바쁘니까 안 간다고 하면 이를 치료할 수 없습니다. 의사와 사전에 협의해서 정해진 날에 가야 합니다. 미리 결정한 약속을 따라야 합니다.

돈도 마찬가지입니다. 만일 돈에 대한 사전의사 결정이 없으면, 눈에 보이는 대로 쓸 것입니다. 그런데 연초가 되어 "올해는 어떠한 일이 있어도 1,000만 원은 저축하겠어"라고 계획을 세웠다고 가정해 보겠습니다. 그런데 어느 날, 남편과 함께 백화점에 나갔다가 예쁜 옷을 발견했습니다. "여보, 저 옷 좀 봐. 저 옷을 입으면 예쁠 것 같아. 살까?" 그때, "우리 1,000만 원 저축하기로 했잖아?"라고 하면 안 사게 됩니다.

신앙생활도 같습니다. 좋은 신앙생활은 우연히 이루어지는 것이 아닙니다. 지금 고통받지 않고 지금 부담스럽지 않고 지금 대가를 지불하지 않으면 앞으로 5년 후, 10년 후에 더 좋은 신앙생활을 기대할 수 없습니다. 혹시 연초에 '나는 올해 열심히 신앙생활을 해야지'라고 결심했습니까? 지금 여러분은 그 결심을 얼마나 잘 지키고 있습니까? 연말이 되어 후회하지 않으려면, 사전에 구체적인 결정이 필요합니다.

이 부분에 대해서 아마 우리는 이렇게 결정할 수 있을 것입니다. 첫째, 나는 교회 예배에 정기적으로 참석하겠다. 둘째, 나는 소득의 1/10을 하나님께 드리겠다. 셋째, 나는 매일 주님과 만나는 Q.T.를 하겠다. 넷째, 나는 교회에서 한 가지 일에 봉사하겠다. 이렇게 사전에 결정하면, 토요일 밤에 늦게 자려다가도 내일 아침 예배를 위해 금방 교회에 갈 준비를 할 것입니다. 만일 이러한 결정을 미리 하지 않는다면, 토요일 밤에 늦게까지 놀다가 주일예배 시간에 맞추어 가지 못할 것입니다. 십일조도 마찬가지입니다. 십일조의 신앙적 가치는 '모든 물질은 하나님의 것이다'라는 데 있습니다. 그리고 성경에서도 명백하게 말씀하고 있습니다_말 3:10. 그래서 연초에 십일조를 내기로 결정하면, 월급을 받자마자 십일조를 떼어 놓게 됩니다. 만일 이러한 결정을 미리 하지 않는다면, 경제 사정이 어려워 십일조를 못 내는 달이 대부분일 것입니다.

이처럼 사전의사 결정은 신앙생활을 하는 데 매우 중요한 역할을 합니다. 이를 대표적으로 가장 잘 보여 주시는 분이 예수님입니다. 예수님께서 만일 그때 상황을 봐서 십자가를 질까 말까를 결정하셨다면, 그분은 평생 십자가를 지지 못하셨을 것입니다. 하지만 그분은 이미 이 세상에 오시기 전부터 십자가를 지기로 사전에 결정하셨습니다.

> 인자가 온 것은 섬김을 받으려 함이 아니라 도리어 섬기려 하고 자기 목숨을 많은 사람의 대속물로 주려 함이니라_마 20:28

예수님은 처음부터 죽기로 하고 오신 분이셨습니다. 처음부터 한 알의 밀알로 죽기 위해 오신 분이셨습니다. 그리고 죽음을 한 주 앞두고 그분은 예루살렘으로 죽으러 가셨습니다. 결심해야 죽습니다. 죽기로 마음먹어야 죽습니다. 예수님께서 그러셨습니다.

미국에 킴슨kimson이라는 재벌에게 한 가난한 사람이 성공의 비결을 물었습니다. 킴슨은 이렇게 대답했습니다. "나도 어린 시절 가난한 가정에서 태어났지만, 다음 4가지를 지켜 이렇게 성공할 수 있었습니다. 첫째, 주일 성수를 하는 것입니다. 둘째, 시간을 낭비하지 않는 것입니다. 셋째, 술 마시지 않는 것입니다. 넷째, 십일조를 철저히 드리는 것입니다." 킴슨은 성공하기 전에 이미 성공한 사람이었습니다. 성공은 밖으로 나타나기 전에 이미 마음속에 나타납니다. 다니엘은 '하루 세 번 기도하겠다'단 6:13는 사전 결정이 있었습니다. 이걸로 다니엘을 곤경에 빠뜨리려고 했던 자들이 있었지만, 다니엘은 이 결심을 꿋꿋이 지켜나갔습니다. 결국 그는 사자 굴에서도 살아나는 승리를 경험하게 됩니다단 6장.

여러분이 가족과 함께 꼭 보았으면 하는 영화가 있습니다. 「불의 전차」(1981)로, 스코틀랜드의 에릭 리들Eric Liddell에 관한 영화입니다. 에릭 리들은 영국 100m 육상선수로 올림픽에 출전했습니다. 그는 금메달이 확실시된 선수였기 때문에 모든 사람이 기대를 하고 있었습니다. 그런데 에릭의 경기가 열리는 날이 주일이었습니다. 믿음의 사람 에릭은 결국 주일에는 달릴 수 없다며 경기에 불참을 선언합니다. 이 때문에 여론의 비난이 쏟아졌습니다. 그래도 에릭은 경기장으로 안 가고 주일예배에 참석했습니다. 며칠 후, 그에게 새로운 제안이 들어왔습니다. 400m 달리기 선수가 사고로 출전하지 못하게 되었으니 대신 출전해 달라는 것이었습니다. 그는 믿음으로 출전했고, 신기록을 세우며 금메달을 받았습니다. 승리의 비결을 물었을 때, 에릭은 이렇게 대답했습니다. "다 하나님께서 하셨습니다. 처음 200m는 제 힘으로 달렸고, 다음 200m는 하나님께서 주시는 힘으로 달렸습니다." 어떠한 경우에도 하나님을 선택한 에릭은 결국 승리했고, 그 뒤에 많은 고난에서도 승리하는 삶을 살았습니다.

⁵너는 마음을 다하여 여호와를 신뢰하고 네 명철을 의지하지 말라 ⁶너는

범사에 그를 인정하라 그리하면 네 길을 지도하시리라_잠 3:5-6

최근에 다녀온 성지순례에서 저는 2가지를 결정하고 돌아왔습니다. 하나는 '다 버리겠다'는 결정이었습니다. 이번 순례에서 저는 벧엘에 다녀왔습니다. 그곳은 야곱이 고향을 떠나 하란으로 가던 중 돌 베개를 베고 잤던 곳입니다. 이때 야곱은 천사가 오르락내리락하는 꿈을 꾸게 됩니다창 28:12. 그리고 야곱은 다짐합니다. '하나님께서 만일 나를 편안히 내 아버지 집으로 돌아가게 하시면 내가 다시 이곳에 와 제단을 쌓고 하나님을 예배하겠습니다"창 28:20-22. 그런데 20년 만에 얍복 강을 건너 돌아온 야곱은 벧엘로 돌아가지 않았습니다. 대신 살기 좋은 세겜에 정착하여 하나님과 한 약속을 잊어버리고 지냅니다. 그때 막내딸 디나가 세겜 사람들에게 강간을 당합니다. 이를 알게 된 디나의 오빠 시므온과 레위는 비겁한 방법으로 세겜 사람들을 죽입니다. 그제야 야곱은 벧엘에서 했던 하나님과의 약속을 떠올렸습니다. 그리고 비로소 그는 종들과 함께 벧엘로 올라갑니다. 이때 벧엘로 올라간 야곱은 무엇을 했습니까?

> 그들이 자기 손에 있는 모든 이방 신상들과 자기 귀에 있는 귀고리들을 야곱에게 주는지라 야곱이 그것들을 세겜 근처 상수리나무 아래에 묻고_창 35:4

환란을 당해서야 하나님을 불렀던 야곱, 꼭 저의 모습이었습니다. 그래서 저는 벧엘에서 순례자들에게 말했습니다. "여기 상수리나무 아래에

다 묻읍시다. 우리의 아픔과 상처, 미움, 원망, 모든 인생의 어려움, 다 묻읍시다. 그리고 새 출발 합시다." 순례에 갔기 때문에 묻은 것이 아닙니다. 우리는 그때그때 바로 묻어야 합니다. 한 번에 묻으려면 힘듭니다. 버릴 것은 버리고 없앨 것은 없애야 하나님 따르는 데 힘듦이 덜하게 됩니다.

또 하나는 '주님만 바라보겠다'는 결정이었습니다. 이 땅에 살다 간 많은 사람이 있습니다. 결과적으로 성공한 사람과 실패한 사람으로 나누어지는데, 과연 그들의 차이점은 무엇일까요? 그것은 '어디를 바라보았는가'에 대한 차이입니다. 저는 한신교회에 부임한 2005년 9월 첫 주, 「주만 바라볼찌라」는 제목으로 설교했습니다. 이 제목은 제가 12년 동안 기도했던 주제였습니다. 솔직히 주님만 바라보지 못하는 상황도 많이 있었습니다. 그러나 성지순례를 통해 오로지 주님만 바라보자고 다짐했습니다. 우리가 바라보는 방향이 다르면 각자 다른 생각을 할 수밖에 없습니다. 그러나 우리가 주님만 바라보면 하나가 됩니다. 억지로 하나 될 필요가 없습니다. 주님만 바라보면 됩니다.

이제 여기저기 바라보던 우리의 시선을 오직 하나님 한 분에게 고정하기를 바랍니다. 그리고 평생 하나님만 선택하십시오. 오직 나와 우리 교회는 여호와 한 분만 섬깁시다.

당신으로 저는 족합니다[38]

하나님, 주님의 선하심을 따라
주님 자신을 저에게 주소서.
저에게는 주님만 있으면 충분하기 때문입니다.
주님이 아닌 다른 것을
주님만큼 값지다고 생각하고 구하는 것은 옳지 않습니다.
만일 제가 주님 아닌 다른 어떤 것을 구한다면
저는 늘 부족함을 느끼게 될 것입니다.
오직 주님 안에 있을 때
저는 모든 것을 가지고 있는 것입니다.

_노리치의 줄리안

| **노리치의 줄리안**(Julian of Norwich, 1342-1420)

1373년 5월 13일 31세 때 심하게 앓던 중 하나님으로부터 16가지 계시를 받았다. 이후 성 줄리안 교회에 부속된 다락방에서 은둔 생활을 하며 영적지도자의 삶을 살면서, 자신이 받은 계시를 집필하거나 구술로 전하고자 했다.

 주

1) 윌리엄 폴 영, 『오두막』, 서울: 세계사, 2009, pp.225-226 재인용.

2) 튤리안 차비진, 『예수로 충분합니다』, 서울: 두란노, 2013, pp.246-247 재인용.

3) 이대희, 『기도로 배우는 기도』, 서울: 쿰란출판사, 2004, p.49 재인용.

4) 리처드 백스터, 『참된 목자』, 서울: 프리셉트, 2011, pp.33-34 재인용.

5) 김영봉, 『사귐의 기도를 위한 기도선집』, 서울: IVP, 2004, p.46 인용.

6) 김영봉, 같은 책, p.490 재인용.

7) 2001년 3월 10일, 「미주 한국일보」, "홀아비·이혼남 건강상태 안좋다" 재인용.

8) 통계청, 「2012 청소년 통계」, 2012년 5월 발표 재인용.

9) 김영봉, 앞의 책, p.85 재인용.

10) 정호승, 『내 인생에 용기가 되어준 한마디』, 서울: 비채, 2013, pp.23-24 재인용.

11) 김영봉, 앞의 책, p.236 재인용.

12) 김영봉, 앞의 책, p.226 인용.

13) 세계빈곤퇴치회, 「'가출-팸' 청소년 문제 해결을 위한 실태조사 및 정책 의견 수렴조사 요약보고서」, 2012년 6월 발표 재인용.

14) 김영봉, 앞의 책, p.465 재인용.

15) 2017년 1월 7일, 「기독일보」, "2017년 세계 최대 종교는 '기독교'" 기사 재인용.

16) 김영봉, 앞의 책, p.549 재인용.

17) 정호승, 『사랑하다가 죽어버려라』, 창비, 1997, p.18 인용.

18) 쑤쑤, 『인생을 바르게 보는 법 놓아주는 법 내려놓는 법』, 서울: 다연, 2013, pp.301-302 재인용.

19) 김영봉, 앞의 책, p.97 재인용.

20) 문충태, 『내 인생에 기적을 일으키는 하루 1분』, 서울: 중앙경제평론사, 2007, p.16 재인용.

21) 유진 피터슨, 『메시지』, 서울: 복있는사람, 2016, p.1992 인용.

22) 김영봉, 앞의 책, p.108 재인용.

23) 밥 버포드, 『하프타임』, 서울: 국제제자훈련원, 2009, pp.186-189 재인용.

24) 고은, 『순간의 꽃』, 서울: 문학동네, 2001, p.50 인용.

25) 고진하, 『기도필사』, 서울: 지혜의샘, 2016, p.56 재인용.

26) 이대희, 앞의 책, p.56 재인용.

27) 김영봉, 앞의 책, p.509 재인용.

28) 김영봉, 앞의 책, p.265 재인용.

29) 김영봉, 앞의 책, p.102 재인용.

30) 카일 아이들먼, 『나의 끝, 예수의 시작』, 서울: 두란노, 2016, pp.14-19 재인용.

31) 로렌 커닝햄 외, 『네 신을 벗으라』, 서울: 예수전도단, 1993, p.22 재인용.

32) 윌리엄 맥도날드, 『깨어짐』, 서울: 전도출판사, 2013, p.9 재인용.

33) 김영봉, 앞의 책, p.387 재인용.

34) 김영봉, 앞의 책, p.136 재인용.

35) 정보통신정책연구원, 「SNS(소셜네트워크서비스) 이용추이 및 이용행태 분석」, 2015년 3월 발표 재인용.

36) 코리 텐 붐, 『주는 나의 피난처』, 서울: 생명의말씀사, 2013, p.194 재인용.

37) 김영봉, 앞의 책, p.67 인용.

38) 김영봉, 앞의 책, p.286 재인용.

담대한 믿음, 여호수아

지은이 | 이윤재

초판 1쇄 | 2017년 4월 16일
초판 2쇄 | 2017년 4월 21일

발행인 | 김경섭
국제총무 | 최복순
총무 | 김상현
기획국장 | 김현욱
서적부 | 양재성, 신충경
편집부 | 고유영(편집실장/편집), 김지혜, 허윤희, 유권지(디자인)

발행처 | 묵상하는사람들
등록번호 | 20-333
일부총판 | 생명의말씀사 Tel. (02) 3159-7979 Fax. 080-022-8585

주소 | 서울시 동작구 사당로2가길 91(사당동) (우) 07028
전화 | (02) 588-2218 팩스 | (02) 588-2268
홈페이지 | www.precept.or.kr
국민은행 772-21-0310-382(김경섭)
2017 ⓒ 묵상하는사람들

값 14,000원
ISBN 978-89-8475-710-3 03230

독자 여러분의 의견을 기다립니다.
독자 전화 (02) 588-2218 / pmnqt@hanmail.net